普通高等教育医学类人文素质教材

医学人文与临床实践

张兴儒　石晓兰　主编

科学出版社

北京

内 容 简 介

现代医学模式发展要求医学科学与人文和社会科学相融合。反观我国医疗及医学教育现状，医学人文教育亟待加强，尤其与临床实践密切相关的医学人文。本书汇集了临床、医院管理、社科专业的专家，在该方面进行了大胆地探索。本书共分为 6 章，包括医学伦理学与临床实践、社会医学与临床实践、医学心理学与临床实践、中医人文与临床实践、医患沟通、医学大事件与人文启示。本书较全面地介绍了医学人文基本理论和临床实践案例，知识性强，突出了医学人文的精要知识点；实用性强，均附有案例加以分析，注重知识点的临床应用；每章之后附有延伸思考和延伸阅读，可进一步拓展理论与实践。

本书可作为医学类人文素质教材，也可供对医学人文感兴趣的读者参考。

图书在版编目(CIP)数据

医学人文与临床实践/张兴儒，石晓兰主编. —北京：科学出版社，2014. 1

普通高等教育医学类人文素质教材

ISBN 978-7-03-039265-7

Ⅰ. ①医…　Ⅱ. ①张…　②石…　Ⅲ. ①医学教育-人文素质教育-高等学校-教材　Ⅳ. ①R-05

中国版本图书馆 CIP 数据核字(2013)第 301569 号

责任编辑：潘志坚　闵　捷
责任印制：刘　学 / 封面设计：殷　靓

科学出版社出版
北京东黄城根北街 16 号
邮政编码：100717
http://www.sciencep.com
广东虎彩云印刷有限公司印刷
科学出版社发行　各地新华书店经销

*

2014 年 1 月第　一　版　　开本：B5(720×1000)
2022 年 8 月第十九次印刷　　印张：15
字数：241 000

定价：46.00 元

本教材获得上海中医药大学立项教材资助

《医学人文与临床实践》编辑委员会

主　编　张兴儒　石晓兰

主　审　胡涵锦（上海交通大学）

副主编　亓曙冬　夏秀芳　余小萍　张振贤　孙金海

编　委（以姓氏笔画为序）

于　文（上海中医药大学附属普陀医院）
亓曙冬（上海中医药大学）
石小迪（上海中医药大学）
石晓兰（上海中医药大学附属普陀医院）
孙金海（第二军医大学）
苏　澎（第二军医大学）
杨子珍（上海中医药大学附属普陀医院）
余小萍（上海中医药大学附属曙光医院）
沈　伟（上海中医药大学附属普陀医院）
张兴儒（上海中医药大学附属普陀医院）
张振贤（上海中医药大学附属岳阳医院）
罗　章（上海中医药大学附属普陀医院）
周　诣（上海中医药大学附属普陀医院）
夏秀芳（上海中医药大学附属普陀医院）
黄　瑶（上海中医药大学附属岳阳医院）
韩　吉（上海中医药大学附属普陀医院）
韩建宏（上海中医药大学附属普陀医院）

前言

《大英百科全书·第五卷》中对文化的定义为：人类知识、信仰和行为的整体。在这个整体中科学是文化的一个重要的组成部分。科学作为一种文化，既包括科学知识、思想、方法和科学精神，也包括科学基础上形成的技术，是一种软硬实力兼有的文化。而汇集了古代雅典时期、文艺复兴时期和19世纪英国的先贤哲人关于"人在知识中所承担社会角色的理解与认识；就公众所关心的话题阐发自己的观点的人文学习；注重对文学艺术的追求以反对无政府的失序状态和保持社会稳定行之有效的方法"的现代人文学科，成为人类理解自我和社会的最好方法。医学是生命科学，因此在所有的自然科学研究中，医学是与人文学科最接近的，两者的糅合所反映的不仅仅是一门学科，而是一种以人为本的人类社会文化。所以，医学人文正如其名，是研究医学与人文关系，及从人文观念角度出发对各种医学现象、事件进行思考、总结的学科。

随着全球化时代的发展，人们越来越认识到：人类经验具有一种普遍的维度，不同区域、不同民族，甚至不同学科领域积累的人类文化财富需要通过理解，转换成共同性的获得；人类生活是一种集体性、合作性的事业，需要大家一起分担和完成；医学研究中完全依赖自然科学对人类疾病的研究，或认为医学仅属于生物学意义范畴，已是当今公认的认识偏差。倡导生物—心理—社会医学模式的医学人文关怀，是人类思索如何才能够在一起和谐生活的重要命题，因此提倡医学人文和建设医学人文学科是时代发展的需要。自20世纪70年代以后，随着医学模式的转换，人与医学以及社会医学理念在医学实践中运用等问题的探讨成为热点。尤其21世纪开始，我国有关医学人文的研究也成为学术和医学教学实践中的热潮，一些医学院校开始了医学人文的教学，医学人文方面的专著也相继问世。我国医学人文学科在这一热潮中逐渐发展成为一门独立学科，但还存在着缺憾，在学科内医学与人文的契合还仅仅停留在理论教学研究层面，医学人文的临床实践还没有常态化和制度化，没有充分发挥医学人文在医学发展中规范与引领的作用。

然而，人类文化和时代发展需要医学人文学科具有学科理论和实践运用的双向性作用。医学人文的实质，就是医学人文精神特征的反映，即强调以人为本，以医学的道德观、伦理观把对疾病的克服扩展到人存在的良好状态的达成，实现从医学技术主义回归人道关怀的觉醒。医学人文精神不是个体在抽象的知识学习或知性的思维探求下进行的，医学人文精神不仅有理论阐述意义，落实在医学教育理论中，更主要的是医学实践意义，更应该落实在医学临床实践中。医学人文精神在医学临床实践中的倡导和引领，旨在杜绝医学科技主义导致的工具理性与价值理性出现的分离；医学技术临床活动中人性关怀的缺失；医学实践中与社会、与生命、与人文伦理的疏离，甚至医学宗旨和方向的迷失。

因此，本书编者认为，我们应该用一种新的思维方式去思考医学人文的内核，以及这一内核在医学实践中的真正作用，以适应今天的医者和患者的从医和就医需要；以促进当下的医学发展与社会和谐。力求读者通过学习能够有一种看待或思考人与医学、人与社会、人与自身的新视角，而这种视角是无法通过其他任何方式获得的。总之，这样的期望，利用本书嫁接的作用是：

(1) 了解医学伦理学、社会医学、医学心理学等的基本理论，懂得人文学科是一套学科，以及它在医学领域主要涉及的理论概念及范围。从而在医学人文基本知识的获得中思考理论对临床实践的诠释，以提升医学人文精神。

(2) 通过临床实例的陈述和理论的结合论证，认识医学人文在临床实践中的价值，用鲜活的临床实例解读医学人文精神的实质性内核。为促进医学与人文的融合，解决临床实践中非医学技术的疑难问题提供了研究和探索的广阔空间；体现了一线从医者和学医者的人文理论学习，道德素养提升的实践意义。

(3) 以医患沟通、中医人文和医学史重大事件等为专题，提出了现实的、特色的论证要点，有助于从医者通过感性的医患沟通案例的实证思考，达到理性的道德认识高度。通过对医学史重大事件的了解，回顾医学发展历史，展望医学对人类作用的广阔前景及人文启示。而独辟的中医人文视角，则力求以中医的一切以人为中心，一切从人的生活经验和体验开始的人文精神，引领医学的发展。

(4) 此外,强调医学人文与临床实践的关联,且有更深层次的意义,即希望医学生能通过了解和认识医学人文的基本概念和其在临床的基本案例,懂得作为医学生修德比修业更为重要。耶鲁大学 1828 年报告中指出:“我们的教育应是‘全面的教育’,我们培养的人应该具备全面知识并拥有高尚的品德,这样才能成为社会的领军人才,并在多方面有益于社会。他的品质使他能够在社会的各阶层散播知识之光。”而医学人文在临床实践中体现的正是这样教育目的,倡导的精神正是这样的知识之光。

目　录

前言

第一章　医学伦理学与临床实践 ………………………… 001

第一节　医学伦理学基本理论 / 001

第二节　知情同意 / 008

第三节　适度医疗 / 016

第四节　临终关怀 / 022

第五节　器官移植 / 030

第二章　社会医学与临床实践 ………………………… 041

第一节　社会医学基本理论 / 041

第二节　医学模式 / 049

第三节　疾病谱、死因谱的转变与社会健康状况 / 060

第四节　行为、生活方式与健康 / 071

第五节　社区卫生服务与群体预防策略 / 080

第三章　医学心理学与临床实践 ………………………… 094

第一节　医学心理学基本理论 / 094

第二节　医生应具备的心理素质 / 102

第三节　心身疾病 / 111

第四节　患者的心理 / 118

第五节　心理障碍与临床治疗 / 126

第四章　中医人文与临床实践 …… 138
第一节　中医人文知识概说 / 138
第二节　中医与自然 / 139
第三节　中医与社会 / 143
第四节　中医与宗教 / 146
第五节　中医与文学 / 150
第六节　中医与人情 / 154

第五章　医患沟通 …… 158
第一节　医患沟通基本概念与原则 / 158
第二节　医患沟通方法和技巧 / 164
第三节　各科医患沟通能力培训 / 173
第四节　医术与心术 / 185

第六章　医学大事件与人文启示 …… 195
第一节　遗传定律与双螺旋结构 / 195
第二节　血液循环与心脏介入治疗 / 199
第三节　胰岛素的发现 / 203
第四节　吸入麻醉的发现 / 205
第五节　产褥热及试管婴儿 / 207
第六节　疫苗的故事 / 210
第七节　X 射线的发现 / 213

附录 …… 216
附录一　大医精诚 / 216
附录二　希波克拉底誓言 / 217
附录三　中国医师宣言 / 219
附录四　中华人民共和国执业医师法 / 220

后记及致谢 …… 228

主要参考文献 …… 230

第一章 医学伦理学与临床实践

第一节 医学伦理学基本理论

随着社会的发展,新医疗改革的实施,目前医疗所面临的实际情况,学习医学伦理学对于医生和即将成为医生的医学生的从医生涯有着重要意义。而其中最重要的是能够运用医学伦理学的理论和方法来思考医疗实践中碰到的种种伦理问题,提升合理判断的能力。要具备这种能力,首先要了解指导实践的理论,亦即医学伦理学的基本理论。

一、伦理学与医学伦理学

1. 伦理学

伦理学,是以道德作为研究对象的学科,是研究道德的起源、本质、作用及其发展规律的科学,是道德现象的系统化与理论化,是对道德现象的哲学思考,所以伦理学又称道德哲学。伦理学一般分为规范伦理学(包括一般规范伦理学、应用伦理学)和非规范伦理学(包括元伦理学、描述伦理学),其中规范伦理学是整个伦理学体系的核心主体。现代伦理学的涉及面越来越宽，包括人们的品质、行为修养及相互之间的关系，还关注道德发展变化规律及其社会作用。

2. 医学伦理学

医学伦理学属应用伦理学范畴，是研究医学道德的一门科学，它是运用一般伦理学的原理来研究医疗卫生实践和医学发展过程中的医学道德问题和医学道德现象的学科。而医学道德简称为医德，是职业道德的重要组成部分，指医务人员在医疗实践活动中应遵循的行为准则的总和，它通过具体的道德原则和道德规范来影响和约束医务人员的言行，调整医患之间、医际之间及医社之间的相互关系。

医学伦理学以医学道德现象和医学道德关系为研究对象，它通过对医德现象的研究，揭示医德现象所表现出的医德关系的矛盾及发展变化规律。它研究的内容主要包括医德理论、医德规范体系、医德实践及生命伦理学四个方面。

3. 医学与医学伦理学

医学，是处理人健康定义中人的生理处于良好状态相关问题的一种科学，以治疗预防生理疾病和提高人体生理机体健康为目的，其本身就含有伦理的因素。医学伦理学是医学的一个重要组成部分，是伦理学与医学相互交融的一门学科。医生运用医疗技术医治患者，救人性命，本身就是一种伦理行为。医学首先是为解除和减轻人类的痛苦而产生的，医学发展的历程就是为了解除和减轻人类因患疾病而带来的痛苦的历程。为此，需要了解人类机体的构成、揭示疾病的病因、探求医治疾病的方法，并且在实践中尽可能地避害趋利，更多地造福于人类的生命与健康。医学的每一次发展，受动于关爱人类生命的心灵，而这也正是医学伦理学的产生与发展的全部历程。因此，医学与伦理学的产生与发展，都是亦步亦趋，相伴而行。医学与伦理学的起点与终点，都是落实在生命与健康这个基点上。医学是治病救人这一伦理目标的体现，伦理目标始终孕育于医学技术之中。医学伦理学的根基在医学。

二、医学伦理学基本原则、规范与范畴

1. 医学伦理学的基本原则

医学伦理学的基本原则指反映某一医学发展阶段及特定社会背景之中的医学道德的基本精神，调节各种医学道德关系都必须遵循的根本准则和最高要求，它包括：

(1) 不伤害原则：也称有利无伤原则、无伤原则。所谓不伤害原则，是指医务人员的医疗行为，其动机与结果均应该避免对患者的伤害。特别是不能故意伤害患者，不给患者带来原本可以避免的精神上或肉体上的痛苦、损害、疾病甚至死亡，不能将患者置于危险情况。但是不伤害原则不是一个绝对原则，而是应将能够预知的伤害避免或减至最低，并且绝对避免故意伤害。这就要求医务人员要运用专业的知识，对疾病做出正确诊断，详细评估采取的诊治措施，慎重考虑，谨慎使用。

(2) 有利原则：指医务人员的诊疗行为要以保护患者利益、促进患者健康、增进其幸福为目的。古希腊名医希波克拉底在其《希波克拉底誓言》中也明确提出“为病家谋利益”的行医准则，有利于患者是医学伦理第一位、最高的原则。

(3) 尊重原则：指要求医务人员在临床上尊重患者的生命权、健康权、身体权、肖像权、荣誉权、名誉权、姓名权、人格尊严权、人身自由权及隐私权等人格权利，也要尊重患者的自主性和自主选择权。

(4) 公正原则：即在医疗实践中，应公平正直、没有偏私。可以理解为具有同样医疗需要及同等社会贡献和条件的患者应该得到同样的医疗待遇，不同的患者则分别享受有差别的医疗待遇；在基本医疗保健需求上要绝对公正，保证人人享有，在特殊医疗保健需要方面，要做到相对公正，保障给予同样条件的患者同样的满足。

2. 医学伦理学基本规范

医学伦理学基本规范指在医疗实践中各种道德关系的普遍规律的概括与反映，是在医学道德基本原则、具体原则指导下制定的协调医疗实践中各方面道德关系应遵守的行为准则和具体要求，也是培养医务人员良好道德意识和道德行为的具体标准。根据 1988 年我国卫生部颁布的《医务人员医德规范及其实施办法》，可以概括为以下几点：① 救死扶伤，忠于职守；② 尊重患者，一视同仁；③ 钻研医术，精益求精；④ 文明礼貌，举止端庄；⑤ 诚实守信，保守医密；⑥ 互学互尊，团结协作；⑦ 廉洁奉公，遵纪守法。

3. 医学伦理学基本范畴

医学伦理学基本范畴指人们对医学道德现象、医学道德关系的普遍本质与重要特征的反映与概括。广义上指医学伦理学所使用的所有基本概念，狭义上指医学伦理学的基本范畴，主要包括权利、义务、良心、审慎、保密、情感等。

(1) 权利：是公民依法享有的权力与利益。在医学实践中，指医学道德生活主体所拥有的正当权力和利益，可以分为两个方面，即医务人员的权利和患者的权利。

医务人员的权利是指从事医疗卫生服务的医务人员在医疗卫生实践中能够行使的权力和应当享有的利益，既包含道德上的权利，也包括法律规定的权利。根据《中华人民共和国执业医师法》规定，我国医务人员在医疗实践中主要享有以下权利：在注册的职业范围内，进行医学诊查、疾病检查、医学处置、出具相应的医学证明文件，选择合理的医疗、预防、保健方案；按照国务院卫生行政部门规定的标准，获得与本人执业活动相当的医疗设备基本条件；从事医学研究、学术交流、参加专业学术团体；参加培训，接受继续医学教育；在执业活动中，人格尊严、人身安全不受侵犯；获得相应的工资报酬与津贴，享受国家规定的福利待遇；对所在医疗机构的医疗、预防、保健工作和卫生行政部分的工作提出意见和建议；依法参加所在机构的民主管理。

患者的权利指在医疗活动中患者可以行使的权力和应享受的利益，根据国际相关规定和我国有关法律法规的相关规定，患者主要享有以下权利：平等医疗护理权、疾病认知权、知情同意权、个人隐私权、医疗护理服务选择权、获得住院时及出院后完整医疗记录的权利、因病而免除一定社会责任和义务的权利、医疗监督权、获得赔偿的权利和请求回避的权利。

(2) 义务：指个人对社会、阶级、集体、他人在道德上应尽的责任。医德上的义务又指医务人员对患者和社会所承担的防病治病、维护促进患者身心健康和推动医学科学发展的职业责任。

《中华人民共和国执业医师法》中规定医务人员的义务主要有：遵守法律法规，遵守技术操作规范；树立敬业精神，遵守职业道德，履行医师职责，尽力尽责为患者服务，关心爱护及尊重患者，保护患者隐私；努力钻研业务，更新知识，提高专业技术水平；宣传卫生保健知识，对患者进行健康教育；按照国家有关规定，认真合法地填写和保护医学文书；对危急患者不得拒绝急救设置；合理合法地使用药品、设备，尤其是医疗性毒品、麻醉品等特殊药品；如实向患者或家属介绍病情，特殊治疗应征得患者或家属的知情同意并经医院批准；在发生重大疫情、自然灾害、重大伤亡事故时，要积极奉命抗灾防疫；按相关法律法规的规定时限、方式及时上报疫情、非正常死亡或涉嫌伤害事件等；积极进行医学科学研究，促进医学科学的发展；对患者及其家属认真解释、说明病情，对没有意识或者自主选择能力丧失的患者要积极采取医学干涉权,以保护其健康。

为了建立和谐的医患关系,患者就医时也应履行相应的道德义务,主要包括:如实提供病情和相关信息;积极配合医生诊治;避免将疾病传播给他人;尊重医务人员;遵守医院规章制度;维护医院医疗环境与秩序;支持临床实习和医学科学发展。

(3) 良心:指医务人员的医德良心,即对执业行为的道德责任感和自我评价能力,集医德认识、医德情感、医德意志、医德信念于一体的医德意识。它作为一种意识形态监督、调整和矫正医务人员的医疗行为。

(4) 审慎:指在医疗活动中,周密思考,小心谨慎工作的作风和素养。医务人员在为患者做医疗服务时,细致的思考和行动中的小心谨慎,是医务人员高度责任感、使命感的表现。培养审慎的工作作风有助于医务人员避免医疗疏忽和差错,避免因粗心马虎造成的医疗事故,促使医务人员提高医疗服务质量,为患者选择最佳治疗方案,维护和谐的医患关系。

(5) 保密:医德保密是指医务人员在诊疗过程中,不得向外界宣扬自己所获得的患者所有信息以及所采取的保护性措施,包括患者的病情、家庭、个人隐私、奇特体征、不良名誉的疾病、不良诊断和预后。但是这不是绝对义务,在以下情况可以不保密或解密:① 患者同意情况下;② 医学上认定没有向患者征求意见的理由,解密是基于患者自身的利益;③ 医务人员有高于向患者保密的社会责任,如发现患者病情属于传染性疾病,必须根据《中华人民共和国传染病防治法》向上级卫生防疫部门报告;④ 在进行医学科研、开展教学或临床学术会议,经过批准可以使用患者相关资料,但不可公开姓名,用头面部照片时要经患者本人同意或遮盖双眼;⑤ 法律程序需要患者资料;⑥ 患者秘密对他人或社会构成伤害危险等。

(6) 情感:狭义的医德情感指医务人员对服务对象所持的态度和内心体验。表现为关心、同情患者,急患者所急,想患者所想,待患者如亲人。广义的情感除了上述情感还包括事业、理性、责任等内容。

三、医疗活动中的人际关系

1. 医患关系

医患关系是医疗活动中最基本、最重要的人际关系,指在医疗活动中医务人员与患者及家属之间的一种人际关系。它有狭义和广义之分,狭义仅指医生与患者之间的关系。广义中的“医”除了医生,还包括医院中护理、医技、行政及后勤人员等;“患”也不光指患者,还包括了患者的家属、法定监护人、委托人、单位组织等。它是建立在平等与合法基础上的信托关系和契约关系,是一个以医务人员为主体的群体与一个以患者为中心的群体之间的关系。

2. 医际关系

医际关系,即在医疗实践活动中医务人员之间的关系,也叫医医关系,这是伴随医疗活动而产生的社会现象,主要包括直接从事医疗活动的医生与护士、医护人员与医技人员、医技人员和医护人员与行政、后勤人员之间的关系。由于医疗工作与环境越来越复杂,综合性越来越强,所以医医关系也越来越复杂。良好的医际关系能够使工作更加和谐,给予患者与家属安全感,提高医疗质量。

3. 医社关系

医社关系,指在社会发展过程中,为了对人类健康的维护,在医疗卫生单位及整个医学界与社会公众、社区甚至政府之间发生的具有道德意义的社会关系。随着社会的发展,大众对健康的期望越来越高,要求更好的生活质量和寿命的延长,这使医务人员的社会责任越来越大。通过医社关系,医学向社会扩大自己的责任,社会则支持着医学的不断发展,规范其发展方向和目标。医学的社会责任和社会化趋势,对医务工作者提出了更高的要求,除了治病救人,医务人员还要主动承担医学健康教育的任务,向人们灌输卫生保健知识,关注农村地区卫生保健教育,密切协作,保证生命质量等。

四、医学伦理法

1. 医学道德与卫生法

医学伦理学是研究医学道德的一门科学。医学道德是职业道德的一种,是医务人员在医疗实践活动中形成的,调整医务人员与服务对象以及医务人员之间关系的行为原则和规范的总和。

卫生法学是研究卫生法律规范及其发展规律的一门学科。卫生法是国家法律体系中的一个重要组成部分,是指由国家制定或认可的,并由国家强制力保证实施,以确认、调整和保护人体生命健康活动中形成的社会关系和社会秩序为目的的行为规范体系。

道德与法律都属于社会上层建筑，是两种重要的社会调控手段。医学道德规范和卫生法律规范都是调整人们行为的规范和准则，它们的共同作用都是调整医学卫生领域的人际关系，维护社会秩序和人的合法权益，二者相辅相成，互相促进、相互推动。其具体关系表现在：首先，卫生法是培养、传播和弘扬医德的有效手段。其次，医德体现了卫生法的要求，是卫生法实施的重要精神力量和有益补充。最后，医德和卫生法可以相互转化。

但是，道德与法律终究是两种不同性质的社会规范，医德和卫生法在表现形式、调整范围、作用机制和内容上都各有不同，二者不能相互替代、混为一谈，也不可偏废，无论是单一的医学道德还是单一的卫生法，都难免存在缺陷。因此，医学道德法律化，医学伦理立法是规范现代医疗卫生领域实践活动的必然手段。

2. 我国医学伦理立法的历史发展

我国社会主义医德的形成始于新民主主义革命时期，中华人民共和国成立之后，我国的卫生立法工作进入了一个新的历史时期，国家在制定各种卫生法律制度的同时，也对医务人员的医学道德提出了要求。

中华人民共和国成立初期，我国积极探索卫生法律制度(简称卫生法制)建设，党和政府提出了“面向工农兵、预防为主、团结中西医、卫生工作与群众运动相结合”的四大卫生工作方针，并先后制定了一系列法律法规，将我国卫生事业的发展纳入法制的轨道，为我国卫生法律制度建设的进一步发展奠定了初步的基础，同时也确立了我国医务人员防病治病，救死扶伤，全心全意为人民群众服务的医学伦理思想和医学伦理原则。

党的十一届三中全会后，中国卫生法制建设重回正轨，以 1982 年宪法为基础，在近二十年中，全国人民代表大会常务委员会制定了《药品管理法》《红十字会法》《母婴保健法》《中华人民共和国执业医师法》等一系列卫生法律，构建了我国卫生法体系，标志着我国医药卫生领域走上了法制化管理的轨道。在此期间，党将职业道德作为社会主义思想道德建设的重要内容之一，我国卫生部先后颁布了《医院工作人员守则》《全国医院工作条例》《医院一般医德规范细则》等规章，正式通过卫生法的形式明确了医务人员必须具备的基本社会主义医德。

20 世纪末，随着科学技术的进步以及中国的改革开放，人们的道德观念发生了重大变化，对医学伦理而言，除了传统的健康与疾病、医患关系等重要问题之外，一些新的医学伦理问题由之产生，医学伦理步入了生命伦理这一崭新的阶段。对于这一重大变化，我国的生命伦理学学术界的活动十分活跃，但相应的生命伦理立法尚未形成体系。从现有法律来看，我国医学伦理立法主要集中在一些较为重要的问题上。如 2010 年实行了《中华人民共和国侵权责任法》，对医患关系的调整；2007 年国务院公布了《人体器官移植条例》，对器官移植的规定；2003 年卫生部修订了《人类辅助生殖技术规范》《人类精子库基本标准和技术规范》《人类辅助生殖技术和人类精子库伦理原则》，对辅助生殖技术的规范。这些单行的法律法规在各自领域都起到了积极的作用。但从医学伦理法整体来看，我国的医学伦理立法仍具有明显的滞后性，立法缺乏系统性、立法的数量不足和立法的前瞻性不足的现象极为明显，特别是新兴的生命伦理领域，立法存在大量空白、缺失及亡羊补牢式的事后补充等现象，有待进一步解决。

第二节 知情同意

知情同意是个体自主权的具体表现形式，是临床诊疗工作中处理医患关系的基本伦理准则之一。患者的知情同意权利与医方的告知义务相呼应，是对立统一的辩证关系，医务人员与患者在享有自己的道德权利的同时也必须履行他们的道德义务。其中知情同意权是患者面对的自主权利的最重要和较具体的形式之一，成为临床医疗领域和医学科研领域的伦理原则之一。

一、知情同意的概念及历史沿革

(一) 概念

知情同意是指临床上具备独立判断能力的患者，在非强制状态下充分接受和理解各种与其所患疾病相关的医疗信息，在此基础上对医务人员制定的诊疗计划决定取舍。

临床上知情同意的概念也可以拆分为“知情”与“同意”两部分。知情指患者有权利获悉自己所患疾病的相关情况及其预后，对医务人员对自己采取的诊治护理方案、实施手术方式、特殊检查和治疗、相关的禁忌证、适应证、有效率、可能带来的并发症、承担的风险和可能发生的无法预测的后果等信息都有获悉的权利，其中还包括有权知道医院各类诊疗规章制度等。“同意”则是患者具有自主决定对该项诊治接受与否的权利。相对应地，医务人员也具有根据相关法律法规的规定履行对患者进行告知和解释说明的义务。

（二）历史沿革

涉及知情同意的首次记载可追溯至1767年的英国斯雷格(Slater v. Baker & Stapelton)案。1947年制定的《纽伦堡法典》中第一次提出了知情同意，有关国际组织及许多国家都通过立法对患者知情同意权加以保护。美国1957年的萨果诉利兰·斯坦福一案(Salgo V. Leland Stanford Jr. University)在美国知情同意规则的构建史上具有重要的历史意义，知情同意规则基本成型。该案充分认识到患者应享有充分的知情同意权利以及医师应尽充分的告知义务。1964年，世界医学协会在芬兰赫尔辛基召开大会，讨论通过了新的伦理学法典，即《世界医学协会赫尔辛基宣言》。它以更丰富的条款补充和修正了《纽伦堡法典》较为抽象与简单的伦理原则，并对知情同意书进行详细的规定。在我国《中华人民共和国执业医师法》中规定：“医师应当如实向患者或其家属介绍病情，但应当避免对患者产生不良后果；医师进行试验性临床治疗，应当经医院批准并征得患者本人或者家属同意。”2002年《医疗事故处理条例》第11条规定：“在医疗活动中，医疗机构及其医务人员应当将患者的病情、医疗措施、医疗风险等如实告诉患者，及时解答其咨询，但是，应当避免对其产生不利后果”。这些条例均在法律法规的层面上对患者的权益进行了保护，也保障了医疗工作的顺利进行。

二、知情同意在临床中的应用

（一）医生的告知义务

1. 告知的对象

当患者具有完全民事行为能力时，可以将病情如实地告诉患者；当患者无完全民事行为能力或限制民事行为能力时，则应当向其有完全民事行为能力的代理人如实告知病情；在某些情况下，即使患者有完全民事行为能力，介绍病情时也应注意时机和方法，以避免产生不利后果。如恶性肿瘤，在明确诊断后，一般应首先向其委托人如实告知，再根据委托人的意见确定是否告知患者，也可暂不告知患者或在适当时机采取适当的方式告诉患者本人。告知对象的顺序为患者本人、配偶、父母、成年子女、其他近亲属、患者所在单位或部门的负责人、患者的朋友。

2. 告知方式及技巧

在知情同意的过程中,医务人员起着主导的作用,医务人员应提高医德,更多地理解患者的心理,本着以人为本和尊重患者知情权的理念,体恤患者的疾苦和困难,理解知情同意的内涵,建立良好的医患沟通,尽量用自己所学的知识,使用患者及患者家属(包括代理人)通俗易懂的语言,告知患者相关的诊断、治疗和预后的情况。由于医学专业性的限制,患者不可能只通过几次谈话,就对疾病及采取的诊治方式理解认同,只能在不断的询问和解答中逐步沟通,医生也需要在这个过程中通过与患者的沟通来调整治疗方案。医生应充分尊重患者,态度温和,避免使用刺激语言和专业医学词汇,避免强行使患者接受医方意见,压抑患者情绪。医疗告知要注意技巧方式,择时、择人、择情。知情同意的过程中,要做到以患者为中心,不要过度使用专业词汇,切勿内容单调,要把情感交流放在重要的位置。多换位思考,设身处地地体谅患者疾苦。如双方在临床诊治上的意见有明显相左的情况下,则不仅要尊重患者、患者家属及代理人的意愿,也要详细而耐心地解释合理正确的诊治手段,以有效地开展治疗。

3. 告知内容

(1) 关于患者疾病的原因:要尽量为患者寻找疾病的原因及诱因并告之,使患者能够积极主动地防范并重视在平时养成良好的生活习惯,减少疾病的易患因素。

(2) 关于患者疾病的诊断:应告知患者目前初步诊断、诊断依据、鉴别诊断、还需要做哪些检查,对于复杂疑难的疾病要告知患者及其家属疾病的发生发展和明确诊断有一个过程,要积极配合检查诊断。

(3) 关于患者疾病的预后:对患者的病情要有一个全面客观正确的评价和判断,并及时告知患者或其他相关人员,以取得患方的支持和理解。尤其是在某些严重疾病的早期,要将可能出现的病情进展及并发症提前告知患方。

(4) 可能的花费:要准备几套治疗方案让患方自己决定用什么,使患者既能治好病又能承受得起医疗费用。

需要注意的是,“知情”(或告知)应该满足如下伦理条件:① 医生提供信息的动机和目的完全是为了患者利益;② 提供让患者作出决定的足够信息;③ 向患者作充分必要的说明和解释。

4. 签署知情同意书

知情同意书属于医疗法律文书,是指在医务人员对患者充分履行告知义务后,由患者签署的表示其自愿进行某项医疗治疗的文件证明,其充分体现了对患者知情同意权的尊重,贯彻了以患者为中心的宗旨,同时也是医疗诉讼举证的重要内容。在签署知情同意书时要注意如下几点。

(1) 医生应简要介绍知情同意书中的内容,请患方详细阅读,并及时解答患方提出的问题,在患方完全理解的基础上,在知情同意书上签署意见并签名。

(2) 委托人为患者签署知情同意书,必须事先取得患者授权,即必须先和患者签署授权委托书,否则委托人为患者签署知情同意书的行为在法律上无效。

(3) 知情同意书填写要完整、全面、规范。2010 年 3 月 10 日,我国卫生部公布了新版《医疗知情同意书》范本,此版本由北京大学人民医院修订完成,包括公共告知部分和临床分科部分两大篇,其中临床分科部分囊括了临床 23 个科室及各科通用知情同意书共 276 篇,可供全国各级医院参考使用。

(二) 患者的知情权利

知情同意原则所保护的权利是患者的自主权和自我决定权,充分体现了对患者自主权和自我决定权的尊重。它是尊重人的基本权利的反映,是社会进步的象征。在临床医疗活动中,患者有通过正常知情渠道获取与自己健康有关的医学信息的权利,也有行使知情同意权时的选择权。因此,了解患者在知情同意中具有哪些权利,对医疗行为的实施,提高医疗质量、改善医患关系具有重要意义。在知情同意中,患者具有如下权利。

1. 有效沟通的权利

有效沟通所采取的形式、语言和方式应做到使患者能够理解所提供的信息。患者有权获得能够和医生开诚布公、有效交流的环境。

2. 被充分告知的权利

患者有权获得想获取的信息,包括对病情的了解,治疗方案的知晓,治疗方案的风险解释、医药的不良反应、益处和成本的介绍;估计的治疗时间;是否参与科研,科研是否需要和是否已得到伦理许可;法律、职业、伦理和其他相关标准所要求的任何其他信息;检查的结果;手术的结果;医生的身份和资质;医生的建议;科研的结果等;对于与医疗相关的询问,每位患者有权获得真诚的、准确的回答;若患者要求,有权获得就所提供的信息所出具的书面说明。

3. 做出选择和给出同意的权利

患方知情选择和给出知情同意常见内容包括:各种手术是否属于手术适应证;手术中可能出现的意外、术后并发症;为支持手术而进行的麻醉方式、麻醉意外及麻醉的并发症等;各种有创检查的目的、方法、过程、可能出现的意外及并发症;输血及使用血液制品;实施的临床试验性治疗以及开展新业务、新技术;使用大型医疗设备进行的辅助检查和治疗;实施手术中冰冻切片快速病理检查;对患者实施化疗、放疗、抗结核治疗;对患者使用贵重药品(包括非医保用药范围内药品)进行治疗;对患者进行新药临床试验;病情需要切除或部分切除患者某个脏器、部分脏器、组织;病情需要外请专家进行会诊或手术。

(三) 特殊情况下的知情同意

1. 患者不具备同意能力

此类患者是指没有判断能力的未成年人、无行为能力人以及处于发病状态的精神病患者、无意识患者。他们的知情同意决定权一般由其法定监护人或亲属等行使。

2. 紧急情况

有明确的、会立即对生命、身体健康构成严重的威胁,若要得到患者的知情后同意将会严重破坏患者康复的希望;患者有明显的症状,无法有效行使同意权,如中风、脑缺氧、血压急速下降等。在以上情况下患者家属、关系人可替代患者做决定。如果当患者在手术中处于暂时无意识状态,医生发现其他新的符合手术指征的病理改变,但患者或其委托人先前并未有此项同意,而又不致立即危及生命,就不属于紧急情况的范畴,医生不应自作主张,实施顺便手术。

3. 特殊患者

甲类传染病患者和病原携带者,乙类传染病中的艾滋病患者、炭疽中的肺炭疽患者、检疫传染病患者、病原携带者、疑似检疫传染病患者和与其密切接触者等,都应当依法接受隔离、隔离治疗、留验等。对精神疾病患者、吸毒人员进行强制治疗时,也不得以自己享有知情同意决定权加以拒绝,但强制治疗必须有法律的明确规定。

4. 放弃或转让决定权

患者有权在完全自愿的情况下做出放弃或转让决定权的决定。患者可以授权其知情同意决定权可由亲属代为行使。

5. 医生的医疗干涉权

在一些特定情况下,医务人员可以为保护患者、他人和社会的利益,对某些患者的行为和自由进行适当的限制,这就是医务人员的职业权力,这就是医疗干涉权。医生特殊干涉权的行使应以最大限度地维护患者的生命健康权利为前提,排除一切干扰全力挽救患者的生命,这是生命健康权优先的要求,也是医生救死扶伤这一天职的要求。

(1) 患者非理智地拒绝治疗:如果拒绝治疗会给患者自身以及其他社会成员带来严重后果或不可挽回的损失,医生可以否认患者的决定。

(2) 患者是出于某些目的而接受人体试验性治疗:医生在面对一些高度危险且极有可能致患者于死亡或伤残的情况时,即使患者已经知情同意,也应该适时干预,必要时停止或中断试验,以最大限度地保护受试者的利益。

(3) 保护性医疗措施:患者了解诊治情况及预后有可能影响到治疗过程或效果时,为了避免形成不良影响,医生在一段时间内对患者本人隐瞒真相,使用特殊干涉是正当的道德的行为。

(4) 必要的行为控制:由于传染病患者、发作期的精神病患者或因外界刺激导致反应性精神分裂症患者,有可能因其行为或者因其自身缺乏自知力和自制力带来自伤和伤人事故,为了保护患者本人保护社会利益,防止发生意外,医务人员有权采取合理、有效、暂时和适度的强制措施来控制患者的行为。

知情同意是医患关系的重要内容,患者的知情权利与医方的告知义务相呼应。通过立法对患者的知情同意权加以保护,是对患者的尊重和保护。但是,要真正落实患者的知情同意权,仅依靠法律条文的规定是不够的,无论是患者自身还是医务人员,重要的是对知情同意权的深入理解,正确的认识是实现患者知情同意法律保护的关键。关于医方履行告知义务的充分程度,应以处于同样情形的一个理性的患者所需作为判断标准,这既体现了以患者为中心的服务理念,尊重了患者的自主决定权,也不过度加重医方的说明负担。

案例分析 1

1. 案例

患者,42 岁,女性。因腹痛 1 天入院。经医生诊断为急性化脓性阑尾炎,腹膜炎,拟定手术作阑尾切除术+腹腔引流术。医院在与患者及家属签署手术知情同意书后,实施了拟定手术。术中,主刀医生发现患者腹腔中约有 1 000 ml 暗褐色液体,为进一步明确诊断,医生在未与患者及家属签署手术知情同意书的情况下进行了剖腹探查术,发现患者为卵巢囊肿破裂,并行右附件切除术。患者及患者家属认为医院此行为造成其伤残,产生纠纷,并上告法院。

2. 分析

上述案例中,患者因腹痛至医院就诊,医院也将其收治,双方已成为医疗服务合同关系。医生根据检查结果选择手术治疗,并与患者及患者家属进行术前谈话,签署手术知情同意书,实施手术,均符合操作规范及知情同意。但在术中发现新情况即患者的卵巢囊肿破裂,医生本着职业道德,根据自己的医疗知识和经验认为患者腹腔中的暗褐色液体、腹痛均可能与患者卵巢囊肿破裂有关,为了患者的身体健康及预后,应该为其诊治,医生主观上虽没有恶意,客观上也属治愈了原告的疾病,但是没有履行告知义务,虽当时情况下患者本人在麻醉手术中,医生在发现新病情的情况下,也应暂停手术,与患者家属及时沟通,告知术中情况,并解释卵巢囊肿破裂的危险性及手术切除附件的必要性,经患者家属同意并签字后进行剖腹探查术及右附件切除术,如此既治愈了患者,也尊重了患者及患者家属的知情同意权,履行医务人员的告知义务,避免纠纷的产生。

案例分析 2

1. 案例

患者,56 岁,男性。因食管上段鳞癌收治入院,经治疗决定行食管上段癌根治术。术前谈话时,主刀医生就手术方式与患者及患者家属进行说明,因考虑患者医学知识少,并未对手术可能对喉返神经的影响进行详细解释。

术中发现肿瘤位于食管上段长约 7 cm，外侵明显，肿瘤旁有肿大淋巴结 2 枚且侵及左喉返神经，遂行肿瘤切除术，胃食管颈部吻合，术后恢复好，但出现声音嘶哑。患者及患者家属就声音嘶哑现象，表示虽然履行了手术同意书签字，但是并未提及该现象的发生，出院后就此问题与医院产生纠纷。

2. 分析

上述案例中，虽然在手术前主刀医生与患者及患者家属进行了术前谈话，手术也严格按照术前谈话的决定进行肿瘤切除术，为何还出现了医疗纠纷，关键就在于主刀医生认为患者及患者家属不具备相关医学知识，而简略了手术可能带来的并发症和后遗症，最后造成了不良的后果。如果在谈话中，医生能够用浅显易懂的言语告知患者的目前情况，所要采取的手术方式，可预见的一些情况和后果，包括术后虽然能够切除肿瘤，但是可能会影响到喉返神经而出现声音嘶哑，与切除肿瘤后带来的益处相比，声音嘶哑应该属于患者能够接受的范围，获得患者及患者家属的谅解，避免此类纠纷的发生。由此可见知情同意不光是为了争取患者合作，加强医患关系，提升医疗质量，还体现对患者的尊重。

案例分析 3

1. 案例

患者，46 岁，男性。糖尿病患者，因血糖波动住院。床位医生推荐其使用某药厂新研制的治疗糖尿病的药，不但免费，还可获赠血糖测量仪。患者同意后，接受了受试前体检，签署了知情同意书并开始服药。体检发现尿蛋白++，一个月后，患者发现血糖不降反升，但医生要求他继续用药。在完成 12 周新药试验后，患者不仅血糖没有得到控制，反而被诊断为Ⅱ型糖尿病合并糖尿病肾病，因此患者将医院告上法庭，法庭经调查宣判被告医院及药厂的试药行为虽没有构成对原告的身体伤害，但两被告未充分履行知情同意义务，侵害了原告自我决定权，给其造成了精神损害。

2. 分析

上述案例中，医院片面地利用免费药品获取患者同意。医方并没有结合知情同意书对患者进行新药试验风险说明及对其病情可能造成的损害，未对在受试前体检报告中尿蛋白的出现进行是否能参加新药试验评估，在患者出现血糖无法控制的情况下，没有及时追究原因和告知风险。知情同意过程不能仅仅被当做知情同意书的签署，不等同于受试者完全了解和权益委托受试者同意权的持续性和自主性。由于药物试验具有自愿性，受试者可以随时根据试验过程中的病情进展，决定继续参加还是退出，医师也应监测并向受试者说明血糖控制不佳对糖尿病肾病的影响，并提出建议，由受试者决定是继续参加试验还是退出。参加药物临床试验方案研讨和筛选受试者时，医师应做到充分告知，研究过程中还有持续告知和遵循研究方案等义务。

第二节 适度医疗

近年来有关适度医疗与过度医疗的关系一直被媒体热议。医生在面对医疗环境现状、个人利益、患者及家属要求，医疗的适度将如何去选择，成了考验医务人员理智与情感的一个界标。

一、适度医疗

（一）概念

适度医疗目前还没有一个公认的概念，有学者认为适度医疗的概念是具备优质、便捷、可承受性三个要素构成的医疗活动；有学者认为适度医疗即优质化的医疗，就是尽最大努力争取最佳疗效，确保安全无害，尽最大努力减轻患者痛苦和患者经济负担；亦有学者认为安全、高效、便捷、节约是适度医疗的关键词。总的来说，适度医疗要争取做到最佳疗效，安全无害，减轻患者痛苦，花费少。费用少的前提必须是有效和安全，如果对患者病情无效或效果不好、有危险的医疗行为，即便费用较低也不是适度医疗范围，并且采取的医疗活动必须还要考虑到患者身体状况、经济状况、心理状况、社会承受力等。

（二）体现的医学伦理原则

我国医疗资源依然匮乏，理性、适度医疗能节约有限的医疗资源，做到公平医疗，平等待患，使更多患者受益。医方合理利用医疗资源，将精力投入有希望救治的患者。患者和患者家属也可避免无用的人力、财力及物力投入。所以要在患者经济条件、医疗机构能力条件允许下根据患者具体情况选择疗效相对最好，安全无害或伤害最低的治疗；尽可能减轻患者痛苦及提供便捷的医疗服务。以上这些也要适合社会、医疗技术、人文、风俗、经济水平等具体情况，这也主要体现了医学伦理学范畴内的下列原则：

1. 最优化原则

最优化原则指在选择和实施诊治方案时，尽可能用最小代价取得最好效果。医学伦理对此有狭义与广义两种界定。狭义最优化原则具体包括以下几点。

(1) 尽可能争取最佳疗效，医务人员要体现自己最高的综合素质，选择和实施经临床实践证明为最佳诊治手段。

(2) 尽可能确保诊疗的安全无害，杜绝因个人失误造成的责任性伤害，防止诊疗活动中意外伤害，控制必然伤害。

(3) 尽可能减轻病患的身心痛苦，在确保诊断、疗效的前提下选择痛苦最少的诊疗手段，而对于晚期癌症等特殊病患，则应将减轻或消除病痛放在第一位考虑。

(4) 尽可能减少诊疗费用，在确保诊治效果和必要治疗的前提下，选择医疗资源消耗少，经济负担轻的。

广义最优化原则具体包括以下几点。

(1) 整体优化：主张对疾病的诊治需以患者为主，将治病的综合因素、治病的综合手段、影响的综合后果均充分考虑进去，力求诊治整体优化。

(2) 最大善果：即在若干医疗方案中，选择最大正值的医疗方案，其达到的指标是疗效最佳、康复最快、痛苦最小、危险最少、费用最低。

(3) 最小恶果：当损害不可避免时，应将其控制在最小范围和最低程度。当损害只涉及患者时，力求控制最小损失得到最佳治疗效果；当损害涉及患者、他人、社会等多方时，则应优先考虑患者，并同时兼顾社会公益。

2. 有利无伤原则

有利无伤原则，即有利与无伤的统一。有利指尽力维护与促进患者身心健康。无伤则是不伤害患者，特别不能故意伤害，不能给患者带来原本完全可以避免的肉体和精神上的伤害，甚至死亡。总体来讲，即在医疗活动中，医务人员必须认真履行自身职责，尽力维护促进患者身心健康，不能伤害患者，绝对不能故意伤害患者。具体内容包括：① 不滥施辅助检查；② 不滥用药物；③ 不滥施手术。

（三）适度医疗临床应用

医学是一门专业性极强的特殊学科，医患双方在医疗知识方面本身就存有不对等性，医疗过程中，选择治疗方式等主动权大多掌握在医方，这就要求医生不能利用自身专业知识来左右患者的选择，为其安排治疗内容和项目，诱导其医疗需求。患者本身的个体化，如患者的病情、发展、预后、身体和心理状况、经济能力，都是适度医疗考虑的不可缺少的元素。

1. 医务人员的理智

作为医务人员，首先要深谙医者仁心，仁爱救人的意义，以救死扶伤为宗旨，实行社会主义的人道主义行医。对患者进行科学、细致而全面的诊断，杜绝误诊。使患者或患者家属认识到疾病的严重程度、病情发展和采取治疗过程中存在的风险，不采取治疗后果以及疾病的预后。严格根据患者的病情，对患者及建议患者理性地采取治疗措施，避免不必要、无效的或花费巨大的治疗。不能因为营利而违反医生职业道德，夸大治疗效果，诱导患者选择花费大、收益高的检查项目或药物等，而是要合理地采取对患者有实质治疗效果的治疗措施，理性地获取利益。当面对患者或患者家属对本身病情不了解的情况下，对诊疗手段有误解或者无理要求高端、昂贵的药物或治疗手段时，应本着医德之心，详细对病患或家属进行解释，运用自身所掌握的医学知识，站在患者的角度上，本着一切为患者着想的理念，为患者选择针对其病情的药物或诊疗手段。尽可能做到在安全无害的情况下争取最佳疗效，减轻患者痛苦，费用合理且尊重患者意愿。

2. 患者及家属的情感

普通人在面对疾病时，由于其医学知识的缺乏，无论疾病的轻重，常常手足无措，他们唯一的方法就是寻求医疗机构的帮助。患者及患者家属，无论疾病多重多复杂，只要能够延续生命的，都会要求医方进行救治，至于救治达到的效果往往较少考虑。有的患者和家属认为贵的、进口的、相对高端的药物、治疗手段或辅助检查才有效。特别是在面对危重病症或不治之症时，患者及患者家属大多都抱着“活着就有希望”，哪怕是无效或者收效甚微的治疗都会让他们看到一丝希望。这些心理也导致了临床上过度医疗的产生。当患者家属要不惜一切代价挽救或者延长患者的生命，而现代医学又无法做到或者没有实质意义时，医生要对家属进行科学、理性的劝告。

3. 特殊情况下的适度医疗

在临床上，医务人员不可避免地会面对无法救治的疾病甚至死亡，如晚期癌症、危重症、疑难病例等。医学是一门救治生命的学科，然而并非无所不能，在很多领域，医学的发展还存在局限性，仍有很多疾病无法治疗，但是，适度医疗并不是让医生放弃。

面对患者家属不顾一切要求延长和挽救患者的生命，如果经过正确诊断，确定无法做到或没有实质意义时，医生应对家属说明利害关系，理性劝告。严格遵守相关法律、医疗卫生法规及诊疗护理常规等。让患者及家属相信科学，充分了解自身疾病是否需要治疗，如何治疗，正视医疗花费与亲情浓重的关系，并非花费越多亲情越浓，也不是采取治疗手段花费越多就对患者的病情越有帮助，过多的治疗对患者也是种折磨，特别是晚期疾病常常不需要过多的治疗，家人及医务工作者的关怀才是真正的需要。

二、过度医疗

(一) 概念

过度医疗是指医疗机构或医务人员违背临床医学规范和伦理准则，超过疾病实际需求，实施不恰当、不规范的医疗行为，包括过度检查、过度治疗、过度用药等行为。过度医疗不是诊治病情所需，起码不是诊治病情完全所需。过度医疗是与道德相违背的，是被法律以及相关制度所禁止的，《中华人民共和国侵权责任法》第63条规定："医疗机构及其医务人员不得违反诊疗规范实施不必要的检查。"

(二) 产生原因及后果

1. 产生原因

(1) 卫生管理体制存在的弊端诱发了医疗机构的过度医疗行为。政府对医疗机构的投入和补偿有限，在现有的体制下，医疗机构为了自身的生存和发展，医务工作人员为了获得更多的经济利益，而造成过度医疗。

(2) 医生临床能力欠缺，医学知识不扎实，过度依赖辅助检查，医疗机构诊疗常规,医疗流程不合理也是造成过度医疗一大原因。

(3) 患者对健康的过度追求。随着人们物质生活的丰富和充裕,追求健康的身体状态也越来越引发了广泛的关注,由此,不管病轻病重,有病无病,有机会就去医院就诊,有病的治病,无病的也要经常做体检,使得过度医疗现象频繁发生。

(4) 患者对治疗的过度要求。由于对疾病知识的了解缺乏,盲目寻求彻底根治的患者不在少数,极力要求医疗机构或医务人员采用各种先进仪器和治疗方案进行治疗。若医务人员对这样的要求不予满足,反而会引起患者的不满,医务人员的技术水平也会受到质疑。

2. 后果

过度医疗造成医疗费用高涨,国家负担重,违背以最小医药代价获得最大医疗效果的优化原则;违背患者医疗自主权与知情同意权;造成患者医源性疾病的风险,影响医院及医生的信誉。

三、防御性医疗

作为医务人员,除了知晓适度与过度医疗以外,也必须了解防御性医疗。防御性医疗是指医务人员在诊疗过程中为避免医疗风险和医疗诉讼而采取的防范性医疗措施。它并没有严格按照医学本身的需要来执行,而是为了应付可能的医疗事故诉讼,形成一个完整的防御体系。

虽然如此,在临床上必须严格分清防御性医疗的范畴,如对于复杂的病情,可实施和重复必要检查来监测病情进展;为抢救危重症采取的可能未必收到实效的治疗,在没有其他选择的情况下为了确诊或探索有效治疗方法,选择试验性治疗;为了防止复发或预防并发症的治疗措施;面对未知疾病,缺乏有效的控制手段,如传染性非典型性肺炎(SARS)、禽流感等;为了防止疾病发生发展,采用宽泛、敏感的临床筛选标准,对疾病早发现早治疗防止疫情蔓延有重要意义等。以上均不属防御性医疗,而是为了患者、他人甚至整个社会而做出的正确的医疗行为,这也要求医务工作者熟悉自身业务,准确判断疾病情况,正确运用医疗手段进行诊治。

在医疗过程中保持科学、理性、冷静的头脑,无论对于医方或者患方来说都显得非常重要,医方营利要理性,患方治疗也要理性,讲求适度,适度医疗关键是要根据医学发展不同时期的现实情况掌握一个合适的度,最大限度地减少盲目、脱离现实且注定没有结果的过度医疗。

案例分析 1

1. 案例

患者，男性，75 岁，离休干部。因患恶性淋巴肿瘤，于 2005 年 5 月 16 日入住某医院干部病房，后因并发肺部感染、呼吸衰竭，6 月 1 日转入心外科重症监护室治疗，最终因多脏器功能衰竭，于 8 月 6 日死亡。住院 82 天，医院共收取医疗费用 138.9 万元。相关部门对该院在治疗患者过程中发生的违纪违法问题进行了严肃查处。

2. 分析

上述案例是一起典型的过度医疗事件，经查该院在治疗过程中涉及违反规定乱收费。通过自立项目、分解项目、超标准收费、重复收费，以及收取未检验、检查、治疗的项目费用和未使用耗材、药品的费用等手段，多收费20.7 万余元，并存在篡改病史、科室管理混乱、相关职能科室监管不力等问题。

案例中的患者本身就是恶性淋巴肿瘤，就其疾病本身来讲，救治希望较小。站在患者家属的立场上，为了生的希望，要求医疗机构予以积极治疗，但是对于这样一个没有治愈希望的多脏器衰竭患者，当患者家属要不惜一切代价挽救或者延长患者的生命，而现代医学又无法做到或者没有实质意义时，医方未曾对家属进行科学、理性的劝告，说明其中的利害关系，违背临床医学规范和伦理准则，在经济利益的驱使下，对患者进行超过甚至脱离其病情的治疗，不仅浪费了医疗资源造成经济损失，让患者承受了不必要的痛苦，还违反了相关法律和规定。

案例分析 2

1. 案例

2011 年初，我国国家发展和改革委员会曾报道，2009 年中国医疗输液达 104 亿瓶，相当于 13 亿人口每人输 8 瓶液，远高于国际上每人 2.5～3.3 瓶的水平。根据卫生部统计结果，中国 68.9％的住院患者使用抗菌药物，37.0％的患者联合使用抗菌药物，平均 100 名患者 1 天消耗 80.1 人份的抗菌药物。

2. 分析

由于大多数人错误地认为输液的效果要好于口服药，有很多患者在就诊时主动要求输液；而对医疗机构来说，输液的成本比口服药高，可能存在出于利益驱使，在口服药可以治疗的情况下依旧给予输液治疗；甚至有些医生担心口服药起效慢遭患者质疑，索性就以输液治疗为主等，故临床上输液量过大的情况屡屡发生。

抗生素的过度使用一直以来都是医学热议点之一，由于新生病原体不断出现，诊断技术手段的局限性，如细菌培养，血清学抗体检测等都需要大量等待时间且技术有限，在临床上特别是门急诊，更多的是依靠医生经验用药。另一方面可能由于门急诊就医者诊断时间及方法有限，也有医生因自身学术知识有限或考虑防御性医疗的因素，造成过度用药、过度检查。所以医生首先要增强医德与医术，正确看待防御性医疗，掌握遵循抗生素使用原则，理性地为患者诊治。

第四节 临终关怀

医学以治疗疾病、恢复健康、延长寿命和减少死亡为目的，随着疾病谱和医学模式的变化，癌症、慢性病、老龄化等成了困扰人们生活的几大原因，医疗技术可以依靠药物和仪器延长终末期患者生命，相对延缓死亡的进程，但是无法阻止死亡。1996 年 11 月，由美国哈斯中心(Hasting Carter)发起的包括中国在内的 14 国宣言号召新的医学目的为：预防疾病和损伤，促进与维护健康；解除由疾病引起的疼痛和疾苦；治疗和照料患者，照料那些无法治愈者；避免早死和追求安详死亡。“避免早死”可以理解为避免在完成生命周期之前死亡，“追求安详死亡”则是当死亡不可避免时，将患者的疼痛和痛苦降至最低，帮助他们克服对死亡的恐惧，维护他们的尊严和权利。

一、临终关怀概述

（一）临终关怀的历史

临终关怀一词由拉丁文的"Hospes"发展而来，意思是"人们之间的相互照顾"，起源于中世纪西欧修道院，当时是用于朝圣者或旅客的中途休息站，并为病危人士提供避难服务。现代意义上的临终关怀运动始于英国的圣·克里斯多福医院，之后这项崇高的事业迅速发展，如今"hospice care"已成为国际通用术语，我国翻译为"临终关怀"，西欧、北美等国家和地区翻译为"安息所"，虽然说法不同，但都能引申理解为利用医护方案帮助患者安详地走向人生最后一站。

临终关怀理念始于中世纪欧洲——1967 年现代临终关怀运动创始人英国的西斯莉·桑德斯(Dance Cicely Saunders)博士提出："垂死的患者往往被迫在医院病床上度过最后一段日子，身上插满了管子，被麻醉得昏昏迷迷，并与家人隔绝。他们亦很少得到医务人员的关心与照顾。"他在伦敦建立了世界上第一所现代意义上的临终关怀机构，不同于一般的延长垂死者寿命，而是以提高生命质量，让患者安详而尊严的离开人世为宗旨。在我国，1988 年 7 月 15 日，美籍华人黄天中博士与天津医学院院长吴咸中教授以及崔以泰副院长合作，共同创建了中国第一个临终关怀研究机构——天津医学院临终关怀研究中心。2000 年以来，全国部分大、中城市也陆续建立了临终关怀和姑息治疗机构。

（二）临终关怀的含义

临终关怀是指对临终患者及其家属提供医疗、护理、心理、社会等多方位的关怀照顾，使每个临终患者的生命得到尊重，痛苦得到减轻，生命质量得到提高，使其以最小的痛苦度过生命的最后阶段，有尊严地走完人生最后旅程；同时，家属的身心健康得到维护，平顺地度过哀伤期。根据美国国立医学图书馆出版的"医学主题词表"解释：临终关怀是指对临终患者和家属提供姑息性和支持性的医疗措施。它强调的是对临终患者的姑息性照顾(care)，而不是治疗性照顾(cure)。

临终关怀是近二三十年医学领域中的新兴学科，是以临终患者的生理、心理特征以及相关的医学、护理、心理、社会、伦理问题为研究对象的交叉学科，它是社会的需求和人类文明发展的标志。临终关怀并非是一种治愈疗法，而是一种专注于患者在将要逝世前的几个星期甚至几个月的时间内，减轻其疾病的症状、延缓疾病发展的医疗护理。

(三) 临终关怀的目的

关于临终阶段的时间问题目前尚无统一标准,临终阶段是一个人因不可治愈的疾病或年老导致生理功能不可逆转地趋于衰竭、生命活动即将终结的持续阶段。美国以患者已无治愈希望、估计存活期不超过 60 天为限;日本以患者 3 至 6 个月生存期为限;英国以预后 1 年或不超过 1 年为限;在我国,一般以患者处于疾病晚期、死亡发生前的 2～3 个月作为临终期限。在面对死亡的同时,临终关怀的目的可以简单概括为以下两项。

1. 减轻临终者的疼痛

临终期含两个方面的内容,即生理临终期和精神临终期。生理临终期是指生活不能自理、各器官和系统的退化,这种退化不可逆转,需要医护人员采取各种措施或利用器械、药物等的帮助来减轻临终患者身体的疼痛和不适,祛除各种影响生命质量的不适应症状。精神临终期是指大脑思维意识从处于不清醒状态开始直至生命终结的整个过程。人最基本的权利就是生存的权利,对患者来说,首先有接受治疗的权利,以达到身体康复的目的,绝不能仅仅因为节约医疗资源而放弃治疗,或者采取积极手段促使其提前离开人世。但是由于医疗水平的限制,所患疾病的种类,有些疾病是不治之症是确实存在的,并且这些疾病会带给患者无尽的痛苦,这时采取毫无意义的治疗手段,不仅无法挽回其生命和健康,还会在疾病痛苦上加注治疗带来的痛苦。

2. 给予临终者心理安慰

营造爱的氛围,给予临终者全方位的心理关怀和治疗,是临终关怀工作者的主要任务。临终关怀的心理医生和社会志愿人员支持临终患者的生命尊严,临终患者将在关怀的氛围里享受充实的生命。

尊重生命,尊重患者权利,重视人文护理是临终关怀的重要部分。患者有自主权,要充分尊重患者的决定。临终患者由于疾病的折磨,对死亡的恐惧,会导致其异常心理和行为,如大吵大闹以宣泄不满等,这时尤其应强调人文护理,鼓励患者与疾病作斗争,缓解其情绪,提供心理咨询,给予他们理解和支持,把重点从治疗护理转到心理、精神护理。

二、临终关怀的内容

(一) 标准

世界卫生组织提出临终关怀的 6 条标准：① 肯定生命，认同死亡是一种自然的过程；② 不加速和延长死亡；③ 尽可能减轻痛苦及其余身体不适症状；④ 支持患者，使其在死亡前有最好的生活质量；⑤ 结合心理、社会及灵性关怀；⑥ 支持患者家属，使其在亲人的疾病期及患者去世后的悲伤期中能作适当的调整。

(二) 内容

1. 身体上的关爱

终末期患者通常饱受病痛的折磨，如各种身体上的不适甚至无止境的疼痛，没有胃口甚至不能进食，对于终末期患者医疗目标应以提升患者及其家属的生活质量为主，医务人员应尽量减轻或免除末期患者的痛苦，给予缓解性和支持性的医疗方法，进而达到善终。

2. 心灵上的关心

处于疾病末期的患者由于身体本身的原因，即将面对死亡，大多表现的是焦虑、恐惧和抑郁，害怕濒死和死亡，心理反应十分复杂，并且敏感多疑。美国著名精神病学专家、死亡学奠基人——伊丽莎白·库伯勒·罗斯(Elisabeth Kübler Ross)医生在其《论死亡与临终》一书中认为，临终者得知将要死亡后通常要经历否认期、愤怒期、祈求期、抑郁期和接受期这五个阶段，他们都要经历极力逃避死亡，烦躁，焦虑，求生欲望强烈，又格外眷恋亲情，最后接受死亡的过程。同时，家属亦要面对巨大的悲伤。医务人员和家属最重要的是对患者进行心理疏导，帮助他们走出心理误区，令其安心、宽心、并对未来世界(指死后)充满希望及信心。很多时候，医护人员也应对患者家属进行心理上的疏导，帮助他们度过这一阶段。

3. 道业关怀(或灵性关怀)

尊重病患的宗教信仰，回顾人生寻求生命意义或多半透过宗教学说及方式建立生命价值观，如永生、升天堂、往生西方极乐世界等。

(三) 医务人员的观念及做法

医务人员的观念需要从救死扶伤转换到护理重于治疗的临终关怀，大多医务人员误认为姑息治疗，用药物减轻患者痛苦延长生命就是临终关怀，只注重临终患者的躯体解痛，忽视了更为重要的对患者的伦理关怀，即患者心灵的安慰、家人亲情关心和更为重要的患者自我关怀。

医疗技术在于治愈患者，而临终关怀更多地定位于控制患者临终肉体痛苦，更重视心理关怀，从救治到关怀的过渡，重要的是在精神上、心理上予以治疗，维护生命的尊严，提倡患者的权利，结合心理学和医学知识，进行有针对性的心理疏导，缓解患者及家属对死亡的恐惧。整个过程要让临终患者及其家属积极参与到其中，而不是消极被动地面对，充分告知患者及家属真实病情和采取方案，让他们享有充分知情权，予以正确的指导，同时尊重其选择包括宗教信仰和民族习惯。

救死扶伤、防病治病是医务人员的责任，也是最基本的职业道德和要求。做到这一点，医者必须熟知医疗知识，掌握医疗技术，提高医疗质量，正确诊治，特别是面对临终患者，首先要正确诊断和评估患者的情况，恪守职业道德，才能做到全面关怀。

三、临终关怀模式

我国临终关怀事业自 1988 年以来也得以快速发展，其具体实施的模式有多种，其中较具有指导意义和影响的是 PDS 模式和“施氏模式”。

（一）PDS 模式

PDS 模式是由首都医科大学李义庭教授等构建的“1 个中心，3 个方位，9 个结合体系”(one point three direction nine subject)模式：以解除患者病痛为中心；在服务层面上，坚持临终关怀医院、社区临终关怀服务与家庭临终关怀相结合；在服务主体上坚持国家、集体、民营相结合；在费用上，坚持国家、集体、社会相结合。

（二）施氏模式

此模式由原上海医学高等专科学校的施榕教授提出，主要着眼于乡村，核心为家庭临终护理。他认为 21 世纪中国临终关怀事业在乡村将大有发展，是解决面广、量大老年人临终照护的最佳方法之一。

四、临终关怀伦理

现代人应理性面对死亡，在生命的尾声尽可能活出生命的意义与尊严。实现临终关怀是尊重人生的权利，人有生存的权利，也有权选择体面的死亡方式以求善终的权利。让患者安乐地度过临终阶段，在尊重临终者权利，敬畏生命的同时，也诠释着关爱、理解、尊重、不伤害和守密等医学伦理原则。要求医护人员不仅要有医学知识和职业道德，更重要的是要具备社会学、心理学、伦理学等学科知识和人文素养。

（一）临终关怀的伦理原则

1. 提高临终生命质量

有学者曾经说："垂死患者希望获得休息、平静及尊严，但他们得到的却是静脉注射、输血及气管切开。"临终关怀强调既不能将临终者放任不管，也不能进行无意义的过度治疗，要以提高患者的临终生命质量为宗旨，施以姑息治疗、生活照顾和心理疏导，消除或减轻其疾病带来的病痛，尊重患者生命，让患者正视死亡，享受人生最后的亲情和社会温暖，抵御和驱散其对死亡的恐惧。

2. 尊重临终者生命的原则

坚持以人为本、生命本体论、生命质量论和生命价值论相统一。尊重临终者的人格，尊重其意愿，包括宗教、信仰、善终的方式，使其安逸、尊严地辞世。不能仅追求生命的存在、数量和个人寿命，而忽视了生命的价值和质量，可能还会忽略患者的感受和其决定。错误的观点是认为不为患者治疗到最后，不为他们多花一点钱就是没有尽力救治，担心造成无法弥补的终身遗憾和面对社会舆论，应认识到人的生命不应仅有长度，应该还有广度和深度。

3. "社会沃母"原则

"社会沃母"原则（society womb）是由北京松堂关怀医院对近 1 万名临终患者的临床实践进行总结提炼的。松堂关怀医院通过调查得出各种晚期癌症、慢性病、意外事故及正常衰老造成的生命垂危而导致脏器衰竭、丧失自理、丧失意识直至死亡的临终期为 10 个月，相当于人生命诞生在子宫经过的时间。所以"社会沃母"原则提出临终期患者需要一种类似子宫的社会环境，由社会创造的爱的氛围，从事临终关怀的医护人员及全社会共同参与对临终患者实施治疗、护理、心理等全方位特殊服务，使其在生命最后阶段能享受到胎儿在子宫中所能享受到的温暖和爱。所以临终关怀既离不开医务人员和家属，更离不开整个社会，要加强死亡教育，加大临终关怀的宣传，如心理、社会、伦理、文化等方面，让人们正确认识到临终和死亡是人类生命发展必不可少的阶段，正确面对死亡是生命发展的必然趋势。

(二) 临终关怀的伦理意义

1. 体现了医学人道主义精神

医学人道主义精神是医务人员应遵循的最重要的道德原则。因为临终患者已经承受着身体和心理的双重痛苦，临终关怀不追求猛烈的、可能给患者增添痛苦的、或无意义的治疗，而是转向于减轻患者在临终时肉体和精神上的痛苦，帮助他们有尊严地度过生命最后时光，体现了医学尊重、求助、关心、同情的医学人道主义精神。

2. 体现了生命神圣、质量和价值的统一

人有生老病死，是客观的自然规律。是痛苦地延长生命还是幸福地结束痛苦？临终关怀以保障临终患者的生命质量为目标，敬畏生命，善始善终。临终关注的重点是在生命存在的情况下减少痛苦，既体现了人们的意愿，维护着最后的生命价值与尊严，亦更容易得到法律和伦理的认可。

3. 体现了社会文明与进步

随着社会老龄化，疾病慢性化及癌症逐渐高发，死亡的阴影不断冲击人们的日常生活的生命价值观，推广临终关怀，利于稳定家庭，构建和谐社会，是社会文明提高的重要表现。

临终不仅是走向死亡的过程，更是突显医护人员和家属关怀生命的伦理过程，临终关怀体现了人类文明进步，成为了社会需要，在生命的最后阶段，为患者消除死亡的恐惧，带来安慰，实现“生如夏花绚烂，死如秋叶静美”。

案例分析1

1. 案例

患者，男性，70岁。因间歇性血尿，入院检查确诊为膀胱癌，因属晚期无手术指征转入临终关怀医院，患者误认为转院目的为疗养，待病情好转后再开刀根治，入院初老人情绪乐观，时而哼哼小调、唱唱京剧。二周后病情迅速恶化，精神委靡，血尿加重，时有下腹疼痛及排尿不畅。患者又目睹同层楼一位重病友过世，突然性情暴躁，经常无理取闹，动手打其他患者，谩骂医生，拒绝任何治疗，怀疑自己的病情。最后经医务人员一再劝说，向患者交代病情，并对其进行心理疏导，情绪才慢慢平息。

2. 分析

该患者由于经历了病情的一系列恶化和变故，自身已经存在着怀疑，故表现出情绪和行为的变化。临终关怀不仅是给临终患者一个病床，更重要的是纾解其对死亡的恐惧心理，减少其痛苦和不必要的检查，尽量帮助完成其最后愿望。

由于临终患者大多患有恶性肿瘤或其他严重而无法进一步治疗的疾病，作为医务人员应该正确评估患者情绪和心理，并根据患者反应，配合家属进行正确心理疏导，帮助其克服恐惧感，得到真正意义上的关怀。

案例分析 2

1. 案例

患者，男性，75 岁。一年前出现右侧耳聋及右侧面部神经瘫痪，确诊为“晚期腮腺癌”。老人无子女，有一养女但与老人妻子不和，病情加重后经常领面部剧痛，咀嚼困难，养女得知后私下经常给予照顾，妻子知道后心中不满经常与老人发生口角并置之不理。之后患者知道自己患了癌症，情绪低落，拒绝进食，还企图自杀，后被医生发觉而阻止，经过询问才得知老人迫切想见养女一面又不愿老伴知道，医院立刻安排老人与养女会面，老人的愿望得以满足后，感激地写了封信：“妻子不要我，我没有家，你们待我比亲人还好”。此后情绪平静，直至死亡。

2. 分析

案例中的临终患者，在满足其最后愿望后，信中表达了感激之情和完成心愿后的安详。尽管死亡是生命运动发展的必然规律，但是临终依然是人生的重要部分，临终患者的合理要求应该得到尊重和满足。

第五节 器 官 移 植

世界上第一例人体器官移植手术是在 1954 年的美国马萨诸塞州波士顿市由约瑟夫·默里(Joseph E. Murray)主刀手术完成,当时由罗纳德·李·赫里克将一只肾脏捐献给双胞胎兄弟理查德。随着这项 20 世纪最伟大的医学成就之一的人体器官移植技术的开展、研究发展和进一步改进,挽救了无数垂危的生命,但是伴随而来的是一系列道德伦理争议。

一、概述

(一) 器官移植的概念

器官移植是指将健康的器官移植到通常是另一个人体内使之迅速恢复功能的手术,目的是代偿受者相应器官因疾病而丧失的功能。提供移植物的个体称为供者,相对的接受移植物的称为受者。广义的器官移植包括细胞移植和组织移植。常用的移植器官有肾脏、心脏、肝脏、胰腺与胰岛、甲状旁腺、肺、骨髓、角膜等。在发达国家,肾移植已成为良性终末期肾病(如慢性肾小球肾炎、慢性肾盂肾炎等所致的慢性肾衰竭)的首选常规疗法。

(二) 器官移植的分类

1. 根据器官的来源可以分类

(1) 自体移植:献出器官的供者和接受器官的受者是同一个人,则这种移植称自体移植。

(2) 同系移植:供者与受者虽非同一人,但供受者(即同卵双生子)有着完全相同的遗传素质。

(3) 同种移植:指移植物取自同种但遗传基因有差异的另一个体。

(4) 异种移植:不同种的动物间的移植(如将黑猩猩的心或狒狒的肝移植给人),属于异种移植。

2. 根据移植的部位分类

(1) 原位移植:指移植于原来解剖部位,叫作原位移植,如原位肝移植,必须先切除原来患病的器官。

(2) 异位移植：指移植于其他位置，也可称为辅助移植，原来的器官可以切除也可以保留。若移植的器官丧失功能，还可以切除，并施行再次、三次甚至多次移植。

(3) 联合移植：一次移植两个器官的手术叫作联合移植，如心肺联合移植。

(4) 多器官移植：同时移植 3 个以上器官的手术。

(5) 一串性器官群移植：移植多个腹部脏器(如肝、胃、胰、十二指肠、上段空肠)时，这些器官仅有一个总的血管蒂，移植时只需吻合动、静脉主干。

(三) 器官移植的历史

大约在公元前 600 年，古印度的《妙闻集》中记载了从患者手臂上取下皮肤之后重整到本人鼻子的医案。1824 年，赖辛格成功地对鸡兔实施了一种角膜移植，并设计出角膜移植术。1954 年美国医生约瑟夫·默里进行了世界第一例同卵双胎的个体间肾移植，接受肾脏的患者健康得到改善并存活了 8 年，这个案例开辟了器官移植的新时代。20 世纪有 1/3 的诺贝尔医学奖与器官移植有关，这项技术逐渐进入了普通人的生活中，目前每年有数以万计的患者在接受了器官移植后得以继续生存。

中国器官移植始于 20 世纪 60 年代，由吴阶平教授实施了第一例肾脏移植。1977 年 10 月，上海交通大学医学院附属瑞金医院开展了国内第一例人体原位肝移植；2001 年 7 月，我国施行第一例劈离式肝移植；2004 年 11 月，我国开展第一例小肠和肝脏的联合移植；2004 年 12 月，我国第一例 7 个脏器联合移植成功；2005 年 7 月，我国第一例运用肝移植成功救治一名妊娠合并急性脂肪肝患者；2005 年 9 月，我国开展第一例胰十二指肠切除术与肝移植结合。目前中国每年肾移植量仅次于美国，其技术水平和效果也已达到或接近国际水平。

器官移植是一项新兴的医学技术，随着这项技术的普及和发展，它所带来的医学伦理问题也浮出水面，供体与受体的选择，移植技术与社会道德的矛盾等。所以医务人员必须遵循相关的道德原则与法律，对器官移植技术进行有效且公平公正的管理，达到其造福于人类的最终目的。

二、器官移植中的伦理

1. 历史

第一个探讨器官移植伦理学问题的人是美国学者肯宁汉(B. T. Cunninghan),他在1944年所著《器官移植的道德》一书中,针对当时对器官移植的种种怀疑甚至责难,对器官移植的道德合理性作了肯定的论述。器官移植伦理学则是随着生命伦理学兴起于20世纪70年代,直至目前有关器官移植伦理学完整的学科体系仍在研究与探索之中。

2. 研究对象及内容

器官移植伦理学以器官移植的理性问题为其研究对象,以生命伦理学利益原则、自愿原则、公平原则为理论依据,从人类发展的自身利益出发对器官移植进行理性思考,如器官移植是否合乎人类的伦理道德,从刚过世的死者或从同意捐赠的生命垂危的患者身上获取器官是否应当等;从哲学的高度,考察器官移植的道德价值,如效益与风险、收益与代价的比较等诸问题;从社会公平与正义出发,讨论人体器官这种稀有资源的收集、分配问题;探讨器官移植实施过程中社会、医疗组织、医务人员的道德责任等。器官移植伦理学既客观反映社会对器官移植技术使用进行控制的要求,又为这门新的医学技术的发展清除伦理障碍。

三、供体器官选择的伦理问题

供体器官不足的现象是目前全世界器官移植开展存在的普遍问题。目前器官移植供体来源可分为活体供体、尸体供体、胎儿供体、异种器官等,比较常见的是活体供体和尸体供体。

(一) 活体器官

指从活的供体身上摘取某一器官的一部分或某一成双器官中的一个,只有成对健康器官或是代偿能力极强的部分器官才能来源于活体,如肾脏、睾丸、皮肤、骨髓或肝脏等。要移植的器官若为成对的器官(如肾),可取自尸体,也可取自自愿献出器官的父母或同胞;而整体移植的单一器官(如心、肝),只能取自尸体。

在我国2007年5月1日起施行的《人体器官移植条例》中第十条明确规定:“活体器官的接受人限于活体器官捐献人的配偶、直系血亲或者三代以内旁系血亲,或者有证据证明与活体器官捐献人存在因帮扶等形成亲情关系的人员。"由于活体器官移植涉及另一个个体的健康甚至于生命,因此带来更多的伦理问题。

1. 活体器官移植遭遇的伦理问题

除了血液和骨髓,机体可以自行代偿进行恢复,供体的器官被摘除后是不能再生的,所以对供体来说,其身体健康和生活质量在一定程度上必定会受到损伤,对供者的伤害,包括身体伤害(涉及安全性问题)、心理伤害(既有内部来自道义、心理方面的,也有外部来自家庭、社会舆论等方面的),如单肾切除术后死亡、造成另一个肾脏并发症。作为一名供体将面对提供器官后可能会出现的并发症甚至生命危害,而不伤害原则是医学的最基础原则之一,为了接受移植者的生命延续,让另一个健康人付出损害健康的代价,这是目前活体供体面对的最大伦理挑战。

2. 活体供体须遵循的伦理原则

(1) 知情同意原则:由于作为供者必然存在着身体的损伤,故所有的活体器官移植医疗行为必须建立在供体知情且自愿的基础上,医方需做到客观和公正的术前说明,要让供者充分了解手术的风险、手术过程、术后可能的并发症、后遗症、对今后身体健康和正常生活的可能影响、经济风险等,并记录在知情同意书上进行签字同意。

(2) 利益大于风险原则:医方必须考虑维护供体的利益和身体健康,保障供者安全是活体器官移植的基本前提。需进行严谨的术前评估和全面身体检查,严格把握适应证和禁忌证,一方面让接受器官者达到治疗目的,另一方面要竭尽可能减少供体所承担的风险。

作为供者虽然体现了为他人奉献和牺牲的美德,更多的是对手术的恐惧和术后生活的担心。所以在沟通上,医方更应对其进行详细的解释和指导,解除其心理负担。

(二) 尸体器官

尸体器官是现阶段器官移植的主要供体来源,虽然不存在健康损害的问题,但是存在着相当复杂的伦理问题,关键在于这类供体的捐献方式上,一类是自愿捐献,另一类是死刑犯器官捐献。

(1) 普通死者器官面临的伦理问题:首先是必须自愿捐献,我国《人体器官移植条例》中明确规定:"人体器官捐献应当遵循自愿、无偿的原则。公民享有捐献或者不捐献其人体器官的权利;任何组织或者个人不得强迫、欺骗或者利诱他人捐献人体器官。捐献人体器官的公民应当具有完全民事行为能力。公民捐献其人体器官应当有书面形式的捐献意愿,对已经表示捐献其人体器官的意愿,有权予以撤销。公民生前表示不同意捐献其人体器官的,任何组织或者个人不得捐献、摘取该公民的人体器官;公民生前未表示不同意捐献其人体器官的,该公民死亡后,其配偶、成年子女、父母可以以书面形式共同表示同意捐献该公民人体器官的意愿。任何组织或者个人不得摘取未满 18 周岁公民的活体器官用于移植。"但由于传统观念、旧的习俗、社会风气的影响,特别是中国人深受传统文化的影响,很多人认为这是不吉利的、不孝不义的行为。故自愿死后愿意捐献的人或同意亲人捐献遗体或器官的人非常少。

其次是确定供体死亡时间的问题。为了提高移植后的器官成活率,供给的器官越新鲜越好,这是器官移植的大前提,那么何时从尸体上移除器官成了另一个被人们关注的问题。1968 年由美国哈佛大学医学院死亡定义审查特别委员会首先提出了脑死亡的概念: 脑死亡即整个中枢神经系统的全部死亡,包括脑干在内的全部脑机能丧失的不可逆转状态,表现在以下四个方面: ① 对外界的刺激和体内需求完全没有知觉,而且完全没有反应能力;② 没有自主的动作和呼吸;③ 没有生理反射反应;④ 脑电波图平坦。1973 年举行的第八届国际脑波-临床神经生理学大会提出了更详细的定义:"脑死亡是包括小脑、脑干直至第一颈髓的全脑机能的不可逆转的丧失。"一旦被诊断为脑死亡,即使患者可以通过人工呼吸、药物治疗、输液等方式进行维持其他脏器功能,但患者仍可以被认定为已经死亡。而对于器官移植供体来说,脑死亡的优越性明显高于心肺死亡者。但是在临床上,即使患者在医学上已经确定脑死亡,患者家属大多会因为患者心跳呼吸的存在,拒绝摘取器官,甚至引起对医方的误解造成纠纷产生。

医务人员的天职是救死扶伤,尽一切能力挽救患者生命,但是同时医务人员也面临可能存在的器官移植供体者,这两者是互相矛盾的。哈佛大学医学院在 1968 年提出脑死亡标准的同时还建议: ① 在脑死亡宣布之前,不得拆除人工呼吸器; ② 负责宣布脑死亡和关闭人工呼吸器的医生不得与器官移植相关环节有任何联系。1987 年欧洲卫生部长会议也提出:"为了人类的未来生存,与其同意从没有真正死亡的人身上摘取有活力的器官,还不如放弃器官移植。"

(2) 死囚器官: 这是一个在社会引起长期伦理争议的问题,首先死刑犯的器官供给可以部分解决器官不足的问题，并给他们一个回馈社会的机会，但是却涉及是否真正意愿上的知情同意、是否会造成道德腐化、道德滑坡等尖锐的伦理争议。所以在这一点上，必须不断完善相关法律，解决有关的伦理和法律问题。

(3) 推定同意得到的器官：是指由政府授权给医生，允许其从尸体上获取有用的组织或器官。推定同意有两种形式：一种是国家给予医生以全权来摘取尸体上有用的组织或器官，不考虑死者及其家属的意愿；另一种是法律推定，即只有不存在来自死者或家庭成员的反对时，才能摘取器官。欧洲国家多数都采取推定同意，其中法国、波兰、瑞士、丹麦、奥地利采取第一种；芬兰、意大利、西班牙、挪威、希腊、瑞典则采取第二种，需要注意的是我国并未实行推定同意。

(三) 胎儿器官

从医学角度来看，胎儿器官、组织和细胞的移植成为当今治疗帕金森病、糖尿病、镰状细胞性贫血和某些癌症的重要医疗手段之一。但是利用胎儿器官带来了太多的伦理难题：胎儿是不是人？应用胎儿的器官、组织和细胞等是否需要知情同意？是否合乎道德？孕育用于治疗患者的胎儿是否道德？因此，许多国家包括中国都对此采取禁止政策。

(四) 异种器官

异种器官移植，是用手术的方法将某一种属个体的器官或组织移植到另一种属个体的某一部位。随着医学的发展，科学家在动物身体上培育出新的器官，这些器官覆盖在人类干细胞培育环境中，发育的新器官可被人类身体所接受，异种器官移植为减轻供体短缺带来了曙光，但其涉及更为敏感的伦理道德问题。

首先异种之间移植是否会引起人类特性的改变，移植的器官种类也应严格限制，如异种生殖系统移植是严重违背伦理道德的；其次涉及动物保护原则；最后异种器官移植可能会引起更大的免疫排斥反应，存在跨物种感染的隐患等问题；所以该项技术尚不成熟。

(五) 买卖器官问题

器官商品化会引发一系列严重的道德、法律问题。如器官质量无法保证，不同阶级人在生死面前极度不平等，极易引发犯罪等。所以 1989 年 5 月世界卫生组织呼吁制定有关人体器官交易的全球禁令。我国《人体器官移植条例》明文规定：任何组织或者个人不得以任何形式买卖人体器官，不得从事与买卖人体器官有关的活动。

四、受体选择的伦理问题

面对短缺的稀有器官资源，如何决定供求，如何选择受体的先后顺序，是根据登记的时间、疾病的严重程度、移植后的康复机会还是根据受体的社会贡献等，是目前受体选择所面临的问题。

（一）确定受体的标准

目前在临床上通用的标准为医学标准(生命质量)和社会标准(生命价值)。

1. 医学标准(生命质量)

医学标准(生命质量)是由医务人员根据医学发展水平和医学经验知识作为判断和设定基础。由同济医科大学制定的《器官移植的伦理原则》中对医学标准的定义为：

(1) 在生命器官功能衰竭而无其他治疗方法，短期内不进行器官移植将终结生命者。

(2) 受者健康状况相对较好，符合器官移植术适应证，心态及整体情况较好，对移植手术耐受性强，无禁忌证。

(3) 免疫相容性相对较好，移植术后能够有良好的存活前景。

2. 社会标准(生命价值)

即根据受体相关社会因素进行选择。包括年龄、个人能力、对社会贡献程度、配合治疗的能力、经济能力和社会能力等。

以上两个标准，首要标准应是医学标准，因为这是以受体的需要和成功率为基准，保证了供体器官发挥最大功效，真正体现其价值。社会标准可以视为对医学标准的补充，在器官分配上体现了个人利益与社会利益的统一。除了上述标准，还需根据不同国家所规定的道德规范和不同的价值观进行。大多国家的移植中心是按照医学标准、个人能力、社会价值的次序进行排列，当然还要根据具体情况进行分析。

（二）受体的知情同意

一般来说，需要器官移植的患者基本是危重或濒危患者，长期疾病的折磨、昂贵的治疗费用，加上器官短缺，长久等待的恐慌和打击，造成患者对治疗缺乏信心，移植后需要终身服用抗免疫排斥药物也必须有强大的经济支持，这些因素对患者造成了巨大的影响，也是医务工作者在临床上需要注意的问题。需要医务工作者耐心地对患者进行解释和稳定患者情绪。

对于人体器官移植的开展，必须加强国民教育，宣传普及器官移植的道德意义，相关知识和典型事例，使人们了解器官捐献，明白器官捐献能为别人带来生的希望，是一种利他行为。开展器官移植立法，只有得到法律的保护，才能真正实现器官捐献，保护和尊重自愿捐献器官，杜绝器官买卖和强迫他人捐出器官。鼓励死后捐献器官，认识到此行为是利国利民利他的行为，是对社会的一大贡献。

五、人体器官移植的伦理原则

（一）人体器官移植的国际伦理准则

2008 年 5 月，世界卫生组织执委会在第 123 届会议上颁布了《世界卫生组织人体细胞、组织和器官移植指导原则(草案)》，为以治疗为目的的人体细胞、组织和器官的获取和移植，提供了一个有序的、符合伦理标准的框架，一共包括 11 项。只有在符合以下指导原则的情况下，才能以移植为目的，从死者或活体身上摘取细胞、组织和器官。

(1) 细胞、组织和器官可以从死者或者活体身上摘取用于移植，如果：① 已得到符合法律规定的任何同意意见；② 没有理由相信死者生前反对这种摘取。

(2) 确定潜在捐献人死亡的医生，不应直接参与从捐献人身上摘取细胞、组织或器官，或参与随后的移植步骤；这些医生也不应负责照料此捐献人的细胞、组织和器官的任何预期接受人。

(3) 死者的捐献应显现出其最大的治疗潜力，但成年活人可在国内法律允许的范围内捐献器官。活体捐献人一般应与接受人在基因、法律或情感上有关系。活体捐献在以下情况下才可接受：捐献人知情并获得其自愿同意，已保证对捐献人的专业照料和完善组织后续步骤，并已审慎执行和监督捐献人选择标准。应以完整和可理解的方式告知活体捐献人，其捐献可能存在的危险、捐献的益处和后果；捐献人应在法律上有资格和能力权衡这些信息；捐献人应自愿行动，不受任何不正当的影响和强迫。

(4) 除了在国家法律允许范围内的少数例外情况，不可出于移植目的从未成年人身上摘取任何细胞、组织或器官。应当具备保护未成年人的具体措施，在任何可能情况下都应在捐献前获得未成年人的同意。对未成年人适用的内容也同样适用于没有法定能力者。

(5) 细胞、组织和器官应仅可自由捐献，不得伴有任何金钱支付或其他货币价值的报酬。购买或提出购买供移植的细胞、组织或器官，或者由活人或死者近亲出售，都应予以禁止。禁止出售或购买细胞、组织和器官不排除补偿捐献人产生的合理和可证实的费用，包括收入损失，或支付获取、处理、保存和提供用于移植的人体细胞、组织或器官的费用。

(6) 可依据国内法规，通过广告或公开呼吁的方法鼓励人体细胞、组织或器官的无私捐献。应禁止登广告征求细胞、组织或器官并企图为捐献细胞、组织或器官的个人提供或寻求付款，或在个人死亡情况下，为其近亲提供或寻求付款。参与对此类个人或第三方付款的中间行为也应予以禁止。

(7) 如果用于移植的细胞、组织或器官是通过剥削或强迫，或向捐献人或死者近亲付款获得的，医生和其他卫生专业人员应不履行移植程序，健康保险者和其他支付者不应承担这一程序的费用。

(8) 应禁止所有参与细胞、组织或器官获取及移植程序的卫生保健机构和专业人员接受超过所提供服务的正当费用额度的任何额外款项。

(9) 器官、细胞和组织的分配应在临床标准和道德准则的指导下进行，而不是出于钱财或其他考虑。由适当人员组成的委员会规定分配原则，该原则应该公平、对外有正当理由并且透明。

(10) 高质量、安全和功效好的操作程序对捐献人和接受人同样极为重要。对活体捐献人和接受人双方都应进行细胞、组织和器官捐献及移植的长期效果评估，以记录带来的好处和造成的伤害。移植用人体细胞、组织和器官属于具有特殊性质的卫生产品，其安全、功效和质量水平必须不断加以维护并做到最大化。这需要有高质量的系统加以实施，包括可追踪机制和防范机制，并伴有不良事件和不良反应的情况报告，这对国内和输出的人体产品都应如此。

(11) 组织、实施捐献和移植活动以及捐献和移植的临床后果，必须透明并可随时接受调查，同时保证始终保护个人匿名以及捐献人和接受人的隐私。

(二)我国人体器官移植的伦理准则

我国《人体器官移植条例》经 2007 年 3 月 21 日国务院第 171 次常务会议通过,自 2007 年 5 月 1 日起施行。《人体器官移植条例》共 5 章,32 条,其制定是为了规范人体器官移植,保证医疗质量,保障人体健康,维护公民的合法权益。在中华人民共和国境内从事人体器官移植,适用本条例;从事人体细胞和角膜、骨髓等人体组织移植,不适用本条例。它对从事人体器官移植的医疗机构、实施人体器官移植的手术准入条件、法律责任、器官分配等方面进行了规定。旨在维护患者利益与健康,保护供者利益与健康,坚持公平公正原则及坚持保密原则。

案例分析 1

1. 案例

2013 年 5 月 8 日,襄阳 5 岁女孩王文萱因意外受伤宣告不治,其父母忍痛捐献女儿器官及角膜。在办理完正规手续后,萱萱的两个肾脏分别成功移植给了两名尿毒症患者,而她捐献的角膜移植给了一位重症角膜患者。其中一位尿毒症患者是 12 岁少年,长期需要靠透析来维持生命。因肾源紧张,他及家人只能回家等待;另一名接受肾移植的患者是名 20 多岁的女孩,也已等待肾源约 1 年。获得萱萱角膜得以重见光明的则是 56 岁的郑某,在此之前,他的日常生活和工作均饱受困扰。

在接到医院通知时,受者及家属均喜极而泣。孩子还这么小,生命就凋零了,但女孩家人在这么痛苦的情况下做出这样的决定,他们心中的感激无法用言语来表达。

萱萱一家人的义举和大爱感动了所有人,救治萱萱的医院决定,免除其 2.3 万元医疗费,70 多名医护人员全体起立,集体为萱萱默哀 30 秒,追思这个幼小的生命。

2. 分析

在这个案例里,虽然萱萱遭受意外不幸去世,但是萱萱的父母改变传统观念,捐出器官让更多的人得到重生,从某种意义上说萱萱的生命得以延续了下去,这种义举不仅让人感动,更让人佩服。作为民众,应能真正地了解人体器官捐献意义,在正确的舆论引导和相关法律法规的支持下,将这项伟大又具有意义的公益事业进行下去,使更多人得到重生的机会。

案例分析 2

1. 案例

患者，女性，21 岁。被诊断为肝硬化，在之后的 2 年中几次入院进行治疗，并已发展为肝硬化晚期，医院为其实施了“同种异体原位肝移植”，手术非常成功。但是 3 个月后，她与她的家人意识到必须终身服用的抗排异药物，每月费用高达 1 万元左右。由于该患者家庭经济状况非常差，当时医院已为其减免了部分手术费用，但是每月万元左右的药费和检查费，仍让这个每月只有不到 1 700 元收入的家庭无法承担，肝移植与这个天文数字相比，简直没有任何意义。术后的 6 个月，患者在该院门口举着要求安乐死的牌子，要求结束自己的生命。

2. 分析

当患者求生欲望强烈，只有器官移植才能挽救其生命时，作为患者本人及其家属一定愿意为其付出一切代价，但是医生有责任向患者和其家属告知器官移植的所有信息，通过知情同意书告知手术过程、存在的风险，手术及术后需要的相关费用，让他们在充分了解的基础上作出决定和选择，并签署该知情同意书后才能手术，避免以上悲剧的发生。

延伸思考

1. 在临床上，如何理解患者的知情同意权利与医方的告知义务相呼应？
2. 如何严格分清防御性医疗与过度医疗？
3. 死亡标准变化的道德意义是什么？
4. 在临床工作中应如何处理提高生命质量和维护患者生命的矛盾？
5. 保护隐私和保密原则的具体内容是什么？

延伸阅读

1. 格雷戈里，E · 彭斯. 2010. 医学伦理学经典案例. 第 4 版. 聂释保，胡林英译. 长沙：湖南科学技术出版社.

2. 李本富，李曦. 2007. 医学伦理学十五讲. 北京：北京大学出版社.

第二章　社会医学与临床实践

第一节　社会医学基本理论

社会医学是适应大医学和社会大卫生的需求而形成的医学与社会学及其他相关学科交叉的边缘性学科，是社会发展和科学发展的必然结果，其研究内容和方法涉及自然科学和社会科学的许多领域。作为医学领域的一门交叉学科，随着人类社会的进步和发展以及人们对健康认识的提高，社会医学的社会学属性对人群健康的影响越来越大，逐步成为社会关注的焦点，社会医学在新世纪面临着良好的发展机遇，并在医疗卫生事业发展中起着重要作用。

一、社会医学的概念及历史沿革

（一）概念

社会医学是从社会的角度，应用社会科学的理论和方法，研究人类健康和疾病的一门医学学科。它是从社会角度研究医学问题，以人群为研究对象，探究社会因素与人群健康的相互作用及其规律，研究社会卫生状况及其变动规律，以便制定社会卫生策略和措施，改善社会卫生状况，达到保护、增进人群身心健康和社会活动能力，提高生活质量和环境质量为目的的交叉学科。社会医学是医学与社会科学相结合的一门交叉科学。

社会医学的知识基础主要来自两个方面：① 医学科学，包括基础医学、临床医学、公共卫生与预防医学等；② 社会科学，包括社会学、人类学、经济学、伦理学、心理学、政治学、管理学等。由于社会医学的研究对象是社会人群，研究影响人类疾病和健康的社会因素，探索社会防治措施，其实践活动主要在医学领域。因此，社会医学是一门医学学科。

（二）历史沿革

“社会医学”一词由法国医师盖林(Guerin)于 1848 年第一次提出，他呼吁医学界要提倡把分散和不协调的医学监督、公共卫生、法医学等构成一个有机的整体，统称为“社会医学”。20 世纪中期，人类的疾病谱发生了明显改变，与社会、心理、行为生活方式等危险因素密切相关的心脑血管病、恶性肿瘤、意外伤害和精神系统疾病等慢性非传染性疾病逐渐增加，成为危害人类健康的主要疾病。为维护和促进人群健康，改善社会卫生状况，必须深入研究社会因素对人类健康的影响，采取综合性的社会卫生措施。近年来，一些国家将社会医学与临床医学结合，组成社会心血管病学、社会肿瘤学、社会精神病学、社会老年病学以及社会儿科学等。美国蒙蒂菲奥里医院首先创立社会医学部，之后不少国家的医院也陆续增设了社会医学部(科)，所谓的社会医学部也称健康中心。

在我国，社会医学发展的基础是保健组织学。1978 年《中国医学百科全书》中列有《社会医学与卫生管理学》分卷。1980 年卫生部下发了《关于加强社会医学与卫生管理学教学研究工作的意见》，要求有条件的医学院校成立社会医学与卫生管理学教研室或研究室。20 世纪 80 年代初期，卫生部在 6 所医学院校成立了卫生管理干部培训中心；《医学与哲学》等杂志开辟“医学、健康与社会” “医学模式转变”及“卫生发展战略”专栏；《国外医学・社会医学分册》《中国社会医学》《医学与社会》等杂志先后创刊。1985 年，部分院校开始招收社会医学硕士研究生；1994 年第一个社会医学博士研究生学科点成立。1988 年之后，先后召开了全社会医学学术会议，成立了中华社会医学学会。目前，社会医学已成为高等医药院校及中等卫生学校各专业各层次学生的必修课或选修课，有大批专门从事社会医学的教学研究工作的专业人员。

二、社会医学的研究内容及任务

(一) 研究内容

社会医学的研究内容涉及人的衣、食、住、行、社会心理行为等方面,并随着社会的发展和人们价值观的改变而不断变化,但基本可以分为以下 3 个层面。

1. 研究社会卫生状况和人群健康

社会卫生状况主要是人群健康状况,以及与其相关的社会经济和居民生活条件、卫生行为、卫生服务等。通过社会卫生调查,探讨社会卫生状况及其变动规律,评价卫生需求、资源利用及人群健康状况,确定存在的主要社会卫生问题,找出主要危险因素,发现主要疾病和高危人群,以及应该采取的重点策略,对社会卫生问题进行社会医学的诊断,即社会诊断。

2. 研究影响健康的社会因素

人类的健康及其疾病的发生、发展、转归受多种因素制约,其中社会因素起重要的、并常常是决定性的作用。社会医学通过多学科研究方法探讨社会因素(包括社会制度、经济状况、文化因素、人口发展、生活行为与心理因素等)对健康和疾病的影响,进行社会病因学分析,为制定社会卫生策略和措施提供科学依据。

3. 研究社会卫生策略与措施

社会医学不仅要通过调查及社会病因学研究,找出主要社会卫生问题以及严重程度(社会诊断),还要针对卫生问题及其原因,提出综合性的社会卫生策略与措施。社会卫生措施的重点不是指医疗卫生技术措施,而是指社会卫生战略及策略,包括卫生发展目标和重点,合理分配、有效使用社会卫生资源的政策,科学组织社会卫生服务的策略,保护人群健康的经济、法律、教育及组织措施等。

(二) 研究任务

社会医学的基本研究任务:通过社会卫生状况调查,掌握社会卫生状况,特别突出人群健康状况及其变动规律,发现主要的社会卫生问题及其影响因素,提出改善社会卫生状况,即保护人群健康状况的策略与措施,为有关部门特别是卫生管理及决策部门制定卫生工作方针政策、确定卫生工作重点、编制卫生事业发展规划、科学组织卫生服务、加强卫生工作的监督和评价,为卫生事业管理决策提供科学依据。基本研究任务主要有以下 6 个方面。

1. 大力提倡积极的健康观

不良生活行为方式和危害健康的社会因素广泛存在,社会心理健康的理念没能对维护健康的措施产生实质影响。因此,必须宣传和倡导正确的健康观,使医务人员和广大民众认识到影响健康的既有生物因素,也有社会心理因素。只有采取综合性的卫生保健措施,才能有效地防治疾病和促进健康。

2. 全面改善人群健康状况

社会医学的研究对象是社会的各类人群。卫生保健的重点要针对高危人群,这是社会医学倡导的重要卫生保健策略。研究高危人群的卫生保健是社会医学的重要任务,如妇女、儿童、老人、残疾人和从事有害作业的人群等。高危人群医疗保健及社会病防治是社会性很强的工作,必须动员全社会参与,加强各部门的合作。

3. 积极弘扬正确的医学模式

医学模式是社会医学的精髓,现代医学模式还未产生应有的作用和效应,促进医学模式的实质性转变是社会医学的主要任务之一。要完善现代医学模式理论体系,增强适用性和可操作性;以现代医学模式为指导,改革医学教育体系,培养新型医药卫生人才;注重卫生宣传和健康教育,积极倡导现代医学模式,转变广大群众的健康观念和意识。

4. 及时发现社会卫生问题

社会医学的重要任务之一,是通过系统分析社会卫生状况的现状、特征、变化及发展趋势,明确影响个体和群体健康的各种因素,尤其是危害健康的主要因素的作用强度和影响范围(如特殊人群等),为采取及时有效的防治策略和措施提供支持;采用评价技术评价社会因素和疾病对健康的危害程度,发现医疗卫生保健工作中存在的问题。

5. 科学制定卫生政策策略

“发现卫生问题→分析问题产生的原因→提出解决问题”的方法,不仅是社会医学研究的基本步骤,也是制定卫生政策的基本程序。因此,社会医学不仅在卫生政策研究方面有广泛的命题,而且在医疗卫生部门,尤其是卫生行政部门开展决策、计划和管理方面,具有广泛的研究内容。这也是社会医学学科与卫生工作实践相结合的重要途径。

6. 加强社会医学教育

社会医学教育的目的,是宣传社会医学的新思想、新观点及新方法。其主要任务包括: 在一般人群中倡导积极的健康观,促进健康观念和行为的转变,促进有利于健康的行为。1988 年,世界医学教育大会指出: 医学教育应培养促进全体人民健康的医师,要求医学生必须获得不仅对个人,而且对人群的健康促进和处理疾病的能力。

三、社会医学研究方法

(一) 研究类型

1. 按资料收集方法和研究手段进行分类

(1) 文献研究: 也称历史研究,是一种利用第二手资料的研究方法。通过期刊、档案、统计报表、著作以及其他历史资料等信息渠道收集研究所必需的资料,然后对这些资料进行综合整理、分析、归纳和总结。研究工作中常常进行的文献综述,就是典型的文献研究。文献研究可作为一种独立的研究方式或类型,更多的是作为其他研究的"前奏"。

(2) 现场调查研究: 是社会医学最常见的研究方法之一,一般分为描述性研究和分析性研究。前者是关于描述现有各种变量分布的一种研究,不涉及因果关系或其他假设,如现况调查。后者通常用于评价或测量危险因素或某特殊暴露对健康的影响,可检验假设,多用于病因学研究,如病例对照研究和队列研究。

(3) 现场试验研究: 是否有人为干预措施是调查研究和试验研究的根本区别。现场试验研究包括标准试验、自然试验及模拟试验三种形式。其基本思想是在非试验因素被控制的条件下,就所研究的问题对研究对象施加一定的干预措施,或研究对象自己存在某种不同常人的"处置",然后进行观察、记录、分析和总结。

2. 按研究方法性质进行分类

(1) 定量研究: 指运用定量方法收集资料进行计量分析,如计算统计量、进行统计检验等。定量研究的标准化和精确化程度较高,逻辑推理比较严谨,可检验性强,因而比较客观、科学;定量研究还能推进理论的具体化和概括性,促进现象之间普遍的因果关系的精确分析。

(2) 定性研究: 定性研究是通过采用专门的技术,如观察法、个人深入访谈、专题小组讨论等,获得人们在想法、感受等方面的较深层反映的信息,研究目标人群对有关问题的态度、信念、动机和行为等。定性研究可对研究问题进行深层次的探索;也可以观察错综复杂的社会现象,分析不易控制的影响因素,找寻社会心理因素与疾病和健康之间的联系。定性研究在完整把握社会现实、深入了解社会现象和行为等方面有着定量研究无法替代的作用。

(二) 社会医学调查的基本程序

社会医学调查在社会医学研究中应用极为广泛,在开展研究的过程中,尽管研究目的、内容、类型和方法等不尽相同,但基本程序都是一致的。一般分为五个阶段,即准备阶段、调查设计阶段、调查实施阶段、分析阶段和总结阶段(图 2-1)。

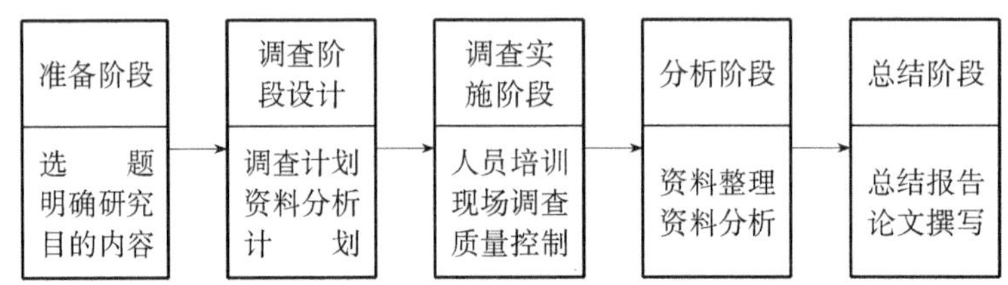

图 2-1 社会医学调查的基本程序

(三) 常用调查研究方法

1. 问卷法

问卷是社会医学调查中收集资料中最常用的一种测量工具,问卷在形式上是一份精心设计的问题表格,由几个或多个问题构成,用来测量和收集人们的知识、态度、信念、行为、社会特征等与疾病和健康相关的各种信息资料。

问卷是调查研究的重要手段,主要类型有自填式和访谈式,设计步骤包括明确研究目的、建立问题库、设计问卷初稿、试用和修改、信度和效度的检验。自填式问卷是直接面向调查者,即由调查员发给(或邮寄给)被调查者,由被调查者自己填写的问卷。访谈式问卷是直接面向调查员,即由调查员按照问卷向被调查者提问,再由调查员根据被调查者的回答进行填写的问卷。这两种问卷在设计程序、设计原则、内容与结构等方面都是相同或相似的,但由于面向的对象不同,设计要求和使用方法有一定差别。

2. 专题组讨论

专题组讨论是一种应用于社会调查研究的定性研究方法。其基本形式是:讨论参加者形成若干个专题小组，每组由 6～12 人组成，在讨论主持人的引导下，就所研究或调查的问题广泛、深入、自由地交换意见和观点，研究者依此进行归纳、分析、总结。专题组讨论在深入了解调查对象(讨论参加者)的思想、意识、信仰、行为处事态度等方面能获得满意的效果。因此，它在社会医学研究及卫生工作实践中，对于探讨行为心理、文化教育等因素与疾病和健康之间的关系，分析社会因素对疾病防治措施的影响，有着广泛的应用前景。

3. 选题组讨论

选题组讨论是一种程序化的小组讨论，其目的是把发现的问题按其重要程度排出顺序来。选题小组一般由 6～10 人组成，在讨论主持人列出问题清单后，每位讨论参加者根据自己的观点按优先顺序对问题进行排列，主持人按讨论参加者的意见(分值)汇总，再反馈给讨论参加者，讨论参加者若有不同意见，即不同意新的问题清单顺序，可提出书面意见或现场讨论，直至达成一致意见(问题排列顺序)。选题组讨论的组织工作要点与专题组讨论相似。

4. 观察法

观察法是通过直接观察研究对象的行为及行为痕迹进行资料收集、结果分析的研究方法。观察研究属于现场研究的范畴，但是现场研究并不一定都是观察研究。对研究人的行为与疾病和健康之间的关系，观察法有着独特的应用价值。随着疾病谱的改变，行为因素对健康和疾病的影响越来越突出，在致病因素及疾病防治方法研究中，观察法将有着越来越广泛的应用前景。

5. 德尔菲法

德尔菲法在专家会议预测法的基础上发展形成，其核心是通过几轮函询征求专家们的意见，并对每一轮的意见都进行汇总整理，作为参考资料再寄发给每位专家，供专家们分析判断，提出新的意见，如此多次反复，意见逐步趋于一致，得到一个比较一致的且可靠性较大的结论或方案。

6. 敏感性问题的调查方法——随机应答技术

在社会生活中，有一些问题被人们视为隐私。当对人们的隐私进行询问调查时，被调查者往往不愿意回答，故称这类问题为敏感性问题。在调查研究时，常常会碰到一些被访者不愿意回答的敏感问题，因而常有编造假答案或拒绝回答之事发生，从而导致对敏感问题调查时无应答率上升及调查正确率下降。为解决此问题，在许多学者的努力下，发展并逐步完善了一种敏感问题的调查技术，称为随机应答技术。

四、社会医学相关学科及其关系

社会医学作为一门新兴学科，逐渐形成了自身特定的研究内容、基本理论和研究方法。然而，社会医学作为一门交叉科学，必然与许多学科之间互相关联，如与医学社会学、预防医学、卫生管理学、医学心理学、社区医学、临床医学等学科均有密切关系。

（一）医学社会学

社会医学与医学社会学是两门既有区别，又有联系，相互渗透补充的学科。联系主要有：都是以社会、人群为研究对象，以社会科学研究方法为基本研究方法。主要区别：① 学科的性质不同：社会医学是医学的一个分支学科，属于医学的范畴；医学社会学属于社会学的范畴。② 研究的侧重点不同：社会医学主要研究社会因素对健康和疾病的影响；医学社会学重点研究社会组织与卫生组织的关系、医疗保健活动中的人际关系。③ 学科队伍构成不同：从事社会医学研究的主要是以医学背景为主的专业人员，从事医学社会学研究的主要是以社会科学背景为主的专业人员。

（二）预防医学

预防医学侧重于研究自然环境致病因素和生物环境致病因素及防制对策。社会医学源于预防医学，是从预防医学中发展起来的一门学科，社会医学则侧重于社会因素的致病作用，以保障人群健康为目的的社会卫生服务等内容已超出了预防医学的范畴。因此，可以说社会医学是一门源于预防医学而已超出预防医学的学科。社会医学的产生使预防医学注入了社会预防的思想，从传统的生物预防扩大到社会预防，学科更具有生命力。在我国，社会医学会是中华预防医学会中的一个二级学会，国家自然科学基金委员会将社会医学列为预防医学的二级学科。

（三）卫生管理学

社会医学与卫生管理学是姊妹学科，其基本任务一致，即根据卫生服务需求，合理利用卫生资源，组织卫生服务，提高卫生事业的科学管理水平与卫生事业的社会效益和经济效益。社会医学较为偏重在理论问题研究，而卫生管理学侧重于从实践中研究问题，总结管理经验。社会医学的研究成果是卫生管理学的重要基础。

社会医学通过对各种社会因素与健康的研究,提出社会卫生措施必须借助卫生管理,应用经济、立法、教育、行政等手段予以实施。20 世纪 80 年代初,我国提出"社会医学与卫生管理学"作为一个医学学科。在国务院学位委员会规定的研究生招生目录中,"社会医学与卫生事业管理"作为一个学科(专业),归属于管理学中的公共管理学学科,即为公共管理学的二级学科。

(四) 社区医学

社会医学与社区医学均以人群为研究对象,以提供卫生服务和保障人群健康为目标。社会医学研究内容比较宏观,内容比较广泛;社区医学研究内容比较具体,更注重实践。目前,开展社区卫生服务是我国卫生服务体系改革的重要方面。由于社会医学的研究内容、基本理论与理念等与社区卫生服务和全科医学有密切关系,有关社区卫生服务的研究和实践已成为我国社会医学的一个重要领域。

(五) 临床医学

在临床医学各个学科和专业中有丰富的社会医学内涵。临床医务人员学习社会医学具有重要意义: ① 理解人的社会属性,有利于医务人员转变"见病不见人"的传统习惯,树立以人为中心的思想,全面考虑患者的整体情况,尊重患者的人格,为人的健康服务;② 认识致病因素的复杂性,综合分析和思考,培养正确、全面、科学的医学思维方式;③ 重视社会因素在疾病过程中的重要作用,提倡生物-心理-社会"三维诊断",提高诊治方案的有效性;④ 注重心理行为因素(包括违医行为等)对疾病防治效果的作用,提高防治措施的有效性。同时,社会医学要依靠生物医学科学技术的现状与发展,正因为癌症、心血管疾病、艾滋病等危害健康的主要疾病和重大疾病在生物医学方面未获得根本性的突破,才能强调社会因素在疾病防治中的重要性,社会医学的基本观点才逐渐被社会所接受。

第二节 医学模式

医学模式指导着不同历史阶段的医学科学发展和医学实践,对人们认识疾病和健康的本质及医学教育的发展具有重要的指导意义。

一、医学模式的概念与特点

(一)概念

医学模式是指在医学科学发展过程和医疗服务实践过程中,在某一时期形成的健康观和疾病观,是对医学重要观念的总体概括,是人们对待或处理疾病和健康问题的态度或方式。医学模式既对医学实践起着价值判断的作用,对医学的发展起着激励作用。

(二)特点

1. 产生的社会性

医学模式的产生和演变受自然科学和社会科学发展的双重影响,并与社会发展息息相关。人类在进步的过程中,其世界观、方法论、探索自然的手段不断发展与创新。这些变化必然对医学发展产生影响,从而影响医学模式的产生与发展。

2. 存在的普遍性

医学模式普遍存在于人们的思想中。任何人都有对健康和疾病的认识或态度。医务人员对其认识比较全面而深刻,普通人相对比较浅显而朴素。不管什么人,这种认识普遍存在。

3. 作用的广泛性

医学模式是医学发展到一定时期形成的对医学科学的高度认识和历史性概括与总结。这种高度概括与总结一旦形成,就会对医学实践及与健康相关的行动产生影响。

4. 发展的渐进性

人类精神文明与物质文明的发展是波浪式前进的,医学模式的发展也是动态的、渐进的过程。医学模式的发展是不断扬弃和提高,实现从量变到质变的过程,旧的医学模式发展到一定程度,必将产生飞跃和突破,形成新的医学模式。

二、医学模式及其演变

(一)神灵主义医学模式

人们在人类社会的早期对自然界的认识非常局限,对发生的医学问题如生育、疾病、死亡等重大事件无法理解。一旦有了疾病和死亡,人们就会自然联想到上帝和神灵,认为那是得罪了神灵而受到的惩罚。于是人们就通过求神、问卜、拜神等手段,来祈求神灵的宽恕和保佑。因此,巫医采取驱病舞或巫术舞为人治疗成为一种必然的现象。尽管神灵主义医学模式是一种古老、落后、不科学的医学模式,但仍对现代社会产生着影响。

(二) 自然哲学医学模式

大约公元前 400 年,希腊医生希波克拉底不认为疾病由神灵引起,而有着自身的原因,疾病的发生与四种体液有关,疾病应该用合理的方法治疗(表 2-1)。他同时认识到环境可以影响人的健康,人体能自行恢复健康。

表 2-1 希腊人的四种体液及其相互关系

体液	元素	特性	相关脏器和组织	体液	元素	特性	相关脏器和组织
血液	空气	热和湿	血液	黄胆汁	火	热和干	肝
黏液	水	冷和湿	脑	黑胆汁	土	冷和干	脾

我国古代医学则引入且凭借元气、阴阳、五行类的朴素自然哲学学说作为基本理论框架来构建个别经验之间的有机联系。阴阳学说认为自然界的存在都由阴、阳构成,人体也是一种阴阳的平衡;五行学说认为"金、木、水、火、土"五种元素相生相克,形成平衡与制约,而平衡的失调带来疾病。古代医学还进一步把自然界中的风、寒、暑、湿、燥、火列为人体疾病的外因,外因和内因(喜、怒、忧、思、悲、恐、惊)构成了影响人体健康的重要因素。这种利用自然界的现象来解释人体健康和疾病现象的理论,是人类医学进步的体现。

自然哲学医学模式的建立,为古代经验医学彻底摆脱原始宗教、走向独立发展道路创造了必要条件,其以朴素的辩证思维指导着医务工作者从注重人体内部的统一性以及人和外在环境之间的统一性中去观察人体和诊疗疾病。但是,自然哲学医学模式理论上的模糊性与思辨性,必然带来临床诊疗中更多的猜测性与不确定性,也就意味着更多的风险性。

(三) 机械论医学模式

15 世纪初,伴随着欧洲文艺复兴运动兴起,新的哲学思想为近代科学和医学的诞生创造了重要的物质条件和思想基础。这个时期的哲学已是唯物主义哲学。法国杰出的哲学家、生理学家和数学家笛卡儿提出人体也是一种精密的机械的设想。他在《动物是机器》一书中，把动物和人体描绘成具备各种生理功能的自动机器。

机械唯物主义哲学观对医学产生了巨大的影响，促进了解剖学的发展，涌现出了一批优秀的解剖学家；推动了生理学的发展，促使哈维发现了血液循环；莫干尼和比沙创立并推动了病理解剖学的发展。机械论医学模式批驳了唯心主义的生命观和医学观，把医学带入实验医学时代，对医学发展发挥了重要作用。但它简单地把人比做机器，忽视了生命的复杂性，忽视了人的社会性和生物学特性。

（四）生物医学模式

19 世纪的技术革命和产业革命，推动了自然科学的深入研究和迅速发展。细胞学说、生物进化论、能量守恒与转化定律等一系列重大发现，为医学提供了科学的思维方法，使医学取得了前所未有的进步。德国病理学家魏尔啸创立细胞病理学说，使人们对疾病本质的认识深入到细胞水平；法国著名科学家巴斯德等在细菌学方面的一系列研究成果，揭示出传染性疾病的真正原因；免疫学的发现，为人类探索疾病治疗方法开辟了新途径；麻醉法和消毒法促进了外科学及相关学科的迅速发展。

生物医学模式奠定了现代医学发展的基础，指导医疗卫生实践，使人类运用杀灭虫、预防接种和抗生素三大武器，有效地控制了急性传染病和寄生虫病，取得了第一次卫生革命的胜利。但是，生物医学模式主要是对病不对人，忽略了人的生活环境、思想、心理和社会等与健康密切相关的因素。因此，医学的进一步发展期待着更完善的医学模式的形成。

（五）生态医学模式

显微镜的发明并运用于寻找病原，使微生物学得到了进一步的发展。实践证明：细菌和病毒的致病机制，以及由此发展起来的疫苗接种和化学疗法，形成了宿主、环境和病原体相互作用的生态平衡概念——生态医学模式。但它是一种过渡性的医学模式，是从纯生物学角度考虑的生态平衡，没有充分考虑社会心理因素与疾病和健康的关系。

（六）生物-心理-社会医学模式

生物-心理-社会医学模式即现代医学模式，是指从生物、心理和社会等方面来观察、分析和思考，并处理疾病和健康问题的科学观和方法论。1977年，恩斯格·恩格尔(Ernst Engel)发表论文指出："生物医学模式逐渐演变为生物-心理-社会医学模式是医学发展的必然。"他认为：① 生物医学模式代表着一种局限性，不能作为医学科学的标准；② 生物医学模式的应用一旦超过其限度，就没有科学性可言，鼓励这种模式的应用会助长教条，而且反科学；③ 20世纪的医学模式应该把人类的维度作为努力探索的方向；④ 允许生物医学模式后继者的到来。其观点得到全球医学界的关注与认同，对促进生物-心理-社会医学模式产生和发展起了至关重要的作用。

三、现代医学模式的产生原因及其贡献

（一）生物-心理-社会医学模式产生的原因

1. 疾病谱和死因谱的改变

生物医学模式的重大贡献之一是使人类控制了烈性传染病，疾病谱和死因谱从传染病向慢性非传染性疾病转移，表明必须调整过去那种针对传染性疾病的单一防治模式。慢性非传染性疾病的防治不能局限于生物遗传因素，而要考虑心理、行为、社会和环境等多因素的综合与交互作用。人类既要重视疾病谱的改变，重视和研究防治慢性病的策略，又要面对传染病卷土重来而构成的新威胁。

2. 人类对健康的需求与日俱增

人类对健康概念的理解是一个逐步深入的过程。为了保持良好的健康状态，需要对健康有正确的认识，保持良好的生活、行为方式，以及与个性、处世能力和人际关系有关。人们已经意识到，为了达到这样的健康状态，需要更多、更好的卫生服务。生物-心理-社会医学模式的建立，要求卫生服务系统必须面对日益增长的健康服务需求，提供内容广泛、形式多样的医疗、保健和健康服务。

3. 医学科学与相关学科相互渗透

相关学科的交叉、相关知识和技术的融合，能够更好地解决实际问题。医学是一门实践性很强、极其复杂的学科，社会心理行为因素与疾病和健康的关系越来越密切。医务人员不仅需要掌握诊治疾病和维护健康的医学知识，更要认识人的社会属性，必须具备相关的社会科学知识，学会利用和提取相关学科的知识、技术和方法解决疾病和健康问题。

4. 健康影响因素的多元化

布鲁姆(Broom)、拉隆达(Lalonde)及德威尔(Dever)等学者在20世纪70年代,指出了环境、生物遗传、行为与生活方式及医疗卫生服务这四大类因素是影响健康的主要因素(图2-2)。对4项因素进行死因归类分析表明,60%是由于行为与生活方式因素,17%是由于环境因素,15%是由于生物遗传因素,8%是由于卫生服务因素所致。

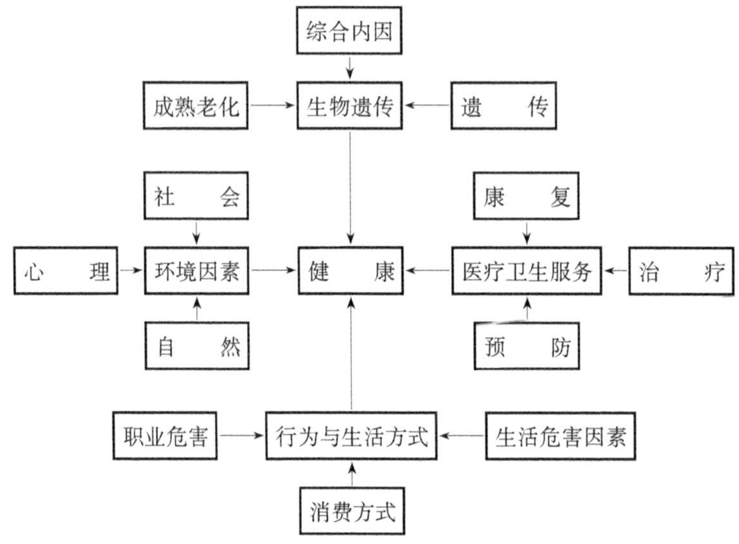

图2-2　健康影响因素分类

(1) 环境因素：安全用水和基础卫生设施是人类健康的主要决定因素。环境质量的下降不但导致传染病、寄生虫病的继续或死灰复燃,还导致了恶性肿瘤、慢性病、地方病等发病率的上升。社会环境中的经济收入、文化教育、居住环境与条件、营养状况等对健康均有重要的影响。富贵病(过度肥胖、心脑血管疾病等)及贫困引起的健康危害、社会工作的紧张因素及压力、不良的人际关系等都可对人群健康构成重大的影响。

(2) 行为与生活方式因素：生活方式与行为的选择往往是自主的,但有时受社会环境改变或社会大事件的影响。越来越多的研究结果表明,吸烟人群比不吸烟人群更可能吸大麻,嗜酒者比其他人更可能使用非法药物;过量饮酒和使用某些其他药物,会影响社会的安定和发生意外事故,也是造成年轻人死亡和致残的主要原因;烟草、酒精和其他药物的使用,会影响人的工作表现和学习成绩;青少年吸毒已成为主要社会问题。

(3) 生物遗传因素：人类很早就发现一些疾病有家系遗传倾向。20 世纪 50 年代 DNA 分子双螺旋结构模型的发现，成为生物学史上的一个重大的革命，揭开了遗传物质的生物化学、结构学和遗传学主要特征，为人类解决生物遗传因素导致的疾病带来了重大的历史性突破，也创立了分子生物学的新纪元。

(4) 医疗卫生服务因素：医疗保健机构的布局是否合理，人群就医、预防保健需求是否得到及时、方便的服务，医疗服务是否被购买得起，医疗保健技术水平是否足以保护人群健康，医疗保健的质量是否达到要求，医疗保健服务是否规范等，都对人群的健康和疾病的转归有直接的影响。

（二）生物-心理-社会医学模式的贡献

(1) 生物-心理-社会医学模式，要求人们突破传统的生物医学思维模式，在传统思维的基础上，拓展思路，多层次、全方位、立体地探求生命过程及其变化规律。现代医学模式，将极大地促进广大医务人员以综合思维的方式，处理其所面对的所有医学问题。

(2) 生物-心理-社会医学模式扩大了医学研究的领域，将促使医务人员在心理和社会领域研究医学问题；将促使社会科学与自然科学的有机融合，产生新的研究成果；将促使人们在健康和疾病的认识上，以及在防治疾病、保障健康的手段上获得更大的进展。

(3) 生物-心理-社会医学模式提出了在疾病预防和控制上的社会、心理预防问题。人类防治疾病是要在总体防治上，克服重治轻防的思想，尤其要关注社会和心理防治问题。医院提供的不仅是以疾病为中心的医疗服务，而是以人的健康为中心的健康服务。近年来，西方的医疗中心向健康科学中心转变。医疗卫生领域要使自己的工作不落后，就要迅速接受生物-心理-社会医学模式的思维。

(4) 生物-心理-社会医学模式将对医药卫生人才的知识结构产生深远的影响，要求医务人员在健康服务的实践中，必须具备人文知识和社会科学知识，才能妥善解决医学社会化和社会医学化过程中带来的各种健康问题。医学教育将为这些要求做出有效的部署和调整，否则就会落后于形势。

(5) 生物-心理-社会医学模式为中医学的发展注入了活力。中医学是整体医学，非常重视各种因素的综合作用，治疗上也强调综合治理，强调整体的平衡。中医学一直非常重视环境对健康的影响。现代医学模式对传统中医学是一种赞同、补充和推进;它将促使人们在研究中医现代化的进程中,更好地把握中医的理论体系和特点,正确认识中医学的临床经验,为中西医结合研究拓展新的途径,建立新的理论和方法。

四、现代医学模式在临床中的应用

(一) 服务形式从医疗型向医疗、预防、保健型转变

1. 医院

医院的服务宗旨应从以疾病为中心向以人为中心转移,应加强对医务人员的培训,使之适应现代医学模式的需要。

2. 医师

医师在临床实践过程中,注意采集患者的社会心理因素方面的资料,包括家庭情况、经济情况、日常生活习惯与行为、重要经历、宗教信仰等。尤其要注意患者与亲朋的关系以及家庭、社会对患者的支持情况。

3. 护理人员

护理人员应树立令患者感到信任、和善、温柔等美好的形象。在门诊导诊、解释病情、适应住院环境、消解检查治疗前的心理忧虑、介绍医护物品使用以及观察日常心理等方面,护理人员均可起到很大的作用。

4. 医患、护患沟通

良好的医患、护患沟通可以消除彼此之间的疑虑,对医院、患者、医务人员均有利。有专家认为,医患之间的沟通大概经历三个阶段:第一个阶段是以患者为中心,由患者陈述情况,包括自我介绍、主诉、其他病史、家族史和社会史等内容;第二阶段是以医师为中心,主要是进行检查和相关的调查;第三阶段是医患共同为中心,包括讨论治疗方案、随访和终止医疗关系等。

(二) 服务中心从以疾病为中心向以人为中心转变

在现代医学模式指导下:① 医学的服务对象是人,提供以人为中心的服务;② 患者是一个社会人,有自身的感情和需要,有比健康人更复杂的、更特殊的需要,更希望得到社会的支持、家庭的支持,更希望得到医护人员的关心、同情与理解;③ 患者享有和医务人员一样的尊严和权利,希望拥有自己的尊严和价值,拥有

知情权和被人尊重、理解、关心的权利;希望自身的价值未因病下降;④ 患者有自身的个性特征，患相同疾病者可出现完全不同的反应。医师应适应个体要求，制定个体化的治疗方案,对症下药,优化治疗效果。

(三) 服务对象从针对个体向针对个体、家庭与社区转变

为了提高预防、治疗疾病的效果,医疗服务走进家庭、进入社区是医学发展的必然途径。医学服务应立足患者、着眼家庭、面对社区、全方位服务,在人群疾病治疗与预防上,在医疗服务提供上,有一个系统、科学合理的部署,最终实现群体健康水平的提高。

(四) 服务模式由以医疗为导向转变为以预防为导向

1. 健康宣教

医务人员在诊疗活动中对患者开展健康教育,效果最为明显。此时,患者最能体验到疾病折磨和防治疾病的迫切性,最愿意听从医务人员的忠告,而且多数人会相信并执行这种忠告。为此,医务人员应掌握必要的患者健康教育技巧,因地制宜、因人而异地开展患者健康教育工作。

2. 早期诊断

医学服务进入家庭、进入社区,医生临床服务的重点也随之由中晚期疾病处置转向早期发现、早期诊断和早期处置(“三早”),把疾病解决在萌芽或早发阶段,达到更好的防治效果。医学服务可以通过群体筛查、服务对象的定期体检达到“三早”的目的。

3. 健康危险因素评价

通过了解和评价服务对象的家庭生物遗传学特征、行为习惯、生活环境、家庭状况、生活条件,以及个性特征、心理、社会关系、经济、职业、文化程度、健康观等方面的情况,评价个体健康状况,发现危险因素,建议被评对象改变不良生活行为习惯,通过加强体育锻炼等方法,降低或消除危险因素,改善其健康状况。

4. 人群健康筛查与群防群治

通过开展人群健康普查,尽早发现患者、治疗患者;并针对人群疾病的流行病学特征,制定群体预防和治疗方案。群防群治对于糖尿病、高血压、心脑血管疾病等慢性病具有较好的效果,可以达到个体防治无法达到的效果和水平。

案例分析1

1. 案例

某医院18例患者中高血压9例，心律失常6例，心脑神经官能症3例。其中男性8例，女性10例，最大年龄74岁，最小年龄32岁，平均年龄53岁。生物学方面(西医)：根据病史、症状、体征及辅助检查而诊断为以上疾病。心理社会学方面：通过历史调查法、会谈法、Zung. S抑郁自评量表(SDS)测试，确定这些患者各自存在的心理问题。治疗方案：① 生物体方面治疗，常规治疗以西药为主，中药为辅；② 心理、社会方面治疗，通过尊重，同情、关心、支持的态度，取得患者的信任，建立良好的互相信赖的医患关系，在情感障碍方面，针对抑郁、焦虑、恐慌、紧张，帮助分析原因，鼓励参加社会活动，克服心理情感障碍，并组织集体活动，培养沟通交流，处理社会家庭中的一些困扰能力，恢复社会适应能力。介绍心理常识，针对不同年龄的患者，介绍生理卫生方面的知识。治疗结果：① 生物体方面，自我感觉良好，临床症状消失，辅助检查提示入院时某些阳性结果转阴；② 心理方面，Zung. S抑郁自评量表(SDS)测试，18例中17人标准分低于35分，1人标准分在40分，总有效率94.4%，无效率5.6%。

2. 分析

随着社会的快速发展和生活节奏的加快，工作竞争激烈，人际关系紧张和淡漠，各种病态的人格、不良行为及精神疾患日趋突出。一些疾病的发生在很多时候不单单生理上的问题，生物医学模式已不能满足当前疾病的治疗需求。因此，生物-心理-社会医学模式，是对当今临床的生物医学模式理念的补充和完善。这一模式的临床运用，对临床医生在诊治疾病方面，能够更全面准确地分析疾病的原因、临床表现，为提高治疗质量，使患者获得真正意义上的身心健康有着重要的现实意义。在上述案例中，患者因为疾病至医院就诊，医生应用新的医学模式，全面综合地考虑了可能引起疾病发生发展的各种生理、心理上的原因，针对不同的患者采取了不同的治疗方案，尤其是特别重视在生物医学模式下容易被医务人员所忽视的心理方面的原因，最终取得了良好的治疗效果。

案例分析 2

1. 案例

某医院,21 例住院患者,男 12 例,女 9 例;年龄 55～90 岁,平均 73 岁。疾病类型:心脑血管疾病 10 例,眼科疾病 3 例,肾病及肿瘤 2 例,骨科疾病行动不便 2 例,不同内科疾病 4 例。21 例患者均在住院期间发生意外跌倒,地点:床边 8 例,卫生间 9 例,楼道内 3 例,病室内 1 例。跌倒后损伤程度:皮下损伤 10 例,骨折 3 例,无损伤 8 例。在发生意外跌倒事件后,护理人员在第一时间赶到现场,同时通知医生共同配合将患者损伤程度降至最低。对没有家属陪护的患者及时通知其家属,做好家属及患者的安抚工作,降低其焦虑心理,减少矛盾,防止发生护患纠纷。护理人员对跌倒的患者倍加关爱,医务人员投入更多精力帮助患者顺利度过心理及身体的损伤恢复期。经精心的人性化护理,本组均未发生护患纠纷。

2. 分析

首先对患者发生住院期间跌倒事件的原因进行分析:① 高龄:本组多为高龄患者,高龄是导致跌倒最主要的因素,跌倒概率随年龄递增,80 岁以上的老年患者跌倒发生率高达 50%。② 疾病:案例中的患者所患疾病均对生活的某些方面带来不便,如眼科疾病视力下降、视物不清,在活动中易发生跌倒。③ 环境不安全:患者跌倒发生在卫生间占 42.9%,原因为患者多数穿拖鞋进出卫生间,地面潮湿、积水,医院置放的提示牌不够清楚,防护设施不足。从原因分析可知,患者发生跌倒事件虽有医院的责任,但是大部分原因还是患者自身。但是,医院在面对跌倒事件时,采取的是积极主动的态度,坚持新医学模式下以人为本,以患者为中心的思想,给予患者更多的关注和爱护,因此,在工作中与患者建立良好的医患关系,提高了患者满意度,降低了纠纷发生率。

案例分析 3

1. 案例

某医院一名年轻住院医生王医生,平时工作尽心尽责,对自身要求很高,空余时间均用于钻研医术,是有口皆碑的勤奋刻苦的好医生。在其管辖的患者中,有一名80余岁的心梗患者,该患者由于年龄偏大,听力较弱且伴有轻微的老年痴呆,记性较差。王医生对待该患者如同其他患者,进行例行的问诊、触诊、查房等,但面对患者一遍又一遍地询问病情,王医生表现的是一种不耐烦的态度,患者家属对此颇有微词。私下,也有其他医生善意地提醒王医生改善态度,但是王医生自认为,医生的职责就是看病治人,患者本来就不懂医学上的事情,解释过多也只是浪费时间,还不如利用这些时间做做科研。最终,该患者由于夜间突发性病变离世,患者家属将此责任追究在王医生身上。虽然最后经过医疗鉴定,责任并不在王医生,但该医院和王医生的名声还是因此受损。

2. 分析

在本案例中,从医学生物模式上看,王医生并无过失,该进行的各项检查和治疗措施也无差错,但是最终却出现了一个令人遗憾的结果。究其原因在于王医生对待一位轻微老年痴呆的患者缺乏耐心,致使医患关系出现矛盾。而从更深层次分析则可把整个事件归结于王医生对现阶段医学模式的发展没有更新的认识,还停留在生物医学模式上。生物-心理-社会医学模式与生物医学模式的根本区别,在于重视生物因素、发展生物医学的前提下,把拥有生物属性和社会属性的患者放在特定的社会关系中去加以认识。生物-心理-社会医学模式能使人们清醒地认识心理因素、社会因素对人类健康与疾病的影响,使社会因素决定健康的理论得到认可,心理行为与健康的密切关系得到肯定,现代医学模式消除了生物医学模式的狭隘思想,促进医患关系的协和发展。

第三节 疾病谱、死因谱的转变与社会健康状况

在人类种族和社会发展史上,曾经发生鼠疫、霍乱、天花等多种烈性传染病困扰,其中被称为“黑死病”的鼠疫,全球死亡达千万人以上。面对这些烈性传染病的

肆虐，19 世纪后半叶从欧洲开始第一次卫生革命，针对严重危害人类健康的传染性疾病和寄生虫病通过控制传染源、预防接种、改善环境等措施，以控制传染病的流行。第二次世界大战之后，各国经济条件日益改善，公共卫生事业迅速发展，促进了人类长寿和人口数量的激增，65 岁以上人口所占比例日益增大，发达国家和部分发展中国家开始进入了“老龄化社会”。工业化的发展，生活水平和节奏的上升，导致影响人类健康的主要疾病发生逐渐从传染病变为非传染病，如高血压、恶性肿瘤等疾病。疾病谱和死因谱的随之转变，表明过去针对传染病的单一防治模式已经无法适应现代社会的医学任务的变化。因此，当前既要重视研究和防治慢性病，又要巩固有效的传染病防治，推广预防和控制慢性病的措施，努力构建健康型社会。

一、疾病谱与死因谱

（一）疾病谱

1. 疾病谱概念与分类

疾病谱是指在一定时期内，通常以一年为单位，一个国家或地区人群各类疾病发病数在总发病例数中所占的比重和位次，由疾病构成比和疾病顺位两个指标组成。疾病谱是由固定谱阶组成的疾病过程。它的另一层含义是：某地区危害人群健康的疾病中，按其危害程度顺序排列成疾病谱带；如某地死亡率占第一位的疾病是癌症，第二位是心血管病，第三位是恶性传染病等。

疾病谱阶分为：① 非患者，身体检查时只具遗传上固有的属性或差异；② 非患者，身体检查时有生物化学指标的改变，对危险因子处于敏感状态的人；③ 发病前兆者，检查中可有物理和生化改变；④ 前期症状者或前临床患者；⑤ 临床患者；⑥ 死亡。各疾病谱阶间相互交错；一般由前阶向后阶发展，谱阶演替过程的速度与病种、环境等多种因素有关，特别在前期阶段，如采取各种措施或去除危险因素后，可抑制或逆转谱阶演化趋势和方向。

2. 疾病谱转变的特点

在 20 世纪初，威胁人类健康的主要疾病是急、慢性传染病，以及营养不良性疾病，寄生虫病等。20 世纪后半叶以来，排在人类疾病谱和死亡谱前三位的则是心血管病、恶性肿瘤和脑血管疾病。

现代社会物质生活丰富，居民饮食结构改变，体力活动减少，生活方式改变，导致营养失衡性疾病发生;工作节奏加快,人际关系广泛而复杂,心理精神紧张度加强,还产生了一些现代心身疾病和精神疾病,同时,各种新发疾病也在不断产生。21 世纪全球化和城市化的趋势使疾病发生和流行的危险因素不断增加,最大的挑战来自慢性非传染性疾病。即使是传染病也遇到了新问题,如甲型 H1N1 流感的全球大流行,除了人群普遍易感之外,最主要的危险因素就是交通发达,人口流动加剧。原来流感流行有季节性特点,因为病毒的生物学特性,但现在也不明显了,因快速交通工具和空调的普及,季节特点在人口密集的大城市基本上已不存在,可以看出疾病随着时代发展和人们行为生活方式变化而改变。

(二) 死因谱

1. 死因谱的概念与分类

死因谱是指一定时期内,通常以一年为单位,一个国家或地区人群各类死因人数在死亡总人数中所占的比重和位次,由死因构成比和死因顺位两个指标组成,以反映出一个国家的主要死因及各类死因构成及其变化。

按照目前国际疾病分类标准,死因谱中共有 103 类疾病,在我国,存在重大变化的疾病有 42 种,有的死亡率上升很明显,有的下降很明显。传染性疾病的下降就是死因谱转变的一个典型例子。肠道传染病、病毒性疾病、疟疾和梅毒等传染病,在过去 50 年中一直下降,至 2000 年,急性传染病死亡在总死亡中所占比例非常小,仅为 1.8%,与此同时,肿瘤、高血压、糖尿病等慢性非传染性疾病的死亡率却以惊人的速度上升。1973～1975 年全国肿瘤普查中,中国人群的肿瘤死亡构成以胃癌、肝癌、食道癌为主。到 2000 年,肺癌、肝癌居前两位,胃癌第三位。1996 年以来在肿瘤死因顺序中肺癌排第一,98.1%的肺癌死亡病例发生在 35 岁以上,74.1%是 60 岁以上病例。以男性肺癌死亡率上升为主,城市上升趋势明显高于农村,过去 10 年中、东部地区肺癌死亡率上升非常显著。

2. 死因谱转变的特点

人口因素和非人口因素都会影响死亡率。如糖尿病在城市人群和农村人群中,死亡率上升幅度都很大。城市人群中,人口因素导致其上升的比重不足 40%,非人口因素起了更大作用;农村人群中非人口因素的作用更大,男性高达 82%,女性高达 85%。

吸烟、不健康饮食、静坐、酗酒等生活方式及危险行为因素,与疾病的发生和死亡率的上升直接相关，大多数人不了解自己身边的疾病及健康危害问题，不了解个人行为与疾病的相关性，未及时调整自己的生活方式来降低患病概率。如吸烟问题，据我国2002年调查，男性吸烟率为66.9%，平均日吸烟量为15支；女性吸烟率3.2%，平均日吸烟量为10支。男女性虽在同一环境中生活，但男性肺癌死亡率每年上升6%，女性上升比率则平稳，其中行为差异是主要原因。在北京、上海等大城市人群中，心、脑血管疾病死亡率明显偏高，这与静坐生活方式、不参加体育活动有关，从而导致肥胖，易引发心脑血管疾病。心、脑血管等慢性病在城市人群死亡谱中居于重要地位，但近年来农村人群中慢性病的死亡率也在上升，农村死亡模式与城市日益接近，时间上相差十年，即20世纪90年代初城市死亡模式恰恰是2000年农村的死亡模式，这与我国的城市化进程有关。

除疾病因素之外，交通事故死亡率每年以6.1%的速度迅速上升，到2000年死亡率已超过居于伤害死亡首位的自杀；它与车况、路况等有关，但最主要的还是行人与驾驶员的违章行为。在伤害死亡中，自杀死亡率无明显上升；农村与城市自杀死亡率日益接近，农村女性自杀死亡率呈下降趋势。在西方国家，绝大部分自杀是由精神疾患引起的，而我国的情况则不同，因精神疾患自杀的比例占60%，还有相当一部分自杀者是因教育水平不高、缺乏处理问题的能力，一时冲动而自杀。因焦虑、抑郁、紧张、恐惧等各种精神卫生问题导致的自杀死亡率正在上升。

疾病谱与死亡谱的变化其实质上是病因变化的结果，而病因的变化与生态环境的改变、社会发展及人类行为习惯有着密不可分的关系。

二、社会健康状况

（一）概念

社会健康状况，又可称为社会卫生状况，是指人群健康状况以及影响人群健康状况的各种因素，主要是社会因素。包括卫生政策、社会经济、卫生保健服务、卫生资源和卫生行为等一系列指标。人群健康状况除了受到生物遗传因素的影响，还受到社会因素、自然因素、心理因素、生活方式和环境因素等多方面综合因素影响，其中社会因素对人群健康影响更为重要。

（二）内容

社会健康状况内容较广，由人群健康状况和影响人群健康状况的因素两部分组成。可分为以下六类：人群健康状况、卫生政策、与卫生有关的社会经济状况、卫生保健、卫生资源和卫生行为等。

人群健康状况则包括人口状况、生长发育、营养水平、疾病发生与发展、死亡与平均寿命等几个方面，影响人群健康状况的因素则包括遗传因素、环境因素、卫生服务和行为生活方式四个方面。

（三）研究社会健康状况的意义

社会健康状况是卫生事业科学管理的基础工作，通过对社会健康状况的分析，能够找出主要的社会卫生问题，为制订卫生政策与计划提供依据，探索卫生状况变化与发展趋势，充分利用卫生资源以促进人民健康。

三、社会健康状况评价指标

社会健康状况评价通过研究分析人群的健康水平及其发展变化，发现人群存在的主要健康问题，筛选影响人群健康的主要因素，评估各种健康计划、方案、措施的效果。社会健康状况评价指标由三部分组成，即个体健康状况指标、人群健康状况指标及健康影响因素指标。

（一）个体健康状况评价指标

个体健康通常是指一个人身心发育正常，没有病痛，具有充分的劳动能力，而且长寿。通过临床医学等手段研究分析个体的健康状况或患病原因，据此能够采取改善个体健康的措施来作为健康指导。个体健康是群体健康的基础，是社会医学研究的重要内容之一，常用的指标主要有以下几类。

1. 生理学指标

在这里选择的是能够反映机体整体状况、并且容易通过无损害方式获得的指标，对个体健康状况进行评价。在实际操作中，通常是根据研究目的和工作需要来选择适当的指标。

(1) 生长发育指标：亦称体格指标，生长指体格的增长，发育指功能的成熟，具体包括身高与体重等。

(2) 行为发展指标：行为发展是健康的重要标志。人的行为有一定的年龄规律，到了一定年龄就应该学会相应的行为和动作，如站立、走路、跑跳等，特别提早或过晚都应视为异常或不健康的表现。

2. 心理学指标

个体心理发展和特征十分复杂，有关的心理学指标和评估方法也非常多，一般从智力、人格、情感和情绪几方面进行个体心理健康状况评价。

(1) 人格：又称为个性，包括性格、气质和能力等，是个体心理活动中比较稳定又区别于他人的心理特征。常用的量表有明尼苏达多项人格问卷(MMPI)、加利福尼亚人格问卷(CPI)和艾森克个性问卷(EPQ)，根据量表设计不同，适用范围也不一样。

(2) 智力：是反映个性心理功能的重要指标之一，也是评价人体健康状况的重要依据。常用的量表为韦氏智力量表(WPPSI、WISC、WAIS)。智力评价结果通常用智商表示：智商(IQ)＝(智力年龄(MA)/实际年龄(CA))×100；智力年龄指智力水平达到的年龄阶段，由智力开发量表测出。实际年龄指测定时实际生物学年龄，所以智商反映了智力高低的相对程度。

(3) 情绪和情感：是指人对客观事物和对象所持态度在主观上所感受到的体验。良好的情绪和情感能让人身心健康；相反，如果一个人长期处于抑郁、焦虑等情绪下，会产生一系列身心问题。情感和情绪的改变可以通过一系列量表来测定，前者常用 A 型行为模式问卷，后者常用焦虑自评量表(SAS)、抑郁自评量表(SAS)和 90 项症状自评量表(SCL－9)。

3. 社会学指标

个体社会状况评价主要通过个人的人际关系、行为模式和社会支持等来进行，是衡量个体健康水平的重要指标。

(1) 人际关系：是人与人之间在社会生活中相互作用而形成的一种极复杂的关系，也是人与人之间在心理上的关系，或相互之间在心理上的距离。该关系可表现为亲密、敌对和疏远，不同人际关系会导致不同情绪体现，进而影响个人及群体的身心健康。现代社会人际关系日益复杂，这种影响对人类健康作用的比重也日益增大。人际关系可以用过计算人际关系指数对个体的人际关系状况作出评价：

$$RI=\sum R_i T_i$$

RI 为人际关系指数，R_i表示某种人际关系存在与否(0，1)，T_i则表示该种人际关系的强度。

另外，根据个体年龄及所处环境不同，各种关系对其影响程度不完全相等，因此还可根据各种关系对个体影响的大小，将 R_i 进行加权，求出加权人际关系指数，用 R_{iw} 表示：

$$R_{iw} = \sum W_i T_i$$

W_i 为每种关系在个体人际关系中所占的比重。

(2) 社会支持：良好的社会支持有利于身心健康，社会支持的评价包括两个方面，一方面是对客观的社会支持评价，另一方面是对于社会支持的主观感受或体验程度的评价。

(3) 行为模式：指个人为了满足各种生理、社会需求和达到特定目的等所表现的特定行为模式。个人行为模式的形成与个人社会化过程有关系，个人所处社会环境差别，受到社会制约程度不同，会造成个人行为模式很大差异。根据行为模式与健康的关系，可分为健康行为模式和不健康行为模式，其中不健康行为模式中，最典型的是 A 型行为模式(冠心病易发性行为)和 C 型行为模式(肿瘤易发性行为)。

(4) 生活方式：指人们的物质、文化消费方式。可从生活丰度、生活频度、生活内容和生活态度等几个方面来评价。

(二) 人群健康状况评价指标

人群健康状况即居民健康专刊，指人群的整体健康水平。可用单一型指标和复合型指标来评价。

1. 单一型指标

单一型指标指仅测量健康某一方面的指标，通常用人口统计指标、疾病统计指标、身体发育统计指标综合评价人群健康评价。单一型指标有人口数量和结构；人口出生评价指标(出生率、生育率、人口增长指标)；生长、发育统计指标(新生儿低体重百分比、年龄别性别低身高百分比、年龄别性别低体重百分比)；疾病统计指标(发病率、患病率、疾病构成、疾病顺位、病死率、治愈率、生存率等)；人口死亡评价指标(死亡率、年龄别死亡率、婴儿死亡率、新生儿死亡率、围生儿死亡率、5 岁以下儿童死亡率、孕产妇死亡率、平均期望寿命、死因别死亡率、死因构成比和死因顺位)其中常用来衡量一个国家社会卫生状况的指标是婴儿死亡率、孕产妇死亡率和平均期望寿命。主要单一型指标计算公式见表 2-2。

表 2-2　主要单一型指标计算公式

指　标　名　称	计　算　公　式
出生率(birth rate)	年内出生人数/年内平均人口数×k
死亡率(mortality rate)	某年死亡总人数/同年平均人口数×k
婴儿死亡率(neonatal mortality)	某年不满 1 岁婴儿死亡数/同年活产总数×k
新生儿死亡率(neonatal mortality)	某年不满 28 天新生儿死亡数/年活产总数×k
孕产妇死亡率(maternal mortality)	某年因孕产而死亡产妇数/同年出生总数×k
发病率(incidence rate)	某年内某病新病例数/同年平均人口数×k
患病率(prevalence rate)	观察某时点某病现患人数/同时点暴露人口数×k
病死率(fatality rate)	观察期间某病死亡数/同时期某病患者数×k
平均期望寿命(life expectancg)	人活到某一年龄后还能继续生存的平均年数

注：k=1 000‰或 100%

2. 复合型指标

由于传统单一型指标只是从死亡、疾病、发育等侧面来评价人群健康状况，但是由于社会经济发展、医疗措施日益完善，人群健康状况已经有了根本改善，传统的指标对反映目前人均健康状况敏感性降低，为了补充这一不足，更准确地反映人群健康状况，一些新的评价指标随之产生。

(1) 减寿人年数：亦称死亡损失健康，是指某一人群在一定时间内(通常为 1 年)，在目标生存年龄(通常定为 70 岁或出生期望寿命)内因死亡而使寿命损失的总人年数。用于比较特定人群中不同死因的危害程度，反映某死因对一定年龄的某人群寿命损失，死亡时间越早，该值就越大，能够突出过早死亡的危害。

(2) 无残疾期望寿命：以残疾作为观察重点，运用寿命表的计算原理，扣除处于残疾状态下所耗的平均期望寿命，从而可得出无残疾状态的期望寿命。无残疾期望寿命是质量较高的生命过程，能够较好地反映一个国家、一个地区社会、经济发展和人民生活质量的综合水平。

(3) 健康期望寿命：亦称活动期望寿命，以生活自理能力丧失率为基础计算而得。它不仅能反映人群生存质量，亦有助于卫生政策与卫生规划制定。

(4) 伤残调整寿命年：指疾病死亡损失健康生命年与疾病伤残(残疾)损失健

康生命年相结合的综合性指标。该指标可较好地评价疾病负担,也可评价卫生规划及其实施效果等,是一种合理的人群健康状况评价指标,适用于评价疾病负担。

(5) 生命质量指数:由婴儿死亡率、1 岁平均期望寿命和 15 岁及以上人口识字率三者计算而成(婴儿死亡率、1 岁平均期望寿命和人口识字率三者总和除以 3),数值在 0～100 之间,数值越大表示人口素质越好。小于 60 为低素质人口,60～80 为中素质人口,80 及以上为高素质人口。

(6) 美国社会卫生协会指标:是衡量社会发展的综合指标,反映了人口的社会状态、文化状态、人口变化状态和身体素质等多方面的人口素质状况,公式如下:

美国社会卫生协会指标=(成人识字率×就业率×人均国民生产总值×平均期望寿命)/(出生率×婴儿死亡率)

无论是单一型评价指标还是复合型的新评价指标,均旨在对人群健康状况、卫生工作效果、制定卫生政策与法规等方面起到作用,并对构建健康社会起到了指导意义。

四、构建健康型社会

1989 年世界卫生组织对健康的新定义为:"健康不仅是没有疾病,而且包括躯体健康、心理健康、社会适应良好和道德健康。"一个人要健康,必须是生理、心理二者统一,是身心健康。我国经济的快速发展,使生活节奏加快、竞争日益激烈,人们长期处于精神紧张和亚健康状态,慢性疾病发生率和心理疾患发生率等均随之上升,社会医学不仅重视生理健康,更关注心理健康,关注生理和心理的社会适应。

疾病谱和死因谱的转变所带来的启示,随着社会实际发展而不断随之更新的社会健康状况评价指标数据,都是评价和指导卫生事业发展的重要信息,对合理利用卫生资源、制定卫生保健措施,解决主要社会卫生问题具有重要意义。只有从社会、文化、经济、心理之间的关系出发,以系统的观点,在更高的层次上重新认识健康和疾病,才是人类战胜疾病的出路所在。

1977 年,在第 30 届世界卫生大会上提出"2000 年人人享有卫生保健"的行动口号,核心是强调对疾病的预防工作,即所谓"一级预防"的内容,包括改善工作和生活环境与增进机体健康两个方面。为此把芬兰作为试验区进行了大规模的人群干预试验,指导人们摒弃不良的饮食习惯,不吸烟,经常参加体育锻炼,参加户外运动,回归大自然……这场声势浩大的全民行动一直坚持了 10 年。10 年以后,芬兰的冠心病发病率大幅度下降,男性下降了24%,女性下降了51%。由此人类在预防心脑血管疾病的道路上,终于看到了曙光。

中国的经济发展,也促使医疗卫生事业取得了辉煌的成就。由于物质生活条件的极大提高,医疗水平的上升以及人们生活方式、习惯、行为的改变,我国居民所得疾病的种类和死亡疾病谱正在发生根本性的变化。社会因素如社会制度、文化、教育、人口及家庭等,通过对人的心理、生理以及社会适应能力等方面的作用,直接或间接地影响人类的健康。现代医学模式就是要改变人们的健康观念,社会环境,自然环境和生物基因特性都会对决定个人健康的生物学和行为学因素产生影响;个人行为并不是简单的个人选择,是多种因素在组织的各个不同层面上相互作用发挥影响的结果。

因此,要健康,既要控制生物学因素,又要改变环境和个人行为生活方式。患者不单是一种生物学状态,还是一种社会状态。一个人是否患病,既要考虑生物学变量,还要考虑心理、社会状态的变量;如亚临床状态是健康与疾病连续统一体中处于无明显临床症状或体征,但存在生理性代偿或病理性反应的状态,是疾病的临床早期阶段。随着社会的发展,应采用生物-心理-社会-环境的现代医学模式来指导卫生政策制定、评价体系建立和规范国人的健康行为。

案例分析1

1. 案例

2007年山东省卫生信息化建设暨统计工作会议公布的数据显示,该省死因、疾病谱构成中,心、脑血管疾病、糖尿病等慢性病占到了84%。10年来该省居民疾病谱发生了根本性变化,主要死因不再是传染性疾病,而是以心、脑血管疾病、糖尿病、慢性阻塞性肺疾病等为代表的慢性非传染性疾病。2005年,脑血管病成该省居民第一杀手,占比24.08%;2006年恶性肿瘤跃居死因疾病谱首位;2007年脑血管病再次回到首位,占26.69%。目前,脑血管病、恶性肿瘤、心脏病是死因谱的前三位,死亡率均超过100/100 000,远远高于其他疾病。2006年,脑血管疾病系该省农村第一位死因,死亡率高于城市。

2. 分析

慢性非传染性疾病多与现代人不健康的生活和饮食习惯有关。这些疾病发病慢，病程长，病情初期较温和，易被忽视。近年来随着农村居民生活水平日益提高，大量摄入高脂肪、高热量食品，吸烟、不限盐，酒文化致酗酒现象无法控制，慢性病防控工作在许多地区还未引起充分的重视，这些因素均与疾病谱和死因谱的变化相关。

2008年12月，中华医学会行为医学分会主委杨志寅教授在广东省医学会行为医学分会成立大会上指出，在我国前四位死因中，行为生活方式和心理因素已占据第一，约占37.73%。人自身有多方面因素可影响其行为，如遗传、生理、心理因素等，同时环境因素也对人的行为产生至关重要的影响，不健康的行为生活方式具有致病作用，某些疾病的发生发展与特定行为类型有关，如A型行为的人易患冠心病，C型行为人群则易患癌症；A型行为的人多为“工作狂”，具有强烈的竞争意识，工作高效率、有激情等特点，但也容易急躁、和他人发生争执，易患高血压、心脏病；而C型行为的人在受到心理创伤和打击后，悲哀无法表达出来，强颜欢笑，极易罹患肿瘤。未来威胁人类健康的主要因素是源于人类自身不健康的行为生活方式，所以，开展健康教育，改变人们不良的行为生活方式，是现代医学的一部分。

案例分析2

1. 案例

2012年，我国卫生部为贯彻落实《中共中央国务院关于深化医药卫生体制改革的意见》，积极做好慢性病预防控制工作，遏制我国慢性病快速上升的势头，保护和增进人民群众身体健康，促进经济社会可持续发展，根据我国慢性病流行和防治情况，特制定了《中国慢性病防治工作规划(2012～2015)》。

规划中指出目前影响我国人民群众身体健康的常见慢性病主要有心脑血管疾病、糖尿病、恶性肿瘤、慢性呼吸系统疾病等。慢性病发生和流行与经济社会、生态环境、文化习俗和生活方式等因素密切相关。伴随工业化、城镇化、老龄化进程加快，我国慢性病发患者数快速上升，现有确诊患者2.6

亿人，是重大的公共卫生问题。慢性病病程长、流行广、费用贵、致残致死率高。慢性病导致的死亡已经占到我国总死亡的85%，导致的疾病负担已占总疾病负担的70%，是群众因病致贫返贫的重要原因，若不及时有效控制，将带来严重的社会经济问题。规划制定了通过关口前移、深入推进全民健康生活方式；拓展服务、及时发现管理高风险人群；规范防治、提高慢性病诊治康复效果；明确职责，加强慢性病防治有效协同等七大策略与措施以及五个保障措施，以达到控制慢性病的目的。

2. 分析

国内外经验表明，慢性病是可以有效预防和控制的疾病。30多年来，我国经济社会快速发展，人民生活不断改善，群众健康意识提高，为做好慢性病防治工作奠定了基础。多年来在我国局部地区和示范地区开展的工作已经积累了大量成功经验，并初步形成了具有中国特色的慢性病预防控制策略和工作网络。但是，慢性病防治工作仍面临着严峻挑战，全社会对慢性病严重危害普遍认识不足，政府主导、多部门合作、全社会参与的工作机制尚未建立，慢性病防治网络尚不健全，卫生资源配置不合理，人才队伍建设亟待加强。“十二五”时期是加强慢性病防治的关键时期，要把加强慢性病防治工作作为改善民生、推进医改的重要内容，采取有力有效措施，尽快遏制慢性病高发态势。以进一步完善覆盖全国的慢性病防治服务网络和综合防治工作机制，建立慢性病监测与信息管理制度，提高慢性病防治能力，努力构建社会支持环境，落实部门职责，降低人群慢性病危险因素水平，减少过早死亡和致残，控制由慢性病造成的社会经济负担水平。

第四节 行为、生活方式与健康

不断发展的和进步的社会经济在带给人们丰富物质享受的同时，也改变着人们的生活行为方式和饮食习惯等。与吸烟、酗酒、缺乏体育锻炼、不良饮食习惯等生活方式密切相关的高血糖、肥胖、高血脂、高血压等已成为影响我国人民健康素质的大敌。2007年，卫生部疾病预防控制局、全国爱卫会办公室和中国疾病预防控制中心推出了《全民健康生活方式行动总体方案(2007～2015)》，以“和谐我生活，健康中国人”为主题开展了全民健康生活推广行动，加强全民健康教育，积极倡导健康生活方式，提高全民健康意识和健康生活方式行为能力，旨在有效控制心血管疾病、糖尿病、慢性呼吸道疾病、癌症等主要慢性病的危害及其危险因素水平。

一、基本概念

(一) 行为

行为是个体或群体对环境的反应。根据产生的基础看，人类行为可划分为两大类。第一类为先天性的定型行为，是人类先天性与生俱来的，不需要通过学习获得的，包括反射行为和本能行为。本能行为包括个体保存行为(如摄食行为，当生命受到威胁时产生的防御行为等)和种族保存行为(包括性行为、抚幼行为等)。第二类是各种习得的行为，是人类在所处的社会文化环境中，通过社会化过程获得的。

与动物不同，人类行为特点主要是后天学习获得的，先天性只占了行为的一小部分。而且例如进食这类本能行为，在日常生活中人们吃什么、怎么吃、什么时候吃都由社会、心理行为因素等因素决定，所以人类的先天性行为在很大程度上受到社会文化因素的调节和修饰。

(二) 生活方式

在社会科学中，生活方式分为广义和狭义两种概念。广义的生活方式指人们在物质生活和精神生活领域所从事的一切活动方式，包括了物质生活和精神生活资料的生产和消费方式。狭义的生活方式指包括物质和精神生活资料的消费方式。在这里我们研究的是狭义的生活方式，即由社会、经济、文化等因素决定的日常行为模式。

生活方式可以从物质生活资料的消费方式、精神生活方式及闲暇生活方式等方面来进行考察。即涵盖了人类生存需要满足的基本需要，如对食物、保暖、安全的需要；还包括了高级精神生活需求。

二、危险行为对健康的影响

危险行为指不利于自身和他人健康的一组行为。大致可以分为以下几类。第一类是与维持正常生理需要的行为的偏离，如性变态、性乱、不健康饮食等；第二类是与正常生理需要没有密切关系的各种消闲行为，如吸烟、饮酒、吸毒、赌博行为等；第三类是对健康的忽视，如拒绝参加健康检查、不讲究个人卫生、拒绝采取安全措施、不卫生的性行为等；第四类是不正确的保健行为，如滥用药物、轻信保健品、用迷信行为治疗疾病；第五类为致病性行为模式，如 A 型行为和 C 型行为；第六类是蓄意自残和自杀行为。这些行为均会对自己和他人健康造成直接或间接伤害，并且这些行为都属于习得性行为，属于后天获得的。以下为人类生活中主要的几项危险行为及对健康的危害。

（一）不健康饮食习惯

现代社会仅仅为了饱腹而进食已经不是现代人最主要的目的，为了追求美味、猎奇甚至进食比赛的饮食行为比比皆是。越来越多的人因为饮食不健康导致疾病，如肥胖症、高血脂、消化不良等，不健康的饮食行为可分为以下几个方面。

1. 进食过多

进食过多且热能消耗少，会导致脂肪堆积，成为高血脂、高血压、糖尿病、冠心病、消化系统疾病、代谢系统疾病及某些恶性肿瘤的重要发病原因。

2. 进食过少

一些为了形体美而瘦身的女性，为了追求身材好而过度节食、服用减肥药物和采取减肥方法。过度节食会造成营养不良；减肥药物会造成肝损伤、胃肠道损伤和内分泌代谢紊乱；不合适的减肥方法更容易导致神经性厌食症，严重的甚至可以导致死亡。

3. 挑食与偏食

挑食与偏食者均表现出对某种食物或口味的偏爱，导致进食过多和堆积。比较多见且易致病的有高盐饮食会导致高血压；腌制类食物容易导致某些恶性肿瘤；精加工食物则会造成纤维素摄入偏少等。

4. 进食不规律

进食不规律指进食时间上的不规律，还包括时而暴饮暴食，时而节食，过多零食、快餐食品等。

5. 食品加工问题

烟熏、油炸、腌制类食物会破坏食物中的营养，在加工过程中加入添加剂产生致癌物质，还包括了食用过期或不洁食物。

（二）吸烟

根据世界卫生组织统计，20 世纪有多达 1 亿人死于与吸烟有关的疾病。我国每年死于吸烟相关疾病的人数超过 100 万，占死亡总人数的 12%，15 岁以上人群中吸烟超过 3 亿，其中大多数为男性。

吸烟时产生的烟雾中有将近 20 种有害物质，其中有些有致癌或促癌作用，而一氧化碳和尼古丁对人体危害最大。尼古丁对中枢神经系统、自主神经系统有先兴奋后抑制的作用，并是对烟草依赖的主要化学成分。吸烟可引发癌症、冠心病、骨质疏松等多种疾病。与非吸烟者相比，吸烟者死于肺癌的风险会提高 6～13 倍，死于冠心病风险提高 2 倍。非但如此，吸烟环境导致被动吸烟患肺癌的风险升高 20%，患冠心病的风险升高约 30%。

（三）问题性饮酒

少量饮酒可以缓解焦虑情绪，也有研究表明适度饮酒能够延缓动脉硬化，所以适量饮酒不属于健康问题。大多数社交活动中饮酒可称为“社交性饮酒”，属于正常饮酒范围。问题饮酒者主要包括两种情况：一为对饮酒行为失去控制，一次性摄入大量酒精，可导致急性酒精中毒，可称为“酗酒”；二为由于经常饮酒，无法控制，最后对酒精依赖成为慢性酒精成瘾。

经常过量饮酒会导致食欲下降、急慢性酒精中毒、酒精性脂肪肝等，增加患高血压、脑卒中等疾病风险，严重的还会造成酒精性肝硬化。除了对个体身体健康造成危害，问题性饮酒还造成精神伤害和社会问题。饮酒是造成车祸的主要原因之一，据估计 1/3 到 1/4 的车祸是由饮酒引起。其次，酗酒和慢性酒精成瘾是导致家庭和社会不稳定和许多社会问题的重要原因。

（四）冒险行为

冒险行为指有意寻找危险或故意冒险的现象。这类行为的主要共同特征有：① 不是人类群体或个体所必需的；② 这些行为是否导致损失主要是由机会决定的；③ 主体清楚地知道这些行为对自身造成损失的机会比较大；④ 冒险过程本身和冒险的结果能够在一定程度上满足冒险者的某种心理需求，且行为的危险性越大,带来的满足程度越高。

最常见符合上述特征的冒险行为有赌博、高危体育活动和探险等。沉迷于赌博不但损失财物、损害健康,甚至于导致家破人亡造成社会危害;高危体育活动如各种极限运动,非常容易导致身体损伤;探险则充满着未知危险因素。

(五) A 型和 C 型行为模式

1. A 型行为

A 型行为是美国加州心脏病专家迈耶·弗里德曼(Meyer Friedman)和雷·罗森曼(Rosenman R. H.)于 1970 年提出,其基本行为特征为竞争意识强,对他人敌意,过分抱负,易紧张和冲动等。主要特征有三个方面: ① 行为急促,有时间紧迫感,工作速度快: 如走路、办事匆忙,说话快、急;声音响亮,脾气暴躁,缺乏耐心,力求短时间完成更多工作,办事快;② 争强好胜,竞争意识强烈,好争辩,事业心强,有攻击性;③ 情绪易激动,易怒。

由于 A 型行为的上述特点,长期生活在工作节奏快、竞争激烈的生活中,神经高度紧张,易怒随即产生的人体内部紧张与压力积累,极易导致心血管病,高血压甚至可随时发生心肌梗死而猝死。许多研究表明 A 型行为是引起冠心病的一个独立于其他危险因素的主要危险因素。A 型行为者与冠心病、高血压、脑卒中和高脂血症等疾病之间有密切联系,疾病发生率、复发率都比非 A 型行为者高。

2. C 型行为

C 型行为首次由德国巴楚斯克(Baltrusch)提出该概念。其特征为: ① 童年生活不顺,造成压抑、克制的性格;② 行为上过分协调、姑息、谨慎、自卑、过分忍耐,易屈服于外界权威;③ 情绪上易怒但又过分忍耐,不能正确地适当地表达自己愤怒情绪,经常生闷气,焦虑和抑郁。

美国哈佛大学医学院专家们研究发现: 喜欢抑制烦恼,绝望或悲痛情绪的个性;害怕竞争,逃避现实,企图以姑息的办法来达到虚假和谐的个性;表面上处处牺牲自己来为别人打算,但是心中其实又有所不甘;遇到困难,当时并不出击,到最后却作困兽犹斗等悲观的个性者较易患癌症。所以他们把这些特征称为“癌症性格”。

具有 C 型人格的个体患病率较高,且患癌症的人数较多,据研究该类型人宫颈癌、胃癌、食管癌、结肠癌和恶性黑色素瘤的发病率比正常人约高 3 倍,并可促进恶性肿瘤的转移,促使癌前病变恶化。

三、不良生活方式对健康的影响

一个人采取什么样的生活方式，受到两方面因素影响，一是个人选择某种生活方式的意愿，二是个人可能获得的特定的生活方式即生活机会。前者个人意愿为主，后者受到了地位、权力、金钱和社会关系等多方面社会因素的影响。个人选择生活的方式决定了其工作、休息、消费等各个方面各个层次，据统计不良生活方式致病达慢性病的 37.3%。许多所谓“富贵病”大都由不良生活方式引起。研究不良生活方式的起因后果，能够预防不良生活方式，进而达到预防慢性病的目的。现代社会把不良生活分为以下几种。

（一）过度竞争型

过度竞争型人群随着现代生活节奏加快，社会竞争激烈，就业和失业的压力威胁，导致一部分人工作压力大。该类人群疲于奔命，竞争意识强，成为工作狂后，生活规律及生物钟被打乱，长期超负荷运转和处于压力和紧张状态，不注意饮食均衡和进食时间，更加缺乏体育锻炼，长此以往，易导致严重心、脑血管疾病甚至猝死。

（二）过度安逸型

过度安逸型是在生活方式上过分追求安逸，越安逸越懒惰，造成精神萎靡，喜躺懒惰，极少进行体育外出活动，吃喝无节制，加快脂肪堆积加重心血管和肝肾器官负担。这类人群患肥胖症、脂肪肝、糖尿病等所谓“富贵病”比例较高。

（三）过度纵欲型

过度纵欲型人群追求生活及时行乐，追求刺激新奇的娱乐，不知节度地沉迷于网络、赌瘾、色情等不良行为。更有甚者过度放纵自己，性乱、酗酒、吸毒，这不仅危害到个人身体健康，还严重影响了社会治安。

四、养成良好的行为与生活方式

越来越多研究都证明了不良行为与生活方式同多种疾病有着密切联系，世界卫生组织也曾提出慢性病最主要的三个因素是不健康饮食，不锻炼身体和使用烟草。行为与生活方式与人类健康息息相关，良好的行为与生活方式对人类健康起着密切联系，指导养成良好的行为、生活方式对防治慢性病起到关键作用。

(一) 健康行为与生活方式

世界卫生组织有研究报告指出："个人的健康与寿命 60%取决于自己，15%取决于遗传，10%取决于社会因素，8%取决于医疗条件，7%取决于气候影响。"因此生活方式是疾病发生的主要原因之一。美国疾病控制中心提出"养成不吸烟、少饮酒、合理饮食、经常锻炼"四项有益健康的健康生活方式，可以概括为合理膳食、适量运动、戒烟限酒和心理平衡十六个字。

1. 合理膳食

合理膳食是指一日三餐所提供的营养必须满足人体的生长、发育和各种生理、体力活动的需要，还要保持各种营养之间的比例平衡和多样化的食物种类，以提高各种营养的吸收，平衡营养。每日膳食应包括奶类、肉类、蔬菜水果和五谷等四大类，食物需多样，以谷物为主粗细搭配；多吃蔬菜水果；每天摄入奶类、大豆制品；常吃适量鱼、禽、蛋和瘦肉；少油少盐；食不过量；食用新鲜卫生的食物等。三餐膳食热量安排也要合理，一般早餐占全天总热量的 25%～30%，午餐 40%，晚餐 30%～50%。只有合理的饮食，才能从营养和卫生两方面把好"病从口入"关。

2. 适量运动

指运动者根据个人的身体状况、场地、器材和气候条件，选择适合的运动项目，使运动负荷不超过人体的承受能力。在运动后感觉舒服，不会造成过度疲劳或者气喘，不影响一天的工作、生活为宜。适量运动是保持脑力和体力协调，预防、消除疲劳，防止亚健康、延年益寿的一个重要因素。适当的运动能够预防冠状动脉、呼吸及代谢系统疾病；降低癌症的发生率；预防损伤，降低运动伤害发生率，保持关节良好功能；帮助达到及保持适宜体重，帮助达到及保持适宜身体成分。

3. 戒烟限酒

戒烟需越早越好，无论何时戒烟都有益于身体。有证据表明，35 岁前戒烟，可降低 90%因吸烟引起的心脏疾病，59 岁前戒烟，在 15 年内死亡的可能性是继续吸烟者的一半，即便年过 60 岁戒烟，肺癌死亡率也大大低于吸烟者。

适量饮酒对身体无大碍，但是酗酒与吸烟一样对身体伤害极大。尽可能饮用低度酒，成年男性一天饮用酒的乙醇量不应超过 25 克，成年女性不可超过 15 克，未成年人和孕妇不宜饮酒。如已有酗酒行为，应进行正规戒酒治疗。

4. 心理平衡

心理平衡是指一种良好的心理状态,既能恰当地评价自己、应对日常生活中的压力、有效率地工作和学习、对家庭和社会有所贡献的良好状态。良好的心理状态有助于维持健康的生活方式和处事方法。如遇到自己无法承受的心理问题,应选择与自己信任的人交流,善于沟通,及时解决心中困扰。如果遇到实在无法解决的心理困扰,则应及时借助心理专家帮助。

(二) 促进及建立健康行为生活方式

1. 健康教育普及

良好的行为与生活方式除了要个人意识到重要性以外,更要重视社会健康教育,加大宣传力度。开展有效的卫生保健知识传播,了解行为生活方式与疾病关系,普及健康行为与生活方式理论,激励人们保持良好的行为方式,树立大众社会卫生观,才能更好地提高人群生活质量。

2. 道德制度和法规改变不良生活方式

法律法规具有强制性,如公众场所不得吸烟、《中华人民共和国劳动法》等,通过规章制度来规范人们及企业的行为,久而久之起到约束和保障的成效,保证群众的健康及良好的工作环境。

3. 采用行政手段改变不良生活方式

这是改变不良生活方式的重要途径,也是世界各国推动健康教育的良策。我国卫生部曾主抓农村健康促进项目,并且取得了初步成效。

4. 采用专业干预手段改变不良生活方式

主要包括完善社区卫生服务体系、城市医疗保险制度及农村新型合作医疗制度。社区卫生服务是扎根于社区,面向群众,以预防保健为主,提供医疗、预防、保健、康复、健康教育等服务,提供各种健康咨询和慢性病管理。除医疗方面,应建立全民健身服务体系,为群众运动锻炼提供良好服务,有序发展健康运动。

案例分析 1

1. 案例

1999 年,北京市调查 186 所中学 10 000 多名男性学生,发现烟民低龄化趋势:22.5%的学生尝试过吸烟,开始吸烟的平均年龄为 10.7 岁,比 20

世纪60～70年代提前2.3岁，30.5%不到10岁就吸烟；9～12岁的小学生中有10%～15%吸烟；12～15岁的初中生中有35%吸烟；16岁以上的高中生中45%吸烟。

2. 分析

自1964年世界上第一篇关于吸烟致癌的报告发表以来，吸烟总量没有下降，反而在上升，全球约47%～52%的男性及10%～12%的女性吸烟，在发展中国家这一比例还要高一些，男性约57%，女性约21%。自2002年以来，全球已有超过5 000万人死于烟草相关疾病，在中国吸烟人数达3.5亿，二手烟民高达5.4亿，每年因烟草导致的死亡人数达120万人，超过艾滋病、结核、交通事故和自杀死亡人数的总和，有60万不吸烟者死于二手烟导致的疾病，10%的心血管疾病由吸烟导致。烟雾中含有3 000多种化学物质，40多种致癌物质，可导致肺癌、喉癌、慢阻肺、心脑血管病等多种疾病，对广大人民群众造成巨大的健康危害，也带来巨大的社会负担。而哈佛公共卫生学院的一项综合性研究结果显示，21%的癌症是由吸烟引起的；根据国家卫生部最新控烟条例，所有室内公共场所禁止吸烟，这主要是根据世界卫生组织“烟草控制框架协议”，接触二手烟雾(被动吸烟)会造成疾病、功能丧失或死亡。因为二手烟在某种程度上比主流烟雾危害更大。二手烟环境烟雾中含有多种有毒物质，尤其是4-氨基联苯、苯并芘等，比主流烟雾还高，直接可以致癌，引起多种肺疾病，对非吸烟人群造成的危害巨大。香烟焦油的含量只是香烟危害的一个方面，吸烟的程度、香烟的类型、吸烟量、开始吸烟的年龄、接触吸烟的时间以及人群中重度吸烟者的比例均是对人体造成危害的决定因素。行为、生活方式与健康的关系密切，在中小学中控烟，对控制健康危险因素、改变不良行为、生活方式，防治各种疾病有重要意义。

案例分析2

1. 案例

2002年中国居民营养与健康状况调查和2005年国民体质检测结果表明，与膳食不平衡和身体活动不足等生活方式密切相关的慢性疾病及其危险因素水平呈快速上升趋势，已成为威胁国民健康的突出问题。

上海市健康促进委员会、上海市卫生局和上海市医疗保险局联合建议“健康生活从限盐开始”，投入300万元。每一户上海市民打开家庭信箱，或者通过社区、单位活动，将得到1把标记为2克的控盐勺。简易的包装、醒目的提醒语，让每一户家庭都意识到控盐的重要性。之后，各社区还免费发放了控油壶和BMI卷尺。小小的三样日常用品却将“控盐、控油、控体重”的健康生活大项目带入人们的生活中。

2. 分析

发放控盐勺、控油壶和BMI卷尺是2009年上海市建设健康城市、全民健康生活方式行动的重点项目。据调查，我国人均每天摄油44毫升，超标76%；人均每天摄盐12克，超标50%。油、盐摄入过多，是导致高血压、糖尿病、心脑血管等慢性疾病的重要因素。利用控盐勺、控油壶和BMI卷尺来干预居民的生活方式，通过改变不良的生活习惯，逐渐去除健康生活的几个隐患，达到减低相关慢性病发展、发生的概率。

第五节　社区卫生服务与群体预防策略

人人享有卫生保健，全民族健康素质的不断提高，是我国现代化建设的重要目标，是人民生活质量改善的重要标志，是社会主义精神文明建设的重要内容，是经济和社会可持续发展的重要保障。2006年国务院出台《关于发展城市社区卫生服务的指导意见》是我国社会卫生政策的大转变，为贯彻落实该指导意见，加强对城市社区卫生服务机构设置与运行的管理，保障居民公平享有安全、有效、便捷、经济的社区卫生服务，特制定了《城市社区卫生服务机构管理办法(试行)》。这种以社区卫生服务中心为主体，全科医生为骨干、合理使用社区卫生资源、推广使用适宜技术、以居民健康为中心，家庭为单位，社区为范围，群体需求为导向，融预防、保健、医疗、康复、健康教育和计划生育技术服务六位一体的服务模式，是人人享有初级卫生保健目标的基础。社区卫生服务的对象主要是社区健康人群、亚健康人群、高危人群、重点保健人群和患者这五类人群，在服务中强调健康优先、预防优先，彻底改变了以往的医疗卫生服务模式，社区卫生服务既是医疗工作的一个子系统，同时也是社区服务工作的一个子系统。

一、社区卫生服务概述

（一）社区概念

社区概念最初来源于社会学，最早由19世纪德国学者桐尼斯（Tonnies）提出：社区是以家庭为基础的历史共同体，是血缘共同体和地缘共同体的结合。我国著名社会学家费孝通于20世纪30年代将"社区"一词引入我国，他将社区定义为：社区是由若干社会群体（家庭、氏族）或社会组织（机关、团体）聚集在某一地域里所形成的一个生活上相互关联的大集体。社区有五大要素：人口、地域、生活服务设施、特有的文化背景和生活方式的认同，一定的生活制度和管理机构。

世界卫生组织对社区的解释是：一个有代表性的社区，人口10万～30万，面积0.5万～5万平方公里。在我国社区一般界定为城市的街道、居委会、农村的乡镇和村。社区是最基层的组织单位，可以说是社会的载体，而家庭则是社区的基本组成单位。

（二）社区卫生服务概念

社区卫生服务是社区建设的重要组成部分，是在政府领导、社区参与及上级卫生机构指导下，以基层卫生机构为主题，全科医师为骨干，合理使用社区资源和适宜技术，以人的健康为中心、家庭为单位、社区为范围、需求为导向，以妇女、儿童、老年人、慢性患者、残疾人等为重点，以解决社区主要卫生问题、满足基本卫生服务需求为目的，融预防、医疗、保健、康复、健康教育、计划生育技术服务等为一体的，有效、经济、方便、综合、连续的基层卫生服务。《中共中央、国务院关于卫生改革与发展的决定》中指出："改革城市卫生服务体系，积极发展社区卫生服务，逐步形成功能合理、方便群众的卫生服务网络。"所以社区卫生服务是整个卫生服务体系的中心环节。

（三）社区卫生服务的对象与任务

1. 对象

社区卫生服务的对象应为社区所有人群，具体可分为以下四类。

(1) 健康人群：世界卫生组织指出："健康不仅是没有疾病和虚弱，还应是一种躯体上、心理上和社会适应方面的完好状态。"所以健康人群应不仅没有疾病和虚弱现象，而是一种身体健康、精神健康和社会适应良好多方面完好状态。

(2) 亚健康人群：亚健康一词是近年来国际医学界提出的新概念，即指非病非健康状态，这是一类次等健康状态，是介乎健康与疾病之间的状态，故又有"次健康""第三状态""中间状态""游移状态""灰色状态"等的称谓。亚健康是一种临界状态，处于亚健康状态的人，虽然没有明确的疾病，但却出现精神活力和适应能力的下降，如果这种状态不能得到及时的纠正，非常容易引起心身疾病。

(3) 高危人群：指存在着明显对健康有害因素的人群，其发生疾病的几率明显高于其他人群。

(4) 重点保健人群：指由于各种原因需在社区得到重点系统保健的人群，如儿童、妇女、老年人、疾病康复期人群、残疾人等需要特殊保健的人群。

(5) 患者：指患有各种疾病者，包括常见病患者、慢性病患者、需要急救的患者、精神疾病患者等。

2. 社区卫生服务的任务

(1) 提高人群健康水平、延长寿命、改善生命质量：针对不同人群采取预防疾病、系统保健、健康管理、疾病早期发现、诊断治疗、身体康复、优生优育等措施以提高人口素质和人群健康水平、改善生活方式，提高生活质量。

(2) 创建健康社区：通过健康教育，促进健康行为和生活方式，创建社区良好的自然环境、社会心理环境和精神文明环境，紧密结合社区服务和社区建设创建健康社区。

(3) 提供健康保障：合理使用卫生资源，满足群众基本卫生服务需求，保证区域卫生规划的实施，为医疗卫生体制改革及基本医疗保险制度改革奠定基础。

3. 社区卫生服务的原则

社区应坚持为人民服务的宗旨。依据社区人群的需求，正确处理社会效益和经济效益的关系，把社会效益放在首位。

(1) 坚持政府领导，部门协同，社会参与，多方筹资，公有制为主导。

(2) 坚持预防为主，综合服务，健康促进。

(3) 坚持以区域卫生规划为指导。引进竞争机制，合理配置和充分利用现有卫生资源；努力提高卫生服务的可及性，做到低成本、广覆盖、高效益，方便群众。

(4) 坚持社区卫生服务与社区发展相结合。保证社区卫生服务可持续发展。

(5) 坚持实事求是。积极稳妥,循序渐进,因地制宜,分类指导,以点带面,逐步完善。

二、社区卫生服务内容与组织运作

社区卫生服务机构提供的公共卫生服务和医疗服务具有公益性质,应以社区、家庭和居民为服务对象。

(一) 社区卫生服务内容

根据我国《关于发展城市社区卫生服务的若干意见》,社区卫生服务应具备"六位一体"的功能。"六位"是指健康教育和健康促进、社区预防、社区保健、常见病与慢性病治疗、社区康复、计划生育指导;"一体"指在社区卫生服务中心(站)提供上述综合、连续的优质服务。

1. 社区卫生诊断

社区卫生诊断是指采用社会学、人类学测量评估学、营养学、临床医学、流行病学、卫生统计学、卫生服务管理、卫生经济学等手段针对社区进行的基本现况以及存在的公共卫生问题进行综合性的调查和评估的过程。

目的在于发现社区卫生问题及其原因,了解社区资源和能力,提供符合社区需要的卫生服务计划,以便更好地开展社区卫生服务工作。社区卫生诊断是社区卫生服务工作的首要环节和主要功能之一。

2. 健康教育

(1) 针对社区主要健康问题,明确社区健康教育的重点对象、主要内容和适宜方式。

(2) 开展面向群体和个人的健康教育,指导社区居民纠正不利于身心健康的行为和生活方式。

(3) 配合上级卫生部门开展免疫接种、预防性病、艾滋病、无偿献血、生殖健康、禁毒及控烟等方面的宣教工作。

3. 传染病、地方病、寄生虫病防治

(1) 开展传染病、地方病及寄生虫病的社区防治。

(2) 执行法定传染病登记与报告制度,并协助开展漏报调查。

(3) 配合有关部门对传染源予以隔离以及对疫源地进行消毒。

(4) 指导恢复期患者定期复查并随访。

(5) 开展计划免疫等免疫接种工作。

4. 慢性非传染性疾病防治

(1) 开展健康指导、行为干预。

(2) 开展重点慢性非传染性疾病的高危人群监测。

(3) 对重点慢性非传染性疾病的患者实施规范化管理。

(4) 对恢复期患者进行随访。

5. 精神卫生

(1) 开展精神卫生咨询、宣传和教育。

(2) 早期发现精神疾患,根据需要及时转诊。

(3) 配合开展康复期精神疾患的监护和社区康复。

6. 妇女保健

(1) 围婚期保健:开展婚前卫生咨询与指导;进行婚前医学检查宣传;开展婚后卫生指导与生育咨询。

(2) 产前保健:了解孕妇的基本健康状况和生育状况;早孕初查并建册;开展孕妇及其家庭的保健指导。

(3) 更年期保健:提供有关生理和心理卫生知识的宣传、教育与咨询;指导更年期妇女合理就医、饮食、锻炼和用药。

(4) 妇检:配合上级医疗保健机构开展妇科疾病的筛查。

7. 儿童保健

(1) 新生儿期保健:新生儿护理指导,母乳喂养咨询及指导。

(2) 婴幼儿期保健:婴幼儿早教,辅食添加剂营养指导,成长发育评价。

(3) 学龄前期保健:与家长配合开展性启蒙教育和性心理咨询等。

(4) 预防指导:儿童各期常见病、多发病及意外伤害的预防指导。

8. 老年保健

(1) 了解社区老年人的基本情况和健康状况。

(2) 指导老年人进行疾病预防和自我保健。

(3) 指导意外伤害的预防、自救和他救。

9. 社区医疗

(1) 提供一般常见病、多发病和诊断明确的慢性病的医疗服务。

(2) 疑难病症的转诊。

(3) 急危重症的现场紧急救护和转诊。

(4) 提供家庭出诊、家庭护理、家庭病床等家庭医疗服务。

10. 社区康复

(1) 了解社区残疾人等功能障碍患者的基本情况和医疗康复需求。

(2) 以躯体运动功能、日常生活活动能力适应为重点,提供康复治疗和咨询。

11. 计划生育技术服务

(1) 在夫妻双方知情和选择的前提下,指导夫妻双方避孕和节育。

(2) 提供避孕药具以及相关咨询。

12. 其他

(1) 开展社区卫生服务信息的收集、整理、统计、分析与上报工作。

(2) 根据居民需求,社区卫生服务功能和条件,提供其他适宜的基层卫生服务和相关服务。

(二) 社区卫生服务组织运作

社区卫生服务是为了满足基本卫生需求,融合了预防、保健、医疗、保健、康复、健康教育、计划生育等功能为一体,有效而经济方便、连续的基层卫生服务。社区卫生服务的功能和运作需与大中型医院进行互补和多种形式的联合与合作,建立分级医疗和双向转诊制度,承担大中型医院的一般门诊、康复、护理和健康宣教等功能服务。

社区卫生服务的顺利有效运作应突出解决以下三点。

(1) 实行社区卫生服务首诊制:居民可与所在社区全科医生或团队签约,首诊医生负责照顾已签约居民的健康;居民看病应首先找首诊医生,如需转诊必须通过首诊医生介绍到上一级医疗机构;签约的全科医生对居民健康全面负责,提供“六位一体”的服务。

(2) 双向转诊制度:根据患者的病情进行上下级医院间、专科医院间或综合医院与专科医院间的转院转诊过程。双向转诊制度需建立在区域卫生合理规划和卫生机构设置合理规划上,并完善制定各级各类医疗机构的诊治范围、诊治标准和诊治程序。

(3) 社区卫生服务的筹资方式：各社区需根据自身经济水平和业务状况，采用不同的政策方法，进行多渠道多层次的社区卫生服务筹资。

三、我国开展社区卫生服务必要性和意义

(一) 我国开展社区卫生服务的必要性

随着我国社会经济、科技、文化的快步发展，人民对健康要求日益增高，社区卫生服务能够调整现有卫生资源合理布局和配置，实现人人享有卫生保健。社区卫生服务产生与发展，主要原因有以下几方面。

1. 人口急剧增长和人口老龄化

如今医学快速发展，人口死亡率逐步下降，人口自然增长率增加，虽然我国实行了计划生育政策，但由于我国人口基数大，每年净增人口数不断增长，人口老龄化现象越来越突出。仅 2000 年上海市 60 岁及以上老人已占全市人口的 18.4%，预计到 2030 年则将达到 38.54%。

2. 疾病谱和死亡谱的改变

慢性非传染性疾病、退行性疾病和意外伤害成为现今威胁人们健康的主要疾病。防治慢性病必须靠社区卫生服务。

3. 医学模式及健康观的转变

医学模式已由生物医学模式转变为生物-心理-社会医学模式，新的健康观提出了身体、心理和精神三维健康，以社区为基础的三级预防能够有效辅助。

4. 医疗费用增长过快

我国医疗费用每年约以 20%速度增长，目前 85%的医疗资源消耗在 15%的重症患者身上，剩余 15%的资源用于大多数人的基本医疗服务。社区卫生服务是控制医疗费用不合理增长的重要环节，因此我国迫切需要改变现行医疗服务体系，发展社区卫生服务。

5. 调整卫生资源配置

根据人群健康服务的需求研究，城市居民 80%以上医疗保健问题应在社区解决，仅 10%的患者需至专科大医院治疗，1%的患者需到大医院住院治疗。而目前城市卫生资源数量相对过剩，社区卫生资源又严重不足，发展社区卫生服务，加强基层卫生机构的服务能力，有利于调整卫生资源配置。

(二) 开展社区卫生服务的意义

(1) 社区卫生服务能够提供基本卫生服务,满足人民群众日益增长的卫生服务需求,是提高人民健康水平的重要保障。社区卫生服务覆盖广泛、方便群众、能使广大群众获得基本卫生服务,也有利于满足群众日益增长的多样化卫生服务需求。社区卫生服务强调预防为主、防治结合,有利于将预防保健落实到社区、家庭和个人,提高人群健康水平。

(2) 深化卫生改革,是建立与社会主义市场经济体制相适应的城市卫生服务体系的重要基础。社区卫生服务可以将广大居民的多数基本健康问题解决在基层。积极发展社区卫生服务,有利于调整城市卫生服务体系的结构、功能、布局,提高效率,降低成本,形成以社区卫生服务机构为基础,大中型医院为医疗中心,预防、保健、健康教育等机构为预防、保健中心,适应社会主义初级阶段国情和社会主义市场经济体制的城市卫生服务体系新格局。

(3) 建立城镇职工基本医疗保险制度的迫切要求。社区卫生服务可以为参保职工就近诊治一般常见病、多发病、慢性病,帮助参保职工合理利用大医院服务,并通过健康教育、预防保健,增进职工健康,减少发病,既保证基本医疗,又降低成本,符合"低水平、广覆盖"原则,对职工基本医疗保险制度长久稳定运行,起重要支撑作用。

(4) 加强社会主义精神文明建设,密切党群干群关系,维护社会稳定的重要途径。社区卫生服务通过多种形式的服务为群众排忧解难,使社区卫生人员与广大居民建立起新型医患关系,有利于加强社会主义精神文明建设。积极开展社区卫生服务是为人民办好事、办实事的德政民心工程,充分体现全心全意为人民服务宗旨,有利于密切党群干群关系,维护社会稳定,促进国家长治久安。

四、群体预防策略的制定与实施

群体预防策略是指针对社区全人群的一种疾病预防控制策略,通过开展健康教育和健康促进,建立健康危险因素监测体系,以达到建立健康生活方式,减少或避免危险因素的目标。

(一) 群体预防策略的理论基础

1. 创新扩散理论

创新扩散指一项新事物(新思想、新工具、新发明或新产品)通过一定的传播渠道在整个社区或某个人群内扩散，逐渐为社区成员或该人群所了解与采用的过程。

2. 社区组织和社区建设理论

该理论对研究群体预防策略有重要指导意义，其理论要点包括以下几点。

(1) 增权：是社区组织实践的中心原则，指个人、社区和组织获得对其生活掌握的过程。也就是说个人、社区和组织能拥有更多的自主权，并进行积极改善环境，改善生活质量。

(2) 社区能力：指在某一特定社区中，能促使社区解决集体问题和改善或保持社区健康和幸福的人力资本、组织资源和社会资本的相互作用。

(3) 问题选择：社区组织的一项重要工作内容是区别该社区的问题与该社区有强烈意识要解决的问题。

(4) 参与原则：充分发挥社区和个人的作用，做到社区组织、社区成员主动认识社区文体，确定解决问题的计划并采取行动。

(5) 社区联盟：是指社区中各种实体组织为了实现共同的目标而联合在一起共同工作。

(二) 群体预防的实施

1. 全人群预防

(1) 发展个人技能：即注重个体预防。个人参与并承担更多的健康责任是预防疾病是否发生效应的关键。开展健康教育、健康咨询及健康指导，是提高个人的防病意识和技能的有效途径。生态破坏、环境污染、职业危害、意外伤害、精神刺激、现代社会居民饮食结构的变化、生活方式的改变、体力活动的减少、工作节奏的加快等导致了一些“现代病”。通过健康教育能够帮助人们建立良好的生活方式和行为方式，使人们了解保持健康的重要性，加强人们的健康意识，充分认识到什么是有益于健康的行为，什么是不利于健康的行为。了解影响健康的各种因素，找到有害健康行为产生的原因，并改变不良的生活方式和行为，对预防各种疾病的发生起到关键作用。

(2) 建立适合整个人群的公共卫生政策：建立适合整个人群的公共卫生政策是搞好群体预防的关键，这些卫生政策包括公共卫生的立法和监督管理及财政投入等。卫生法律是以保护公民健康权为根本宗旨，如我国制定的《中华人民共和国环境保护法》《中华人民共和国食品卫生法》《中华人民共和国传染病防治法》

《中华人民共和国大气污染防治法》,以及《中华人民共和国母婴保健法》等。为了人群的健康,国家还需要投入一定量的资源投入,包括投入卫生系统的人力资源、物力资源和财力资源等以发展各种有利于人群健康的事业。

(3) 加强社区活动：随着疾病流行趋势和类别的变化,越来越多的卫生服务需要在社区内进行,社区服务的开展既是健康策略的一个方面,同时也是健康措施得以实施的重要保证。如在社区内进行健康知识推广、对一般人群的宣传教育、对高危人群的干预、慢性病的康复、保持良好的社区环境以及疾病危险因素的测量、控制和去除等工作。通过具体有效的社区活动,确立优先进行的、政策性的计划并贯彻执行,以取得最好的效果。

2. 重点人群的预防

重点人群包括青少年和高危人群,其预防策略包括：

(1) 初级预防：指控制或消除疾病的危险因素,预防疾病的发生和促进健康。包括 3 项主要内容：① 针对环境的措施：主要是控制和减少有害因素对人群健康的危害,如防止和消除环境污染,普及卫生设施,改善环境卫生条件,开展健康教育等;② 针对机体的措施：如进行预防接种,增强人群的免疫力,加强体育锻炼,提高机体的抗病能力,作好婚前检查,预防遗传性疾病,开展妇幼儿童保健、中老年保健。推广科学合理的营养膳食。纠正偏离行为,如吸烟、酗酒、性淫乱及吸毒等;③ 针对社会的措施：制定工业及生活环境标准、卫生立法。如以法律形式制定禁烟法规,限制香烟焦油含量,提高烟税等。完善医疗保健制度,使居民获得更多的卫生服务机会。

(2) 二级预防：即对高危人群进行筛查,早期发现、早期诊断及早期治疗(对传染病包括早隔离、早报告),在发病前期或发病的较早阶段把患者检查出来给予治疗,及时处理疾病的早期症状,阻断疾病向临床阶段发展。二级预防的基本内容包括以下三点：① 慢性病的预防：慢性病的发生和发展是一个相当长的过程,通过普查、重点筛查或定期健康检查,早期发现慢性病临床前期患者是慢性病预防工作中关键部分。为此,必须通过健康教育提高居民自我保健的意识,同时还应提高医务人员的业务水平,装备先进的检查设备,及时制定防治方案,以便及时治疗早期发现的患者,防止和减少严重患者。例如通过高血压的测量和小范围高胆固醇水平测定的方法,筛查循环系统疾病,预防脑卒中和心脏病的发生;② 传染病的预防：对传染患者也要实现“三早”,因早期发现才能使患者及早得到隔离和治疗,减少周围人受到感染的可能性，确诊后应迅速按《中华人民共和国传染病防治法》做好疫情报告；③ 对公害病和职业病的预防：对自然环境和生产环境要实行经常性卫生监测与监督，及早发现公害病和职业病，及时提出改善环境条件的卫生要求和措施。

(3) 三级预防：即临床预防。对已病的患者进行适当、有效的处理，加速康复(包括心理和生理)，减少并发症的发生，避免因病致残。这对于提高生活质量、减少疾病负担、延长健康期望寿命有着不可替代的作用，良好的医疗服务是实现三级预防的基础。对残疾者应进行康复治疗，如通过理疗恢复关节的活动功能，通过训练，使患者适应新的工作和生活；对慢性患者应以心理治疗为主，达到心理康复。三级预防需要建立专科门诊或医院，建立家庭病床，同时也要提高医务人员的业务水平。让患者得到良好的医疗服务和康复医疗的指导，促使患者躯体、功能和心理的早日康复，争取病而不残、残而不废。

案例分析 1

1. 案例

上海市徐汇区枫林街道社区卫生服务中心负责为枫林地区居民提供医疗、预防、保健、康复、健康教育、计划生育技术指导“六位一体”服务，实行一级医院收费标准。近年来已逐步完善功能合理的社区卫生服务网络，完成区域内五个标准化社区卫生服务站建设，站点布局合理，每个站点覆盖 3～5 个居委，服务 1.5 万～2 万人口，社区居民步行 15 分钟即可到达。为社区居民建立了健康档案，实行动态管理，掌握居民最新健康信息及健康需求。同时整合医院资源，建立户籍医生责任制，为每个居委配备一名户籍医生及一名健康促进协管员，并组成由居委干部、户籍医生、楼组长为主体的“居委健康促进工作小组”。全科服务团队联结病房、门诊、社区，依托居民健康档案，在“居委健康促进工作小组”的支持下，为居民提供“医院-社区-家庭”三站式全程、连续、无缝隙服务。中心针对社区自身特点，提供相应的特色服务；增设社区卫生服务流动车接送患者，解决因交通不便给患者带来就诊困难的问题。增设小灵通 24 小时全天候医生队伍，为社区 2 382 名空巢老人服务，小病现场解决，中病留院观察，大病送上级医院。由户籍医生为老干部提供签约服务；开设老干部门诊，提供“一门式”服务；各窗口开设老干部专门服务窗口或提供优先服务;为老干部发放保健医生联系册;倾听老干部的意见与建议等。与上海交通大学附属第六人民医院、上海中医药大学附属龙华医院签署了中、西医方面的双向转诊协议,建立双向转诊机制。每个全科服务团队配备2名以上中医师,中医进社区,为社区居民提供针灸、火罐、穴位注射、敷贴、推拿等中医药适宜技术服务。

2. 分析

上海市徐汇区枫林街道社区卫生服务中心卫生服务机构布局合理,全科医师及社区护士的配置到位,基本设施配备齐全,各项管理制度健全。辖区里60岁以上老人数已占总人口的22.51%,而这些老人中高血压病患者将近2万,糖尿病患者也有6千多人,传统的社区慢性病管理模式已不能适应新形势的需要,难以应对老龄化趋势。枫林街道社区卫生服务中心以"防治结合、关爱在家"为理念,提供了一个舒适的综合活动场所作为平台,以建立一份社区慢性病管理档案为基础,构建了一个慢性病管理网络,以社区医护人员、患者及家属、高危人群和社区居民联动式的慢性病综合防治为模式,建立了"慢性病关爱家园";开设健康关爱室、专家指导室、中医关爱室、心理关爱室、康复咨询室和健康教育室六个关爱小屋,引进市、区二、三级医院专家和本院约80多名医务人员共同组成一支队伍,定期为慢性病患者提供健康咨询、健康教育、营养指导、健身交流、康复培训等活动,将健康的钥匙真正交给慢性患者,帮助他们提高自我保健和自我管理的能力,提高战胜疾病的信心和改善生活质量。这一新型社区卫生服务模式,处理好了社区卫生服务机构与大医院的关系,在基本医疗的辅助下开展社区公共卫生服务,全科医生团队充分发挥作用,初步建立起社区卫生服务中心可持续发展机制。

案例分析2

1. 案例

近年来,上海市居民冠心病发病率逐年上升。据卫生部门数据显示,平均每10个成年人中有2人患有心血管疾病,心血管病死亡已占病死人群的三分之一，且发病率和死亡率呈逐年增长态势，防治现状堪忧。2012 年 6 月，由上海卫生工作者协会主办，上海交通大学医学院附属新华医院协办的上海冠心病防治联盟杨浦站在新华医院启动。防治联盟的展开旨在搭建社区卫生服务中心与二、三级医院心血管专科的沟通交流平台，探索如何建立家庭医生与专科医生的伙伴关系，如何畅通双向转诊渠道，真正做到资源共享，优势互补，各司其职，合理使用医疗卫生资源，为社区居民提供更优质的服务。

2. 分析

随着人民生活条件的改善，患高血脂、糖尿病、高血压、肥胖的人群数量大增，随之而来的心衰、心梗、脑中风等危险也骤然增多。像冠心病这种慢性疾病，患者出院后的长期随访对于康复和预防复发至关重要。在这个方面，社区医院有其独特的优势。

目前上海社区医院均积极开始完善心血管系统、慢性阻塞性肺病、恶性肿瘤、精神异常类病的四大慢性病管理。冠心病防治联盟的开展能够缓解各级别医院的医保压力，提高社区医院在居民心中的公信力，依托三级医院的学术平台和专家资源，加强社区全科医生对疑难杂症诊疗和判定的经验。上海冠心病防治联盟为全国首创综合性慢病管理模式，现已覆盖全市 14 个区的 190 家医院，开展心血管培训 20 场，培训人数超过 4 000 人次。联盟真正实现了医院与社区联防联治，全科与专科联动，医疗与预防结合。2013 年冠心病联盟将依托公立医院改革和家庭医生制服务，让更多区县参与进来，实现全市 17 个区县全覆盖；同时进一步完善冠心病防治工作机制，切实提高全科医生冠心病防治水平；利用医院-社区联动，开展高质量的课题研究。

延伸思考

1. 生物-心理-社会医学模式对现代医学的贡献是什么？
2. 根据健康管理的概念，试述不同健康状态下人群的健康管理需求，并联系实际谈谈如何减少某个特定人群的健康风险。

3. 试述我国发展社区卫生服务面临的挑战。

4. 社会因素影响健康的规律和特点。

延伸阅读

1. 钟明华，吴素香. 2006. 医学与人文. 广州：广东人民出版社.

2. 王如兰. 2003. 人文社会医学. 合肥：安徽科技出版社.

第三章　医学心理学与临床实践

第一节　医学心理学基本理论

医学心理学是研究心理活动与病理过程相互影响的心理学分支。它是把心理学的理论、方法与技术应用到医疗实践中的产物，是医学与心理学结合的边缘学科。医学心理学兼有心理学和医学的特点，它研究和解决人类在健康或患病以及二者相互转化过程中的一切心理问题，即研究心理因素在疾病病因、诊断、治疗和预防中的作用。

一、医学心理学的概念、相关学科、研究内容和方法

（一）医学心理学的概念

医学是研究健康和疾病以及两者相互转化规律的科学，而医学心理学是研究和解决整个医学领域中心理学问题，研究人的心理活动及其行为规律，是医学与心理学相结合的交叉学科。因此，医学和心理学的关系十分密切，都是以人作为研究和服务对象的。

（二）医学心理学所涉及的相关学科

1. 生理心理学

生理心理学是生理学与心理学相结合的医学心理学的一个分支，研究心理现象的生理机制，主要包括神经系统的结构和功能、内分泌系统的作用、情绪和情感、需求与动机、学习与记忆等心理和行为活动的生理机制的学科。

2. 神经心理学

神经心理学是心理学与神经解剖学、神经生理学、神经病理学和神经生物化学等基础医学科目相结合的学科分支，是医学心理学的基础分支学科，为医学心理学提供许多重要的有关脑和心理活动关系的基础理论知识，同时也应用于临床。

3. 临床心理学

临床心理学，目前国内外尚未有一个统一的定义，美国心理学会认为它是一门以有心理障碍的人为研究对象，并实际从事心理疾病的诊断、治疗与预防的应用心理学科。其主要工作目标是围绕维护心理健康，克服心理障碍和心理疾病。根据我国目前医学心理学定义的内涵与外延，将临床心理学作为医学心理学的分支，将临床心理学中的“临床”等同于医学临床，这与国外不同。

4. 变态心理学

变态心理学又称病理心理学，是研究和揭示心理异常现象发生发展和变化规律的一门科学，包括研究认知、情感、意志和智能、人格等方面的异常表现，探讨异常心理的发生、发展、变化的原因和规律。

5. 药理心理学

药理心理学又称药物心理学，是心理学和基础医学中的药理学相结合的学科分支，主要研究药物与人的心理活动的相互作用，探讨药物影响心理活动的规律和基础知识，研究人的心理效应对药物治疗作用的影响。

6. 心身医学

心身医学的主要任务是研究“心”与“身”之间互为因果的转化关系及其中介机制，是研究心身障碍、心身疾病的发生机制、诊断、治疗和预防的学科。

7. 护理心理学

护理心理学是将心理学知识、原理、方法应用于现代护理领域，解决护理实际问题的一门学科，是心理学中的一门新的应用学科。

8. 心理诊断学

心理诊断学是研究评估心理状态、心理差异、智力水平、人格特征等，以确定其性质和程度的学科分支。在医学心理学中最常用的心理诊断方法和技术包括心理测验(包括智力测验、人格测验和神经心理测验等)和临床评定量表两种。

9. 心理治疗学

心理治疗学是治疗者以医学心理学理论为指导，以良好的医患关系为桥梁，应用各种心理学技术或通过某种辅助手段如仪器等，根据一定的程序，改善患者的心理条件，达到消除心身症状、重新获得身体与环境平衡为目的的学科。

10. 心理咨询学

心理咨询学又称咨询心理学，是运用心理学的理论与方法，通过建立特殊的人际关系，帮助来访者发挥其潜能、解决心理问题、提高适应能力、促进人格发展的一种助人与自助的过程和技术方法的学科。

11. 健康心理学

健康心理学是运用心理学知识和技术探讨解决有关保持或促进人类健康，预防和治疗躯体疾病的心理学分支。旨在提高和维持健康，预防和治疗疾病。

12. 心理卫生学

心理卫生学又称精神保健学，主要研究和促进人的心理健康，普及精神卫生知识，制订相应的健康促进计划和策略，提高心理健康水平。心理卫生学是医学心理学在预防医学中的分支。

13. 康复心理学

康复心理学是以由各种疾病、意外事故和老龄化等因素造成的躯体和心理伤残，或处于长期慢性疾病状态中患者的心理行为问题为对象的一门学科。应用心理学及医学的知识和技术帮助患者恢复自信，树立与疾病作斗争的乐观态度。

14. 行为医学

行为医学是综合行为科学和生物医学科学知识的一门新兴的多学科交叉性学科。它主要研究有关健康和疾病的行为科学和生物医学科学的知识与技术，研究行为与疾病关系，研究行为障碍与行为有关疾病的预防、诊断、治疗和康复。

（三）医学心理学的研究内容

1. 研究心理因素、行为因素对人体健康和疾病的影响及其机制

现代医学的发展已充分证实，心理因素、社会因素对人类的健康和疾病及其相互转化发挥着重要作用。医学心理学的研究任务之一，就是研究和阐明心理因素在疾病的发生、发展和转归过程中的作用途径和规律。

2. 研究疾病过程带来的心理、行为变化及干预措施

人的健康状态发生变化时，人的心理活动也会发生相应的变化。医学心理学就是要研究这种心理变化的特征、范围、性质和持续时间等规律，以利于掌握患者的心理变化特点，采取适当的方式帮助患者解除心理困扰和痛苦。

3. 研究人的心理与生理相互作用的机制

人所具有的生物性、心理性特征存在着必然的相互联系、相互影响、相互作用。医学心理学就是要研究它们相互影响和作用的规律，探索其内在机制，为预防和治疗心身疾病提供理论依据。研究个体通过调整自己的心理、行为来调整人体的心理活动和躯体生理活动，以达到健身、预防和治疗疾病、康复和养身保健的作用。

4. 研究如何将心理学的知识和技术应用于医学的各个方面

运用心理学的手段，包括使用心理诊断、心理咨询、心理治疗等技术运用于医疗、护理等领域，帮助人们保持健康，摆脱心理困扰和疾病的痛苦；同时也研究心理健康保健措施和促进策略，有效地预防和控制心理障碍、精神疾病和心身疾病。

5. 研究社会文化因素对人的心理与生理的影响

运用社会心理学的知识研究人所处的文化环境、医患关系，探讨社会文化因素在健康和疾病发生、发展过程中的作用和影响。

（四）医学心理学的研究方法

1. 个案法

指对个体进行长期密切观察，并进行详细研究和描述的方法。通常描述罕见案例或与众不同的治疗。研究范围包括交谈资料、实验反应、治疗情况、个人传记、信件、日记、生活事件、医疗史等。通过个案法提出的假设常常是科学研究的前奏。

2. 观察法

研究者通过对心理现象的观察、记录和分析，研究心理行为规律的方法。

3. 调查法

通过会谈、询问、座谈、问卷、电话咨询和网上调查等方式向被试者或相关人员获取资料，并进行分析和研究的方法。

4. 实验法

在控制的情景下研究者系统地操纵自变量，使之系统地改变，观察因变量随自变量改变所受到的影响，以探究自变量与因变量的因果关系。

5. 测验法

以心理测验作为个体心理反应、行为特征等变量的定量评估手段，据其测验结果揭示研究对象的心理活动规律。

二、人的心理

（一）心理现象及其本质

心理现象是心理活动的表现形式。心理现象的产生需要有一个心理过程，包括认识、情感和意志过程。个性心理是个体区别于他人的特征，是指一个人的整个心理面貌，即具有一定倾向性的各种心理特征的总和。个性心理主要包括个性倾向性和个性心理特征两个方面。经过长期的探索，人们逐渐认识到，脑是心理的器官，心理是脑的功能，是脑对客观现实主观的、能动的反应，这就是心理的本质。

（二）认知过程

认知过程包括感觉、知觉、记忆、想象和思维。

感觉是最基本的认识过程，是人脑对事物个别属性的认识。外部感觉包括：视觉、听觉、嗅觉、味觉、触觉；内部感觉包括：疼痛、口渴、运动、平衡。

知觉是客观事物直接作用于感官而在头脑中产生的对事物整体的认识。包括：视知觉、听知觉、味知觉、空间知觉、时间知觉和运动知觉。错觉是一种特殊的知觉。常见的有运动错觉、大小错觉、形状错觉、时间错觉。

记忆是人脑对经历过的事情的反映。记忆的表现形式有多种多样，按记忆的内容分，可分为形象记忆、语词记忆、情绪记忆和动作记忆。按照记忆的时间长短和记忆系统分为感觉记忆、短时记忆和长时记忆。

想象是人脑对已有表象进行加工改造而创造新形象的过程，分为再造想象和创造想象。再造想象根据别人对某一事物的描述,而在自己头脑中形成新想象的过程,如根据设计图进行房屋施工。创造性想象不依据现成的描述,而是运用头脑里储存的记忆表象或感知材料作为原型或素材,经选择、加工、改造而独立地创造新的形象,如文学家的写作、科学家的创造发明。

思维是人脑间接地、概括地对客观事物的反映。根据任务的性质和解决问题的方式分为直观动作思维、具体形象思维和语词逻辑思维。根据探索答案的方向分为聚合思维和发散思维。根据思维的主动性和独创性分为：习惯性思维、创造性思维。

(三) 情绪与情感

1. 定义

情绪和情感是人对客观事物的态度的体验,是人的需要是否获得满足的反映。

情绪是最基本的感情现象,着重体现感情的过程。人类具有四种基本的情绪：快乐、愤怒、恐惧和悲伤。情绪具有两极性,从性质上看,有肯定和否定之别,从紧张度上,有紧张和轻松之别。

情感是较高级的感情现象,着重体现感情的内容。人的高级情感依其性质和内容可分为道德感、理智感和美感。

2. 情绪状态

情绪状态是指某种事件或情境的影响下,一定时间内所产生的一定情绪状况。典型的情绪状态有以下三种：

(1) 心境：是指一种比较持久的、微弱的、影响人的整个心理状态和精神活动的情绪状态。心境会在一段时间内影响人们对各种事物的体验。心境状态可由对人具有重要意义的各种因素、人格特征、主观认识引起。例如在美丽的景色中感到心境平和。

(2) 激情：激情是一种短暂的、激烈的、爆发式的情绪状态。通常由个体认为具有重要意义的事件引起。

(3) 应激：是指在突然发生的紧急状况下所引起的情绪状态,是人们对意外刺激做出的适应性反应。例如,驾车中突然出现危险情景;遇到歹徒的突然袭击;突然面临地震、火灾等。在这些情境中人们产生紧张,害怕等情绪状态,并采取刹车、对抗、逃跑等保护性反应。

3. 情绪情感障碍

在变态心理学中，情绪情感障碍的临床症状包括以下内容：焦虑、抑郁、恐惧症、情感高涨、情感欣快、情感爆发、病理性激情、易激惹、情感淡漠、情感衰退、情感倒错、表情倒错、矛盾情绪等。最常见的以情绪症状为主的精神疾患有神经症和抑郁症等。

（四）个性心理

1. 个性心理

个性是具有一定倾向性的比较稳定的各种心理特征的总和，个性心理主要包括个性倾向性和个性心理特征两个方面。个性的基本特征包括：整体性、稳定性、独特性、社会性、倾向性。遗传、环境、营养、学校教育和实践活动在个性的形成过程中起了重要作用。

个性倾向性是决定个人对客观事物的态度和行为的基本动力，主要包括需要、动机、兴趣、理想、信念、世界观等。美国心理学家马斯洛将需要分成五个层次，即生理需要、安全需要、爱和归属需要、尊重需要和自我实现需要。动机是直接推动有机体活动以满足某种需要的内部状态，是行为的直接原因和内部动力。兴趣是人们力图认识某种事物或参加某种活动的心理倾向，是需要的一种带情感色彩的表现。

个性心理特征主要包括能力、气质和性格。能力是直接影响活动的效率，使活动顺利完成的个性心理特征。能力在活动中形成和发展，并且在活动中表现出来。气质是个体心理活动稳定的动力特征。性格是一个人在现实的稳定态度和习惯化了的行为方式中所表现出来的个性心理特征。

2. 人格障碍

成年人的人格与社会的需求是相互协调的。但是，患有人格障碍的个体常常给自己和他人制造麻烦，他们的行为令人费解，让人恼怒而且难以接受。人格障碍的基本特征是个体的内在体验和外在行为的一种持久模式，这种模式显著偏离个体所处文化的期望。大部分人格障碍的两个一般特征是，慢性的人际交往困难和自我同一性或自我意识问题。人格障碍常被分成三组。

（1）组 A：包括偏执型、分裂样和分裂型人格障碍。患有这些障碍的个体似乎通常都显得古怪或怪癖，有异乎寻常的行为，从不信任、猜疑到社会隔离。

(2) 组 B：包括表演型、自恋型、反社会型和边缘型人格障碍。患有这些障碍的个体都存在一种戏剧性的、情绪化的以及反复无常的倾向。

(3) 组 C：包括回避型、依赖型和强迫型人格障碍。与其他两组障碍相比较，焦虑和恐惧经常是这些障碍的组成部分。

另外两种人格障碍，抑郁型人格障碍和被动－攻击型人格障碍在《精神疾病的诊断和统计手册》的附录中被列为临时类别。

三、中外医学心理学的发展

(一) 国外医学心理学简史

"医学心理学"一词最早是德国人洛采(R. H. Lotze)在其 1852 年出版的《医学心理学》著作中提出。1879 年，德国的冯特(William Wundt)在莱比锡建立世界第一个心理学实验室，用客观实验方法说明人的高级心理现象，使心理学脱离了哲学的范畴，进入了科学的行列。经过 100 多年的发展，心理学明确了以人的心智和行为作为学科的研究对象，特别着重于了解人的行为。在发达国家，心理学研究的范围比较广，包含了人类体验的所有方面，从脑的功能到国家的行为；从儿童的发展到人的老年过程，其总的目标是理解人的行为。

近年来，临床心理学把注意力从精神疾病和心身疾病转向到人群的心理健康问题上。1978 年，一门新的分支学科健康心理学(卫生心理学)诞生了。它实际上是公共卫生学与预防医学向前发展导致重视群体和个体的心理健康的必然结果。心理学的毕业生半数到医院从事专职或兼职临床心理工作，从事与人的疾病和健康有关的心理病因、心理诊断、心理治疗、心理咨询、心理卫生等方面工作和研究。

(二) 中国心理学的发展道路

西方心理学在 19 世纪末传入我国，以 1917 年北京大学建立我国第一个心理学实验室为开始标志，同年，在北京大学哲学系开设了心理学课程。1918 年，陈大奇出版了我国第一部心理学专著——《心理学大纲》。1921 年 8 月，中华心理学会在南京正式建立，1922 年，我国第一份心理学杂志——《心理》创刊，此后一些大城市的医学院校开设了心理卫生的有关课程。1936 年 4 月在南京成立了中国心理卫生协会。

中华人民共和国成立以后，仅有少数医院有专职的医学心理学工作者从事心理诊断和心理治疗的工作，个别医学院开设过有关课程，但很快就停顿了。直到1958年，中国科学院心理学研究所的心理学工作者联系医学实际，与北京医学院精神病科医生合作，针对当时为数众多、久治不愈的神经衰弱患者开展了以心理治疗为主的综合快速治疗，短期内获得显著疗效，引起了医学界特别是精神病学界的重视。20世纪60年代初期，在防治地方克汀病的研究中，对患病儿童的智力鉴定设计了一套量表，制定了地方克汀病智力分级的初步方案。

30年来，我国医学心理学得到了更多重视与蓬勃发展。1979年，卫生部要求有条件的医学院校应开设医学心理学课程。1979年6月在北京举行的医学心理学学术座谈会标志着医学心理学进入了一个新的发展阶段。同年，在天津召开的中国心理学会第三届年会上，成立了全国医学心理学专业委员会，从此使我国医学心理学的发展走上了正轨，许多院校相继开课。1985年3月，中国心理卫生协会成立，并创办了《中国心理卫生杂志》。1987年，卫生部组编《医学心理学》全国教材，并确定为高等医学院校学生的必修课。1993年，创办《中国临床心理学杂志》。随后，《中国健康心理学》《心理与行为》《心理与健康》《心理医生》《大众心理学》等学术及科普杂志相继问世。1984年，国家开始实施执业医师资格考试，把医学心理学作为16门考试科目之一。至今已有95%的医学高等院校普遍开设了医学心理学课程。自2001年起，部分医学院校的医学心理学专业开始招收五年制本科学生。不少医学院校增设了与医学心理学相关的专业方向，很多大学心理学系设置了临床心理学专业。同时，心理卫生和临床心理学及其相关专业硕士点和博士点逐年增多。国家劳动和社会保障部于2002年8月3日开始试行了《心理咨询师职业标准》，标志着我国医学心理学教育培训和职业制度的逐步完善。

第二节　医生应具备的心理素质

21世纪的医生不仅要具备良好的医学专业知识，而且应该拥有良好的职业道德。一个合格的医生应具有过硬的医疗技能，较强的环境适应、良好的团结协作、人际交往和学习创新的能力，这些能力的发挥是一个医生素质的综合体现。

一、医生应具备的心理素质

（一）良好的职业道德，专业的医疗技能

1. 良好的职业道德

医生的职业道德和普通职业人员的职业道德有着很大的不同，因为医生面对的是疾病和得病的人。对于疾病，医生可以用自己的知识，借用现代科技仪器设备，通过各种检查来确定病因，这是医生必须具备的能力；对于患者，医生则需要有广博的爱心、同情心去理解和帮助他们。同时，医生必须自觉遵守职业道德规范，抵制各方面形形色色的诱惑，无愧于“白衣天使”的称号。

祖国医学有“医乃仁术”的传统观点，唐代医学家孙思邈在《备急千金要方》一书中立专卷“大医精诚”论述了医德修养对于医生的重要性。当代著名作家、哲学家周国平先生说道：“作为医生，善良是第一要具备的品质。一个医生不管他信仰什么，首先应信仰生命，尊重生命，应该是一个人道主义者，一个不是人道主义的医生，无论他医术多高明，都不是一个合格的医生”。所以，作为临床医生应具备同情、怜悯之心，应是一个可以理解、尊重、帮助、支持患病的人。另外，医疗卫生行业是一项服务性、实践性很强的行业，它要求医务人员的诊疗、护理行为对患者有利。这样，不仅有利于患者恢复健康，而且有利于减轻患者的经济负担；不仅有利于患者体质的恢复，而且有利于患者精神的愉悦；不仅有利于医学科学的发展，而且有利于促进人类的健康。

2. 具备扎实的专业知识与技能，注重相关学科知识的学习

医生这一特殊的职业，面对的是不同的疾病和导致疾病的各种病因，需要具备不同的诊疗手段。随着时代的发展，科技的进步，先进的诊疗设备在医疗卫生领域的应用越来越广泛，一方面大大提高了临床医疗水平，另一方面使相当一部分特别是年轻医生忽视了基本功的训练。因此临床医生的系统规范化培训尤为重要，在培训过程中要掌握各科基本常见病的诊断和鉴别，各系统查体以及住院病历的书写，掌握基本理论、基本知识、基本操作技能。只有逐步提高临床工作能力，丰富临床经验，才能进一步向高难度、高尖端领域发展，最终攻克尚未治愈的疾病。

另外，作为一名医生，除继续学习与探索本专业方面的知识与技能外，还必须认真研究与本专业密切相关的其他学科的知识，尤其是和人有关的知识。近年来，医学心理学已成为医学界与心理学界共同关注的一门学科，是医生如何看待“人”

所需要修习的科目之一,尤其是在临床的应用中已成为不可缺少部分。所以,临床医生要学习医学心理学的基本知识,掌握医学心理学的研究方法,熟悉人在不同生理情况下及病理状态中不同的心理表现。最终,临床医生要学会将医学心理学的基本原理应用于临床实践中,既要注重患者的共同心理变化规律,又要注意不同患者之间的个体差异和不同疾病之间的差异。医生要协助患者尽快从病痛的阴影中走出来,让他们的生理特点更加稳定,病理状态得以纠正,达到可以预期的治疗效果。

(二) 注重人文素质沉积,更多地融入人文关怀

人文素质是指人的精神特质和文化素质,是人们通过学习伦理道德、文学、历史、哲学和艺术等人文学科知识,有意识地进行内化和积淀而形成的相对稳定的内在素养和品质,它是人的人格、气度、修养等精神风貌的显现,是思维方式、价值取向、理想人格、审美情趣、理性精神的转化。孟子说:“仁义礼智根於心,其生色也然,见於面,盎於背,施於四体,四体不言而喻。”孙思邈在《备急千金要方·大医习业》中谈到医生的读书问题对我们医学文化价值的研究具有启发意义。他说:“若不读五经,不知有仁义之道;不读三史,不知有古今之事;不读‘诸子’,则不能默而识之;不读‘内经’,则不知有慈悲喜舍之德;不读‘庄老’,不能任其体运,则吉凶拘忌,触涂而生。至于五行休止,七曜天文,并须探赜。若能俱而学之,则于医道无所滞碍,而尽善尽美者矣。”文、史、哲、艺虽然不能教授手术操作和基因重组实验,但它却能拓展文化背景,丰富想象力,提高精神境界,从而有助于成为一个优秀的医生。

(三) 掌握患者的心理,更好地为患者服务

语言是医生在临床中与患者交流思想、表达情感、传递信息的方式。通过语言交流和必要的检查,医生才能了解病情从而作出正确的诊断。患者同样通过交流来了解病情和了解医生,双方各自获得信赖和尊重。这种医患语言交流的艺术是医生必须掌握的。医患沟通不畅,忽视语言交流的艺术性、规范性和科学性,漠视患者语言中传达的信息,这些都是导致目前医疗服务质量降低和医患关系紧张甚至医疗纠纷的直接原因之一。1993 年,在英国爱丁堡世界医学教育高峰会议上,专家们提出:“21 世纪所期望的医师应该是一个耐心的倾听者、细心的观察者、敏

锐的交谈者、有效的治疗者。”世界医学峰会对医师提出了应具备交际能力的要求。随着医学模式的转变，打破了长期以来在医学实践中以病论病的纯生物模式，提出了“以患者为中心”，从整体性出发去认识、治疗患者的模式，要求医生不仅要了解疾病，还要了解患者的心理、人格特征、社会因素、个体差异，与患者建立和谐、平等、相互依赖的平等关系，才能实现治病救人的目的。

（四）同行、同事之间团结协作，互帮互助

团队是人与人之间的合作关系，人与人的合作应以真诚为桥梁，以良好的政治素质、职业道德和心理素质为基础，使医师在交往中展现出良好的修养和形象。医师的工作常常要依靠一个集体的共同智慧来完成。2003 年的“非典”和近年来汶川、玉树、雅安等地的地震，我国的医疗救援团队凭借高超的医疗技术，密切的协同合作，救治了无数的生命。医疗工作是团队性的工作，一个人无法完成一台手术，不能治愈所有的疾病，医生的发展和成长都离不开团队的培养和帮助。21 世纪的社会不仅要求医师掌握丰富的知识，而且要具备良好的合作意识、真诚的合作态度和完善处理人际关系的能力，这与事业的成功有直接的关系。处理好医医关系才能加强合作，互相学习，共同提高业务水平。优秀的团队是孕育优秀医生的摇篮，优秀的医生也必然要肩负起领导一个团队的责任。一支好的团队可以激发每个人的潜能，发挥出最大的能量，起到事半功倍的效果。形成一支好的团队，关键在于要拥有海纳百川的胸襟和团队协作的精神，成员之间要摒弃个人的利益得失，发挥自己的作用，起到 1 加 1 大于 2 的效果，整个团队就会像一台精密的仪器一样快速高效地运转。

二、医生的压力（应激）

由于医疗体制改革的不断深入，医疗工作要求也日益提高，加上临床医生这个特殊的职业具有高技术、高风险、责任重、多突发事件、无时间规律等特点，决定了医生是一个压力大，高应激的职业。

1. 医生的职业要求

(1) 积极为患者治疗：医生必须以其所掌握医学知识和治疗手段，尽最大努力为患者服务。只要选择了医疗这门职业，就承担了任何理由都无法推托的为患者治疗的义务。

(2) 解除患者痛苦：患者痛苦包括躯体性的和精神性的。躯体痛苦可用药物等医疗手段加以控制，心理精神痛苦则需医生以同情心理解患者，做好心理疏导工作。

(3) 向患者及家属解释说明病情：医生有义务向患者说明病情、诊断、治疗、预后等有关医疗情况。这种说明不仅仅是为了争取患者接受医生诊疗的合作，更重要的是尊重患者的自主权和知情权。

(4) 为患者隐私保密：《国际医学伦理准则》中规定："由于患者的信任，一个医生必须绝对保守所知患者的隐私。" 我国卫生部 1985 年颁发的《医务人员医德规范及实施办法》中也规定了："为患者保守医密，不泄露患者的隐私和秘密。" 这就是要求在为患者检查、诊断、治疗过程中，严格保守医密，维护患者的合法权利。

2. 医生的应激源(压力)

(1) 社会因素：近年来新闻媒体对卫生系统的负面报道过多，造成了医患间相互不信任，给医疗行业造成消极的负面评价，社会对医务人员的理解和尊重大为下降，无疑给医务人员带来明显的社会舆论压力，一定程度上挫伤了医务人员的积极性。

随着《中华人民共和国执业医师法》《医疗事故处理条例》的出台、医疗举证倒置责任的确立，患者维权意识不断加强，医生惟恐患者发生意外，担心差错事故的发生，同时为了应对举证，各项医疗文书的书写质量容不得丝毫马虎，做事必须反复检查，易造成医生心理高度紧张和身体极度疲乏。

(2) 患者因素：大多数患者不具备专业的医学知识，患者不能理解病情的变化和疾病发展的规律，不能正确认识医疗工作的高风险性和不可预知性。尤其在面对死亡的时候，部分患者不太理解其购买的只是医疗服务，而不是生命或者健康本身。部分患者对医疗服务的要求和期望值过高，甚至已超出了医学所能达到的水平，具有不合理性。当治疗结果与期望出现偏差时容易情绪激动而导致医患矛盾激化。一旦发生医疗纠纷，很多患者不愿意通过法律途径，而更喜欢"以闹取胜"，造成医患关系紧张。这是医生在医患关系方面最大的应激源。

(3) 职业因素：医学面对的是人的生命与健康，同时医学又是一门充满未知和探索的科学。每个医生的成长都需要经过长期的经验积累，因此对青年医生而言，执业过程中风险是必然存在的。医生除了进行具体的治疗外，还要花费大量时间完成医疗实践记录，与患者及其家属交流沟通，教学医院的医生还承担教学工作，负责科研项目等,身体长期处于透支状态。

医学人才的高学历化以及医学技术的不断更新和发展,要求医生为了提高业务能力和适应未来的竞争,在工作之余需要不断加强学习深造。除了学习,一个医生从住院医师到主治医师,直到副主任、主任医师,每一个阶段都要经历一次又一次业务考试,面对一次又一次相关部门检查。医生的工资福利待遇一般与其职称密切挂钩,而晋升职称除了要有精湛的业务技术,必须还要花一定精力投入科研及论文写作,这也大大增大了医生的压力。

(4) 个体因素:20 世纪 80 年代出生的青年,具有鲜明的时代个性,他们独立自主,崇尚自由、乐于表现。大多数青年医生的个性较强,对不合理现象深恶痛绝,不愿迁就和屈从,易被他人所误解,造成人际交往障碍,影响他们的工作、学习与身心健康。

医学生在校求学的时间长,毕业出来已是大龄青年,因参加工作时间短,职称低,工资收入也较低,但青年医生面临的生活问题却不少,要承受住房、婚姻、子女教育、父母养老等一系列问题所带来的经济和精神压力。

年轻医生都要参加值班,遇到抢救患者经常要加班加点,昼夜生活无规律,与家庭成员之间出现隔阂、产生冲突的概率增多,特别是配偶之间的感情也易呈现危机。

总之,过度、持续的职业紧张对医务工作者的身心健康、行为方式、工作效率的影响已成为重要的职业心理卫生问题之一。

三、如何应对与减压

医生健康的人格和心理不仅能使自己保持愉悦的心情,更有助于患者的康复。所以医生要学会调整自己的情绪给自己减压,适当的时候也要宣泄,工作安排适度,目标不要制定得过高,要进行适当的体育锻炼,多和周围的人交流。

医生压力产生的因素是多种多样的,解决医生压力问题也亟须多方面的共同努力。

(一) 寻求社会的支持为医生“减压”

医生是真实的人,能力也是有限的,并非全能的“圣人”。所以,患者和家属对医生的期望和要求应切合实际,为医生创设一个宽松的舆论环境和工作环境,认可他们的劳动，使医生真正体会到社会的关爱。

社会各界应充分认识到医生工作的艰巨性、特殊性，不应求全责备，把责任全都压在医生的身上。社会应承担应有的责任，同时要加强正面宣传，营造有利于医患关系的良好氛围。

新闻媒体作为社会舆论导向和社会监督的重要载体，要客观公正地报道医疗纠纷，加强正面宣传；要加强对医院的正面报道力度，让公众多多了解医院、理解医生，并以此作为改善医患关系的切入点，正确引导医患关系向着健康、和谐的方向发展。

政府应建立和完善对医务人员的法律保障体系，出台相关法律来保障医生在正常诊疗活动中的人身安全，维护医院正常诊疗秩序。医务人员要依法行医，社会要依法遵医，患者要依法就医，共同营造良好的诊疗秩序。

（二）医院及卫生行政部门要为医生“减压”

医院及卫生行政部门应帮助医务人员正确认识和适应目前的执业环境，了解医生的困惑，建立相应的减压机制，给医务人员提供释放心理压力的平台，使医生感受到组织的温暖。

医院要确立以人为本的管理理念，充分发挥人的价值，发掘人的个性，合理安排医生的工作，做到知人善任，人尽其才，使每位医生都能适得其所，在各自的岗位上发挥聪明才智，提高工作质量和效率。

任何一个医生的成长都需要经验的积累，医院应给青年医生关心、爱护、信任，多组织他们开展一些健康有益的集体活动，如座谈会、讨论会以及体育、娱乐活动，营造一个和谐、宽松的工作环境。这不但能培养他们集体主义观念，增强事业心和责任心，而且为他们提供了交流的平台，帮助医生将压力转化为动力，增强青年医生的心理承受能力和适应能力。

（三）医生个人给自己“减压”

来自社会与医院管理者的支持固然是重要的，但只是外因，而外因毕竟通过内因才起作用。因此，有效缓解医生压力最重要的还是医生的自我调节。

医生想要成长，首先要有一颗上进心，不断提高自身素质和业务水平。通过学习—实践—总结的循环，不断充实自己，更新知识，才能更好地胜任本职工作。与此同时，青年医生更应调整心态，减轻自身心理压力，尽快适应医院的生活和制度。

医生要掌握医患沟通的技巧，在诊疗过程中应及早与患者进行充分沟通，尊重患者的知情权，让他们对医疗行为和医生有更多的理解，增强彼此间的信任，正确引导患者及其家属了解医学所具有的风险性，科学地认识和对待医疗活动。这样可避免医疗纠纷，防止分散医务人员的精力，减轻工作和精神上的压力。

医生也应客观地审视自己的优缺点，根据自己的能力制定切实可行的目标，随着目标的实现，增强自己的自信心和成就感，找到理想与现实的最佳结合点。同时也要处理好人际关系，良好的人际关系是人健康成长和发挥创造的重要的因素。一个团结协助的集体环境，定会让人感到心情舒畅，信心百倍。在工作中，生活上与同事和家人互帮互助，以自己的真诚换来同事、家人的支持，家人的理解和支持是最好的减压药。

案例分析 1

1. 案例

王某，27 岁，女性。王某是一位年轻的女医生，从医学院毕业后就一直在急救站工作。在王医生值班时，大约晚上 10 点接到一求助电话，有一老太太需急送医院治疗。当时，救护车一路畅通，及时赶到了老太太家门口。王医生急冲进去，看见老太太的脸色发青，直觉告诉她，患者特别危险。简单检测后，老太太心脏、呼吸都没有了。王医生二话没说，采用口对口人工呼吸。3 分钟后，直到老人有了心跳和呼吸，具备了上呼吸机的条件，才停止了人工呼吸。因为抢救及时，老太从死亡线上被拉了回来。目前，老人的身体正在逐渐康复。

老太太的儿子非常感激她的不怕脏累的勇敢举动，将一封饱含感激之情的表扬信，送到了 120 急救中心。目睹当时抢救全过程的他，这样赞美王浩，“她堪称 120 最美女医生!”

2. 分析

王医生在这个过程中首先要做到准确诊断，然后是施救措施及时得当。患者当时是心脏骤停，而心脏骤停造成的损害是不可逆的，越早复苏，存活率越高。为了抢救垂危患者，王医生抢分夺秒，这证明她有过硬的急救基本功，专业技术水平较高。

更重要的是王医生具有良好的职业道德，不怕脏累，不惧生命危险。口对口做人工呼吸面对的是患者口中的呕吐物、口气、黏液、可能患有的传染病等，王医生不顾一切施救，足见她把患者生命放在第一位，医德高尚。

如今医疗界最倡导的就是端正行业作风，树立良好的职业道德，患者的生命高于一切，真正做到救死扶伤，治病救人。王医生的这种全心全意为民服务，高尚的敬业精神，值得学习和推广，最终赢得患者及家属的尊重。

案例分析 2

1. 案例

黄某，26 岁，女性。黄某是某医院肾脏科的医生。事发当天，黄某没有征兆地突然摔倒，头部受伤，被送到医院缝合伤口时她神情有些恍惚，甚至出现幻觉，被紧急送往某医院心理卫生中心。在医生的反复询问下，黄某说出了实情。原来饱受失眠困扰的她，7 天前开始每晚自行注射 5 毫升丙泊酚，以至于出现不良反应，突然失去意识而摔倒。身为医生的黄某知道药物在自己体内开始起“作用”了，于是要求家人将自己送往医院。

住进药物依赖科病房的当晚 8 点左右，在医院例行巡房时，护士发现黄某右手拿着装有奶白色液体的针管，左手抓着输液瓶，正要将奶白色液体注射进输液瓶内。护士立即将其手中的针管夺了下来。经检测，针管中装着的仍然是丙泊酚。

丙泊酚是一种能在 30 秒内使人失去知觉的短效全身麻醉药，在手术时被广泛使用于诱导和维持全身麻醉，也用于加强监护患者接受机械通气时的镇静。但它不是常规的助眠药物，也不是处方药。它只能在医院使用，并且要经过严格的剂量测试，一旦过量就会导致呼吸抑制，心搏骤停，甚至会猝死。万幸的是，由于黄某每次注射量只有 5 毫升，没有达到危险剂量，因此没有出现严重后果。

黄某为何要注射丙泊酚？经过几天的生理治疗和医生的心理开导，她渐渐向医生透露了一些原因。她觉得工作上有压力，和其他人发生了一些小纠纷，整夜失眠，已经有抑郁症的临床表现。黄某希望通过使用丙泊酚让自己镇静。

2. 分析

医生这个行业因工作时间超时、患者抱怨多、医疗纠纷增加，以及业绩压力下，容易使医生产生焦虑、抑郁等负面情绪，促使隐性疾病发作。一项调查显示，98%的医生称自己每天都面临巨大压力。有关数据研究表明国内医生患抑郁症的概率为25%～30%，是普通人群的4倍多。所以说，医生首先要增强自我保健意识，避免长期进行超负荷的体力和脑力劳动，保证充足的睡眠，培养良好的心理素质，作为医务人员，一旦发现自己患有抑郁症或其他方面的心理疾病，要及时就医、正规治疗，以最大限度地避免此类情况的发生。

第三节　心 身 疾 病

很多疾病的发病与心理社会因素有关，这类疾病称为心身疾病。随着医学模式的转变和现代心身医学的发展，心理社会因素在疾病的发生、发展、治疗转轨中的作用日益受到重视。

一、心理与身体的统一性

人们都会有这样的体验：兴奋激动时，会面色潮红、心跳加快、血压升高、呼吸急促；极度悲伤时，则会面色苍白、心跳缓慢、血压降低、呼吸不畅，还会因胃肠蠕动变弱而消化不良；反过来，生理改变也会导致心理变化，女性在怀孕期或更年期时心理上会有很大的变化，脑部病变的人往往出现精神障碍，甲亢的人容易激动发怒等。这一切现象都无可争辩地说明：人的心理与身体是统一的，即人具有心身统一性。

(一) 祖国医学的心身统一观

中医学博大精深,经几千年而不衰,一直深深影响着我国乃至世界医学的发展。“天人合一”“形神合一”的心身统一观是中医学的理论基础,体现了整体观思想。这种理论基础和思想与现在生物-心理-社会医学模式所倡导的思想是一致的。中医宝典《黄帝内经》中有关心身关系的内容有:《灵枢·天年》之“五脏已成,神气舍心,魂魄毕具,乃成为人”。《素问·阴阳应象》之“人有五脏化五气,以生喜、怒、悲、忧、恐”;“怒伤肝”、“恐伤肾”、“喜伤心”。《素问·宣明五气》之“心藏神、肺藏魄、肝藏魂、脾藏意、肾藏精志”。《灵枢·本神》之“心气虚则悲,实则笑不休”等。

(二) 现代医学理论中的心身统一观

现代医学理论认为,人脑的机能是心理活动的实质,心理是人脑对外界事物的反映,所以说人脑是心理产生的物质基础,是心理活动的物质载体和主宰。心理体验的形成过程为外界刺激通过外周神经系统感觉神经元传入中枢神经系统,即大脑和脊髓,然后大脑对传入的信息进行接受、加工、保存、整合、程序编制等过程,形成各种心理体验。心理体验通过传出神经传到各组织器官,便会完成各种生理功能。也就是说,心理的阐述依赖于大脑和神经系统的功能,而心理产生后,又会反过来通过大脑和神经系统来调节生理活动。心理和生理密不可分,心身的有机统一构成了人的完整生命。

二、心身疾病及其防治

(一) 心身疾病的概念、特点、范围

1. 心身疾病的概念

心身疾病有狭义和广义两种概念。狭义的心身疾病是指心理社会因素在疾病的发生和发展过程中起重要作用的躯体器质性疾病,如原发性高血压病、溃疡病、冠心病等。狭义的心身障碍是一类由心理社会因素在疾病的发生和发展过程中起重要作用的躯体器质性疾病和躯体功能性障碍,如神经性呕吐、偏头痛等。广义的心身疾病包括狭义的心身疾病和狭义的心身障碍。

2. 特点

① 发病原因是或主要是社会、心理因素;② 有躯体症状相关的病证;③ 病症

通常体现在自主神经系统所支配的系统和器官上；④ 疾病的发生与遗传及个性特征有一定的关系；⑤ 同样强度、同样性质的社会、心理因素，可能引发心身疾病易患者的病理生理反应，而对一般人则只可能引起正常范围内的生理反应；⑥ 有些患者能够较清晰地了解社会、心理因素致病的过程，大部分患者则不了解社会、心理因素的作用，但或许能感觉到某种心理因素能加重自己的病情。

3. 范围

心身疾病包括以下几种：① 心血管系统疾病：如原发性高血压病、冠心病、心律不齐、阵发性心动过速等；② 呼吸系统疾病：如支气管哮喘、过敏性鼻炎、枯草热；③ 消化系统疾病：如消化性溃疡、溃疡性结肠炎、结肠过敏、神经性呕吐和食道贲门或幽门痉挛等；④ 泌尿生殖系统疾病：如月经紊乱、阳痿、痛经、经前期紧张症等；⑤ 内分泌系统疾病：如糖尿病、甲状腺功能亢进、肥胖症等；⑥ 皮肤疾病：如神经性皮炎、瘙痒症、斑秃、过敏性皮炎、湿疹、慢性荨麻疹、银屑病等；⑦ 肌肉骨骼疾病：如类风湿性关节炎、痉挛性斜颈、紧张性头痛等；⑧ 神经系统疾病：如偏头痛、自主神经功能失调症等。

其中，一般认为原发性高血压病、冠心病、哮喘和溃疡病是更为明确的心身疾病。

（二）常见的心身疾病的致病机理

1. 原发性高血压病

导致血压升高的因素很多，而人们的心理因素特别是情绪改变是重要因素之一。长期持续的精神紧张或焦虑，能使人血管阻力增加，促使血压上升。同时，交感神经的长期兴奋，使肾小球动脉持续收缩，时间一久就形成高血压。

2. 冠状动脉硬化性心脏病

冠心病的发生，胆固醇含量增高和高脂血症是冠心病的重要条件，而心理因素和性格特征起着明显的作用。目前发现胆固醇增高的主要原因是情绪波动。有的研究者则指出，冠心病与人们性格有密切关系。

美国学者提出了 A 型行为类型(TABP)的人易患冠心病的学说。临床资料表明，A 型行为的人群患冠心病的发病率高于 B 型行为的人群。A 型行为的特征为：为争取成就而努力奋斗、有竞争性、易不耐烦、有时间紧迫感、语言举止粗鲁、对工作过度提出保证、有旺盛的精力、过度的敌意。

3. 胃和十二指肠溃疡

心理因素可改变胃液分泌,如愤怒、紧张、惊慌和憎恨等心理因素往往使胃液增加,而抑郁、苦闷或焦虑等会使胃液减少。如火灾、洪水、空袭和地震等造成的心理影响常可引起应激性胃溃疡;丧偶、离婚、恐惧、失败等因素与消化性溃疡的发生也有一定的关系。

4. 支气管哮喘

心理因素可引起副交感神经兴奋而致支气管细支气管平滑肌收缩,从而增加气道阻力。这种体液免疫反应,是心理因素导致肾上腺功能障碍引起的。

5. 甲状腺功能亢进症

其发生与患者性格特征有关。在强烈、急剧的心理因素影响下,易激怒、过敏、多疑善感等性格的人,容易因甲状腺激素分泌过多或周围组织对甲状腺的利用加速,而引起甲状腺功能亢进。

6. 荨麻疹

荨麻疹虽属过敏性疾病,但与心理因素,尤其过度紧张、焦虑、烦闷等关系较密切。特别是慢性发作时尤为明显。有的患者因烦闷会使荨麻疹多次重复发生。

(三) 心身疾病的患病率

有专家曾对复旦大学附属中山医院内科、心血管内科、肺科,以及复旦大学附属华山医院内分泌科、皮肤科的 1 108 例门诊患者做了心身疾病调查。结果发现心身疾病患者 368 例,占门诊初诊患者的 33.2%。其中,肺科心身疾病患者占该门诊的 55.6%;心血管科心身疾病患者占该科门诊 60.3%;内分泌科心身疾病患者高达该科调查人数的 75.4%。

综合国内外其他有关心身疾病的流行病学资料,临床各科心身疾病占 22%~35%。这表明心身疾病的患病率占疾病总数的三分之一。

(四) 分布特点

在性别上,心身疾病患者中女性一般高于男性。但有些病种如溃疡病、冠心病、支气管哮喘则以男性患者为高。年龄上,15 岁以下的少年和 65 岁以上的老人患有心身疾病的比例较低,青年人略高,更年期为患病率高峰。另外,心身疾病的分布还有如下特点:城市高于农村,脑力劳动者高于体力劳动者,工业化的社会高于工业不发达的社会。

(五) 防治原则

1. 综合防治

心身疾病是和心理社会因素有密切关系的躯体疾病,该病的防治既要采取生物医学的治疗措施,如药物、手术治疗等,又要采用医学心理学的防治措施,如心理治疗、行为治疗、心理素质培养等。

2. 整体防治

心身疾病的防治要注意不可“见病不见人”。要本着以“人”为本的原则。首先要具体分析患者在心理、生理、社会等方面存在的问题,然后按照具体情况制定具体的防治方案,患者本人需要积极参与。心身疾病的防治效果,很大程度上取决于患者本身的主观能动性。只有本人主动采取预防措施、积极配合治疗,才能有效降低心身疾病的发病率和危害。

3. 持续防治

心身疾病多数属于慢性病,其防治往往需要一个相对比较长久的过程。不能存在一蹴而就的不切实际的想法,否则只会适得其反。

(六) 治疗

1. 心理干预

首先要消除心理学病因、生物学症状以及心理社会刺激因素。采取的干预手段包括: 支持疗法、生物反馈、认知疗法、松弛训练、环境控制、行为疗法、暗示或催眠疗法以及家庭疗法等很多种。具体选择哪些方法应视不同疾病、不同层次、不同目标而决定。

2. 药物、手术治疗

药物、手术治疗是主要的生物医学治疗方法,可以缓解躯体症状,但只是治标不治本,只有结合心理治疗才能取得好的效果。

3. 心、身同治

对发病迅疾并且躯体症状严重的人,应以躯体对症治疗为主,以心理治疗为辅。对于以心理症状为主、躯体症状为次,或者以躯体症状为主但表现为慢性的人,则应以心理治疗为主,同时进行常规躯体治疗。

（七）心身疾病的预防

当今，社会生活紧张多变，能否适应社会、保持自身心理平衡、维持心身健康已经成为人们生活中的一个大问题。以预防为主是一个普遍适用的原则和方法，对心身疾病也不例外。心身疾病的预防包括社会预防和个人预防两个层次。

1. 社会预防

① 社会各界力量要联合起来，积极倡导心理卫生，做好不同年龄阶段的心理卫生工作；② 做好职业群体心理卫生工作，职业是人生的一大组成部分，来自各种职业的工作环境、劳动条件、劳动强度等形成应激源，不断地作用于人体，引发各种心身疾病。因此，根据心理卫生的规律来组织工作、加强职业心理卫生工作十分重要；③ 积极开展心理咨询与心理治疗工作，全社会都应积极支持心理咨询与心理治疗机构的设立、心理医生的培养，创造良好的心理咨询与心理治疗的社会氛围。

2. 个人预防

(1) 培养良好的个性：一个人个性的形成取决于先天和后天两方面的因素。先天因素主要指遗传和生理素质，是个性形成的物质基础和载体。后天因素包括个人实践、家庭环境、学校教育、社会制度、文化传统、生产关系、政治条件等，是个性形成的决定性因素。培养良好个性，从胎儿孕期就应该开始。个性在人 3～5 岁就开始形成，在青春期中后期逐渐成熟。一个人早年的经历对其个性的形成有很大的影响，几乎可以决定其一生。因此，必须注意后天因素的完善，才能培养良好的个性，才能有效预防心身疾病的形成。

(2) 加强应对能力：应对是指一个人对困境所做出的尽可能适当的反应及其反应方式。应对能力可以通过有意识的锻炼而加强，主要有：① 掌握正确的世界观、人生观、是非观，学会正确认识挫折困境和社会不合理现象，培养乐观豁达的人生态度；② 丰富自己的生活阅历，可以有效提高应对能力。只有不断地认识和实践，见多识广，才能知道应该如何应对世间万事；③ 掌握应对心理应激的技巧，如自我安慰、自我摆脱、转移注意力、找人倾诉等。

(3) 建立和谐的人际关系，营造良好生活环境：和谐的人际关系，良好生活环境能够给人安全感、温暖感、信任感和轻松感，使人少生烦恼忧愁，挫折也能从容面对。建立和谐的人际关系，营造良好生活环境是预防心身疾病的重要方法。

案例分析 1

1. 案例

患者，28 岁，女性。患者在中学时患上了哮喘，一年发作一两次，控制较满意，但最近一年，发作的次数越来越多，程度越来越重。患者两个月前离了婚，情绪一直很低落，更不幸的是，4 周前的流产完全出乎她的意料，医生说今后她怀孕的可能性不大了。经历这样的不幸后，患者的哮喘更厉害了。这个月已经是第四次发作了。在静脉补液、吸氧等治疗后，她呼吸急促、大口喘气的症状才逐渐有所好转。在与患者的交谈中发现，她性格柔顺，对人礼貌有加，可是内向少言。交谈时眉头紧锁，表情抑郁，反复讲的都是她的哮喘病情，不停地埋怨自己给父母增加了麻烦。

2. 分析

情绪和呼吸有着密切的联系。当人们生气和失望时，就会出现大口呼吸或者唉声叹气等呼吸系统的表现。目前公认哮喘是呼吸系统具有代表性的心身疾病。心理、社会因素与过敏性抗原的联合作用可能是引发哮喘发作的重要原因，其中，精神刺激是支气管哮喘发作的重要环节。

患者在遇到了离异、流产等重大的生活应激事件后，导致严重“心理丧失感”，出现明显抑郁和焦虑情绪，通过大脑的中介，从而改变“神经-内分泌-免疫”系统功能，引起支气管收缩。不过，这往往并不直接导致哮喘发作。生活环境中存在着可以使人出现哮喘的特异性过敏性抗原，以及使人出现上呼吸道感染的致病源。当人的情绪变化及其引发出来的支气管收缩状态与特异性抗原和上呼吸道感染结合起来，便会出现支气管哮喘。针对患者的情况，心身科医生通过心理支持、认知行为治疗等方法，加上服用抗抑郁药和哮喘的规范化治疗，帮助她渡过了心理危机，哮喘得到了控制。

世界卫生组织提出的“哮喘全球防治战略(GINA)”认为，药物治疗不是唯一的治疗途径，需全面考虑生物、心理及社会因素在哮喘防治中的作用。

案例分析 2

1. 案例

患者,30 岁,男性。患者一年前在家中起床时突然昏倒在地数分钟,清醒后到某综合性医院做多项检查未查出异常。自此,患者开始整天担心自己的身体。逐渐出现入睡困难、多梦、早醒等。白天精神差,乏力,注意力无法集中,记忆力下降,对凡事都提不起兴趣。渐渐发展到不愿外出,不敢见人,整天要家人陪伴,心情极差,对生活失去了信心。

2. 分析

患者这种情况是一种较典型的心身疾病——神经症性抑郁。由于一次意外事件(可能是一过性低血压或低血糖反应),使得他高度怀疑自己的身体有问题。而反复多次的检查未查出疾病,更令他害怕自己得了一种可怕的病。情绪处于焦虑、担心、忧郁之中,时间一长,导致记忆力下降、乏力等躯体症状。针对他的情况予以抗抑郁药治疗的同时辅以心理治疗,患者很快治愈出院了。

第四节 患者的心理

当一个人患病后,由于生理上的改变、社会关系的调整、新的医疗环境接触以及对自身健康的担心等,都会造成患者心理上的改变。因此,正确认识患者的心理变化,诊疗时身心兼顾,对疾病的治疗和康复有着很大的帮助。

一、患者的一般心理变化

(一) 患者概念与患者角色

“患者”是指患有各种躯体疾病、心身疾病、心理障碍或精神性疾病的人,不论其求医与否,均称为患者。

“角色”概念来源于戏剧,指在舞台上所扮演的人物。当一个人患病时,便会受到不同的对待。人们期待他有与患者身份相适应的行为,即担负起“患者角色”。

患者角色有享受医疗服务、受尊重、保守秘密、免除部分社会责任的权利，有及时就医、遵守医嘱、遵守制度、与医疗服务人员合作的义务。

（二）患者的心理需要

希波克拉底有句名言："了解什么样的人得了病，比了解一个人得了什么病更为重要。"疾病是在人身上发生的，要治疗疾病，首先是要治疗患病的人。因此了解患者及患者的心理需要对于疾病的治疗具有重要作用。患者的需要可分为五个层次，各个层次都有其特殊的要求。

1. 生存的需要

生理上的需要是人们最原始、最基本的需要，直接关系着患者的生命安全，如饮食、温度、睡眠、舒适以及大小便状况和呼吸道是否通畅等。一般来讲，生理上的需要以及各项指标的变化是医务人员最关注的方面。

2. 安全的需要

安全感是患者最普遍、最重要的心理需要。疾病直接威胁到患者的身体健康甚至生命。安全的需要包括两个方面，一个是物质环境的安全，另一个是信息的安全。在当今医疗条件下，前者基本能满足，所以提供安全的信息环境是临床工作的重要方面。

3. 需要接纳和关心

患者在就医过程中原来的生活规律和习惯被改变，进入到一个陌生的环境，需要尽快地熟悉环境，被新的群体接纳。患者得病后往往产生"无能感"，害怕成为亲人的"包袱"，需要在情感上被接纳。因此，给患者提供足够的关怀和热情的服务，可以促进医患关系的和谐并利于医疗服务的顺利开展。

4. 尊重的需要

患者得病后会面临角色转变的挑战，如在家里是长者、在单位是领导等，入院后面对的是患者之间的平等关系，处于被治疗和护理的地位，常会因不能适应角色的转变而导致自尊心受到伤害。因此，医务人员应当尊重患者，多对患者进行鼓励和表达支持，避免那些会伤害患者自尊心的事情，如以床号代替姓名称呼患者，在公开场合议论患者的病情，无视患者的存在等。尊重患者另一个重要的方面是对患者隐私权的尊重，理解他们要求保密的心情，为他们保守秘密。

5. 自我成就的需要

自我成就的需要是患病时最难满足的需要,尤其对于一些致残或者慢性患者而言,可能会导致患者自尊心受挫,对自己的能力感到力不从心,效能感下降。这就要求医务人员对患者多表达关切和鼓励,使患者战胜疾病,对生活充满信心。

理解患者的心理需要,并能识别患者在临床上以各种方式表达出来的心理需要,及时与患者沟通,做出治疗和护理方案的调整,也是医务人员医疗素质的重要方面。

(三) 患者常见的心理变化

1. 认知功能的变化

得病后,人的认知功能也会发生变化。这种变化一方面可能是器质性改变直接影响了脑部功能,另一方面也可由疾病应激间接影响到患者的认知功能。认知功能改变的一个主要表现是主观感觉异常,可能表现为感觉过分敏感。如有的患者对正常的声、光、温度等外界刺激敏感,产生异常感觉;对卧床姿势、枕头高低、甚至对被子轻重都有明显感觉,由此翻来覆去而影响入睡;有疑病倾向的患者可以强烈地觉察到内脏器官的活动,如心跳、肠管的蠕动等。

此外,患者的记忆力常可受到疾病或应激的影响,有些患者不能准确地回忆病史,不能记住医嘱,甚至刚说过的话、刚放在身边的东西也难以记起。患者的思维,特别是逻辑思维的能力也可受到损害,一些患者在医疗问题上,即使面对不太重要的选择往往也表现出犹豫不决。

2. 情绪活动的变化

情绪活动的改变主要表现在两个方面。首先是反应强度大,即微弱的刺激足以让患者变得惊恐不安;少数患者情绪反应减弱,甚至对多数刺激无动于衷,这意味着患者可能病情严重或有严重心理障碍。其次是情绪活动的稳定性较差,反复无常,常为一些微不足道的小事"毫无道理地"激动不已,或气愤争吵,或悲伤哭泣。因此,注意观察患者的情绪变化,及早针对心理因素采取最佳的心理干预措施,是医疗工作顺利进行的重要保证。

3. 人格变化

造成患者人格改变的原因,一方面是危重疾病的威胁或长期慢性疾病的困扰,另一方面可能患者自身就存在人格上的缺陷。例如,一些人患病后变得过分依赖或易激惹,这些患者的人格变得较少独立性、较多依赖性或易感情用事、性情不稳定;另一些患者提出过分的要求或要求过多,明知无用也要求医护人员或家属去做某些事以寻求心理安慰,人格变得以自我为中心、放纵自己。

4. 常见心理问题

(1) 焦虑心理: 引起焦虑的常见因素有: ① 对疾病的病因、转归、预后不明确或过分担忧;② 对医院环境不熟悉,或者看到医院中其他患者的呻吟、死亡等,使患者心情不佳,情绪焦躁;③ 不了解某项检查或治疗措施的必要性、安全性和可靠性; ④ 特质性焦虑,与人格特征有关。

(2) 抑郁心理: 容易产生抑郁的患者包括: ① 重危患者、无法彻底治愈的患者、有严重丧失的患者,如癌症、预后不良或截肢的患者;② 具有抑郁易感素质者的患者。这些人常性格内向、易悲观、缺乏自信、感觉孤独。

(3) 恐惧心理: 是患者常见的心理反应之一。引起恐惧的因素有: ① 危重患者对于死亡的恐惧;② 有些检查和治疗确实给患者带来疼痛、不适和痛苦,如剖腹探查、骨髓穿刺、截肢等,易引起患者情绪过度紧张,难以接受检查和治疗。

(4) 遵医行为问题: 患者如果对药物剂量、用法等记忆不清,或在接受一些治疗时无法给予充分的配合,也会对疾病的治疗和康复带来不利。

总之,出现以上心理问题时,医务人员要充满同情心,以高度负责的服务态度温暖患者的心,根据每个患者的不同情况,具体问题具体分析,有针对性地进行心理疏导、心理护理,必要时进行心理干预。

二、四种常见患者的心理特点与临床干预

(一) 门诊患者

大部分患者的诊疗活动是在门诊进行的,整个医疗过程程序复杂、环境生疏,加之疾病痛苦,常使患者产生复杂的心理反应。门诊患者的心理需要及特点主要为

1. 希望尽快就医、快速诊断、及时治疗

候诊患者常期待缩短候诊时间,尤其是那些病情较重、诊断不清的患者,心情更加急切,常表现为焦躁不安、来回踱步、不断询问就诊的号码等;就诊时急于明确自己所患疾病,常要求医生尽快作出诊断,采取相应的治疗措施。针对门诊患者普遍存在的焦虑情绪,医务人员应该给予适当的语言安抚,稳定患者的情绪,并及时

给出正确的信息引导。

2. 希望得到优质的服务

大多数患者不熟悉医院环境，常辗转于几个科室后仍“不对口”，往往会导致沮丧、身心交瘁。这种情况下，医务人员应坚持“以患者为本”，急患者所急，及时为患者解决就诊时碰到的问题，提供优质的服务。

（二）急诊患者

急诊患者多发病急、病情重、病情复杂，医务人员要善于分析每个急诊患者的心理状态，以便有针对性地做好心理疏导。常见的情绪反应有焦虑、恐惧、依赖、易激怒、孤独、绝望无助感。急诊患者求治心切，对急救工作缺乏认识、理解，易产生误解。急诊医务人员应保持冷静头脑、急而不慌、忙而不乱，以满腔热情，敏捷精湛的医疗技术，有主次先后地为患者创造一切可以抢救治疗的机会。

（三）慢性患者

慢性患者因为承受长期的疾病折磨，经历漫长的病程，所以往往产生极为复杂的心理活动。一开始不肯承认自己真的患了疾病，迟迟不愿进入患者角色；一旦确诊，又易产生急躁情绪，希望能立即解除疾病。随着病情变化，会出现情绪的变化，时而高兴，时而悲伤，时而满意，时而失望，紧张、焦虑、忧愁、烦闷等消极情绪也经常出现。有些患者人格特征也发生变化，如情感脆弱、谨小慎微、被动依赖、敏感多疑、自我中心等。

对慢性患者的心理干预，应紧紧围绕疾病病程长、见效慢、易反复等特点，安慰鼓励患者，使之调节情绪、变换心境、不断振奋精神，顽强地与疾病作斗争。医务人员对患者要富有同情心，理解患者的痛苦，不用不当的言语刺激和伤害患者的自尊心，帮助患者正确认识疾病，建立同疾病作斗争的信心，以便早日康复，回归正常生活状态。

（四）手术患者

手术既是一种治疗过程，又必然带来一定的创伤和痛苦，对患者来说是一个很大的应激源，给患者造成的心理压力很大，容易导致焦虑、恐惧等情绪；不稳定情绪和心理状态又会反过来影响着手术的效果。因此，医务人员应重视手术患者的心理特点，把患者的情绪和躯体疾病联系起来考虑问题，并针对问题及时疏导，使患者情绪平稳、积极地配合手术，达到预期的治疗效果。

1. 术前的心理问题与心理干预

术前患者存在最多的问题是焦虑、恐惧和猜疑。主要表现在：① 对麻醉的恐惧和焦虑。错误地担心麻醉后会疼痛、影响智力；② 手术过程中害怕疼痛；③ 对死亡的恐惧。外科患者特别是接受大手术者，害怕在手术台上告别世界；④ 对机体损伤的恐惧、焦虑。常见于行乳腺癌根治术、结肠造瘘术的患者；⑤ 孤独无价值感。由于疾病的原因，丧失工作能力，经济收入减少，认为自己是家庭的负担而产生自卑感。

医务人员在术前应与患者沟通，了解患者的心理状态，耐心倾听患者主诉及有关手术的需求；详细介绍手术室的环境、手术医生、麻醉医生、护理人员技术水平等；介绍有关麻醉的知识，以消除患者对麻醉、麻醉过程及麻醉对人体造成影响的恐惧。告诉患者一切准备就绪，使他们信心百倍，并能自觉地配合手术前的一切医疗工作。

2. 术中的心理问题与心理干预

手术中医务人员之间的语言及行为要谨慎。对清醒患者及处于诱导期的全麻患者，不要讨论患者的病情及预后；手术遇到困难或意外时，不要高声叫喊，斥责助手、乱丢器械；术中不随意聊天，要随时安慰、鼓励患者，指导患者更好地配合手术，使患者产生安全感，消除紧张情绪；对患者的一些要求，哪怕是要求擦擦脸、挠挠痒等，都要尽量予以满足，以分散患者的注意力，提高患者的配合度。

3. 术后的心理问题与心理干预

一旦患者从麻醉中醒来，就渴望知道自己疾病的真实情况和手术效果。由于躯体组织受到程度不同的损伤，如切口疼痛、躯体不能自主活动等手术后的问题会在较长的恢复期内不断出现。患者多会产生焦躁不安的心情。当疼痛缓解之后，又开始担心预后。

因此，对术后患者的心理干预措施应该做到以下几点。

(1) 及时看望患者反馈手术情况：医生手术后应及时看望患者，告诉患者术后一切顺利，使患者感到医生在关心和重视自己，让患者放心。有的患者可能产生新的疑虑，怕疼痛，怕切口裂开，怕发生其他意外。这时医务人员应传达有利的信息，给患者予鼓励和支持，以免术后过度痛苦和焦虑。

(2) 正确处理术后疼痛：告诉患者，术后大约有几天切口疼痛，让患者有心理准备；在疼痛难忍时可以告知医生，适当给予一些镇痛剂以减轻疼痛。患者术后的疼痛不仅与手术部位、切口方式和镇静剂应用是否恰当有关，也与个体的疼痛阈值、耐受能力和对疼痛的经验有关。如果术后疼痛持续时间过长，也可能与术后抑郁有关。

(3) 帮助患者积极应对术后问题：截肢、脏器的切除及生殖器官的手术等，会造成患者自我概念的模糊与缺陷心理、羞怯心理而加重心理负担，甚至悲观失望，情绪低沉。因此对可能致残的患者，术前要交代清楚，并给予同情、支持和鼓励，让他们勇敢地承认现实、接纳现实；术后给予积极的劝慰、鼓励与具体指导。若术后效果不好或预后不良，患者还将挣扎在死亡线上，这时患者极度痛苦，可能经不起任何外来的精神刺激。因此，对预后不良的患者，不宜直言不讳地告知病情，而应该劝说患者做好长期治疗的准备。对这样的患者，应该给予足够的重视和充分的关怀，并采取综合的心理干预措施。

案例分析 1

1. 案例

患者，56 岁，女性。诊断：风心病，二尖瓣狭窄，心脏扩大，心房颤动，慢性心功能衰竭Ⅳ级，呈忧郁、焦虑、恐惧、绝望情绪。20 年前，因“感染性心内膜炎”第一次住院后，以后因心衰加重多次住院，长期靠输液维持生命。本次住院，患者自感生命垂危，担心会死在医院，对医生的治疗缺乏信心，认为医院环境不安静，饮食、卫生条件差，反感经常抽血化验。长期处于焦虑、忧郁、恐惧绝望的负性情绪中，要求医生家庭治疗，强烈要求自动出院。

2. 分析

首先要了解患者的心理需要，患者宁愿死在家里也不住院；要缓解疾病带来的痛苦；需要安全感的满足。根据患者有明确的器质性病变，也有明显的心理障碍和求医心理，为使顽固性心衰变为可治，充分运用现有治疗措施，控制慢性心衰状态，从而延长患者的生命。于是采用了药物治疗与心理治疗相结合的综合治疗方案。密切观察病情变化，随时调整药物剂量，当患者同意用药后症状明显减轻，因此解除了患者沉重的心理负担，并使其有了安全感和信心。同时采用了精神和饮食支持疗法、语言暗示疗法、社会支持和环境治疗法相配合。根据患者的求医心理，耐心细致地、情绪镇定地同患者自由、亲切地交谈，了解病情和患者的心理状态，同时在交谈中注意不断地鼓励和暗示患者，安慰和解除患者忧郁、焦虑、紧张情绪，并取得患者的信赖。经过三年的综合治疗，患者的临床症状明显减轻，逐渐恢复到可在室内缓慢地走动。

案例分析 2

1. 案例

刘某，54 岁，女性。因“失眠、纳差二年，进行性加重三个月”多次到某三甲医院普通内科门诊看病，经脑 CT、脑电图、胃镜及一系列化验检查后，排除了器质性疾病。大夫没时间听她唠叨，每次都给她开点“安定”和“谷维素”类的药物，患者病情不但没减轻，反而一日重似一日。经邻居的指点，患者来到了心理咨询中心。

在咨询中得知，该患者退休前上班忙于工作，下班后忙家务，一天下来倍显疲惫。平时也不注意修饰自己，满脸皱纹，比起同龄人更显衰老，而且还落下了一身的病，尤其是妇科病。两年前患者退休了，家务劳动有电器帮助分担，并住上了楼房，儿女也都长大了不用操心。丈夫提升为副处长，又新分了一套房子，心里更感到甜丝丝的，有事没事常去收拾新房。在一次收拾新房时，看到了丈夫出轨的一幕。从此，她变了个人，吃不下饭，睡不着觉。

经过一段时间的心理治疗，患者解开了心结，并且到妇科医院进行诊疗治愈了妇科病。自此，他们家庭生活恢复了正常。

2. 分析

患者把心里的愁苦委屈和愤怒转化成躯体的症状，在综合性医院就诊未能找到病因，对症下药。她满腹心事，又愤怒又委屈，又怕人知道，愤怒无处发泄。对丈夫也有些愧疚，对自己的难言之隐很难说出口。

咨询师在咨询中让该患者充分宣泄，对其深入同感。明确了患者夫妇感情有一定的基础，她的丈夫外遇的发生也不能就简单地以“升了官、生活宽裕了、喜新厌旧了”来下结论，并找到了症结所在。通过心理咨询，患者治好了“心病”，治愈了妇科病。此后她比较注意修饰自己，常常和先生一起逛街、购物、看电影，改善了夫妻关系，家庭生活恢复了正常。此案例说明，心病还需心来医。

第五节　心理障碍与临床治疗

随着社会竞争的不断加剧和人们生活节奏的加快，心理障碍的发生率在各类人群中有上升趋势。每个人都有罹患心理障碍的可能，如失恋、落榜、人际关系冲突造成的情绪波动、失调，一段时间内不良心境造成的兴趣减退、生活规律紊乱甚至行为异常、性格偏离等。

正确区分心理活动的正常与异常存在一定困难，其原因有四：① 人的心理活动是不可见的，只能通过个体的言语和行为推测他的心理活动过程；② 心理活动受多种因素如环境、人际和社会文化关系等影响，而言语和行为亦是如此；③ 心理活动的个体差异很大；④ 正常的和异常的心理活动之间缺乏明显的分界。因此，仅有一方面的心理活动异常还不能肯定就是心理障碍，诊断心理障碍需要符合一定的标准。

一、心理障碍及相关概念

（一）心理障碍的定义

心理障碍是指个体因各种生理、心理或社会因素引发的心理功能失调和行为异常，常常造成不同程度的精神痛苦、社会功能损害。即任何因素导致个体的心理行为显著偏离常态，出现精神痛苦或不能适应社会生活的异常状态，临床上又称之为精神障碍或心理行为障碍。如果长期持续的心理障碍得不到适当的调适或从中解脱出来易导致精神疾病的产生。

（二）心理障碍与社会适应

适应是人们为了在社会上更好地生存，根据环境条件进行的心理上、生理上和行为上的各种适应性的改变，以达到与环境保持平衡的过程。社会适应是在人与社会的互动中，个体使自己的行为符合社会期望，或改变环境达到人与环境之间平衡的过程。任何一种心理障碍都会导致个体适应能力的缺失，即造成社会功能不同程度的损害。一般从四个方面考察社会功能：① 个人生活自理能力；② 社会交往与沟通能力；③ 工作学习和基本劳动能力；④ 用道德规范约束自己的能力。

（三）常见造成心理障碍原因

1. 学习问题

学习问题在青少年中最常见，主要表现厌学情绪和考试焦虑。一些家长和老师的期望值过高，超出孩子的能力范围、过多的批评和指责、学校课业任务繁重，竞争激烈、学生在学习中失败的体验，种种原因导致学生学习效能感降低，放弃了努力和希望，从而产生厌学情绪。外界的压力源、内在认知的缺陷和情绪调控能力的缺乏导致考试焦虑，严重影响了学生的考试成绩和学业的发展，还可能产生自卑、绝望等情绪影响到学生的身体健康。

2. 工作适应问题

现代社会科技发展迅速，竞争日益激烈，为了跟上时代的步伐，适应工作需求，个体需要不断进行自我学习和提高。如长期不能适应工作要求，必然处于慢性应激状态。另外，工作单位的组织氛围、职责明晰程度、奖惩制度等都会对个体的心理健康造成影响。

3. 婚姻家庭问题

夫妻感情是人最亲密的情感之一。稳定、健康、和谐、亲密的夫妻关系能给人长久和有力的情感支持，有利于个体的健康维持和发展。家庭成员之间的关系是人最重要的人际关系，良好的家庭氛围使个体得到接纳、理解、关爱，从而为个体提供情感滋养和动力。因此，婚姻家庭问题对人的健康状态起着重要的作用。常见的问题有：夫妻关系适应问题、家庭不同发展阶段的适应问题、子女教育问题、亲子关系等。

4. 人际关系问题

人际关系是人与人在交往中建立的心理上的关系。良好的人际关系是心理健康的特征之一。人际关系的基础是人们彼此间的情感互动,情感上的支持有利于心理健康的维持和发展。常见的人际交往问题的产生原因有认知方式的限制、交往技巧的缺乏、个性因素等。

二、心理障碍的判断标准

(一) 区分正常与异常的心理学原则

我国著名心理学家郭念峰教授根据心理学对心理活动的定义,即"心理是客观现实的反映,是脑的机能",提出区分心理正常与否的三条原则:

1. 主观世界与客观世界的统一性原则

心理是客观现实的反映,任何正常的心理活动或行为,必须就形式和内容上与客观环境保持一致性,心理学上称为统一性标准。当人的精神或行为与外界环境失去统一,就必然不能被人理解。所以统一性标准是衡量心理障碍的重要标准。

2. 心理活动的内在协调性原则

人的心理活动虽然可被分为认知、情绪情感、意志行为等部分,但它自身是一个完整的统一体。各种心理过程之间具有协调一致的关系,这种协调一致性保证人在反映客观世界过程中的高度准确和有效。当心理障碍出现时,各个心理过程的协调一致性将受到破坏。如情感倒错时,情感上体验痛苦的事情,行为表情上却表现出愉快;强迫症的患者理智上认为某些事情不该做,行为上却难以自控等。

3. 人格的相对稳定性原则

每个人在长期的生活道路上都会形成自己独特的人格心理特征。人格特征一旦形成,便有相对的稳定性。如果在没有明显的外部事件作用下,个性的相对稳定性出现明显的变化,就要怀疑这个人的心理活动是否出现问题。如一个平素节俭的人忽然变得挥金如土,一个一向充满自信的人突然变得极度自卑,都可能是心理活动偏离了正常轨道。

(二) 常用的心理障碍判定标准

由于不同的理论学派对心理健康、心理障碍的研究途径、理解依据不同,很难各学派形成统一、公认的标准,对心理障碍的判别也就形成了多侧面、多层次的格局。常用的标准有医学标准、经验标准、社会适应标准和统计学标准。这些标准在使用时常常相互参照,而非单一执行。

1. 医学标准

该标准从医学角度出发，应用判断躯体疾病的方法来判断心理是否处于异常状态。该标准基于这样的假设，即异常心理现象或致病因素在常态人群的身上是不存在的，如果出现就可判断为异常，任何心理异常者都会具有相应的病理过程存在。这种直接因果关系的标准被临床医师们广泛采用，但这种判定方法具有一定的局限性，除了脑器质性疾病、躯体疾病伴有精神障碍和感染中毒所致精神障碍等以外，很大一部分心理障碍至今无法用该标准进行衡量。

2. 经验标准

所谓经验标准是依据经历和体验来评价心理活动的特点和规律，判断心理活动是否正常。经历和体验来自两个方面，其一是个体的主观体验，即自我评价；其二是从观察者而言，即观察者依据自己的经验作出被观察对象心理正常还是异常的判断。医生通常用一般人对正常能力与行为的经验为参照。这种标准会受到判别者的经验、知识水平、观察角度、情感倾向等因素的影响，因而具有较大的主观性。

3. 社会适应标准

社会适应标准是根据人们的行为是否符合其生活环境所提出的要求，是否遵循社会的行为准则、伦理道德规范、价值观念和社会风俗等标准进行判断是否存有心理障碍，包括行为方式是否与社会环境、文化保持一致；学习、工作是否能正常发挥；能否妥善处理人际关系等。由于人的社会适应行为和能力受文化、地域、风俗等影响，社会适应性标准必须随社会环境、文化背景的不同而变化。因此，该标准也具有一定的局限性。

4. 统计学标准

在普通人群中，对于人们的心理特征进行测量的结果常常显示常态分布，其中的大多数人属于心理正常范围，而远离中间的两端被视为异常。这种标准具有客观性强、可操作性强、便于比较和研究等特点，但心理测量的内容受多种因素制约，统计学标准不能普遍适应。一般情况下，有心理障碍者大多心理测量的结果属于异常，但心理测验结果处在异常范围时未必都是心理障碍。

三、常见的心理障碍类型

(一) 神经症性障碍

神经症又称神经官能症，是一组精神障碍的总称，属于常见的心理障碍。主要表现为烦恼、紧张、焦虑、抑郁、恐惧、强迫、疑病以及躯体不适感等，病前多有一定的素质和人格基础，起病常与心理社会因素有关。其症状无肯定的器质性病变基础。依其主要临床表现可区分为若干类型。

1. 恐惧症

恐惧症原称恐怖性神经症，指患者对外界某种场合、物体或与人交往时产生异乎寻常的恐惧不安，可伴有脸红、手抖、出汗、心慌等植物神经症状。明明知道所恐惧的客体对自己不构成真正威胁，但仍重复出现恐惧反应和回避行为，以致影响正常生活。恐惧症的临床表现如下：

(1) 社交恐惧：恐惧对象为社交场合和人际接触等，特别对被人注意尤为敏感。在社交场合感到害羞、尴尬、局促不安、笨拙，不敢在公共场合讲话、操作、书写，害怕自己成为别人关注的中心，害怕与重要人物打交道，从而回避社交场合，影响社会功能。

(2) 场所恐惧症：又称广场恐惧症。恐惧的对象主要为某些特定的环境，如高处、广场、人群密集的场所，如公共汽车、商店、地铁、剧院、电梯等，在特定场所会产生极度焦虑因而回避，甚至不敢出门，严重影响日常生活。

(3) 单一恐惧症：又称特定恐惧症，患者所恐惧的对象主要为特定的物体或情景，如某些动物、黑暗、鲜血、尖锐锋利的物体和高宅、雷电等。患者常常因过度恐惧而回避，严重者不敢看到和听到与恐惧对象相关的事物。如有一患者因对老虎恐惧，连“虎”字也不敢写。

恐惧症的治疗包括行为治疗和药物治疗。行为治疗是针对恐惧症的常用的治疗方法，可采用系统脱敏疗法。治疗前，需详细了解患者的个性特点、起病经过、恐惧的程度等，制订有针对性的治疗方案。药物治疗可起到消除和缓解恐惧情绪的作用，可选用地西泮等抗焦虑药和抗抑郁剂。

2. 焦虑症

焦虑症是一种以焦虑、紧张、恐惧情绪为主要表现的神经症，患者以焦虑情绪为主要症状，同时伴有明显的自主神经系统症状。临床表现为急性焦虑和慢性焦虑两种。

(1) 急性焦虑：又称惊恐发作，表现为突如其来的强烈恐惧，严重的窒息感、濒死感和失控感并伴有严重的自主神经系统反应，如心慌、胸闷、胸痛、呼吸困难、头痛、眩晕等。患者常常惊恐万分，四处呼救。一般发作持续数十分钟自然缓解，发作过后患者常常担心再度发作，心有余悸。

（2）慢性焦虑：又称广泛性焦虑障碍，是焦虑症最常见的表现形式。患者长期表现为内心恐慌不安、心烦意乱，怕有祸事临头，这些忧虑并非由于实际的威胁所致，同时伴有植物神经症状，如心悸、胸闷、呼吸急促、口干、便秘、出汗等，还有运动性不安的症状如紧张不安、来回走动、肢体发抖、肌肉紧张等。

焦虑症的治疗包括放松疗法和药物治疗。心理治疗常用的有行为治疗、认知治疗和精神分析治疗。放松疗法对急性焦虑和慢性焦虑均有效，当全身松弛时，可有效降低生理唤醒水平，促使呼吸平稳、心率减慢、血压降低等与焦虑症状逆向的生理变化，从而缓解因焦虑导致的自主神经系统症状，同时也降低主观的恐慌不安感。认知治疗通过对患者认知的矫正和训练，可有效缓解患者由于对威胁的过度估计而导致的惊恐不安感，提高对生活的掌控感和对未知事件的接受程度，从而缓解焦虑症状。精神分析理论认为通过对潜意识冲突的分析，解除压抑，使潜意识的冲突进入意识，可使焦虑缓解和消失。

3. 强迫症

强迫症是以强迫观念、强迫冲动或强迫行为等强迫症状为主要表现的一种神经症。所谓强迫症状，指患者在主观上感觉有某种不可抗拒的和被迫无奈的观念、情绪、意向和行为的存在，患者明明知道这种强迫没必要、不合理，但却无法控制或摆脱，因而十分焦虑和痛苦。

强迫症可表现为强迫观念、强迫意向和强迫行为。

（1）强迫观念：可表现为强迫怀疑、强迫回忆、强迫性穷思竭虑等。强迫怀疑时患者对自己做过的事情产生没有必要的怀疑，明知道这种怀疑不必要，但无法摆脱；强迫回忆表现为对过去的事情反复回忆，虽知没有意义但挥之不去；强迫性穷思竭虑即患者总是对一些毫无意义的问题反复思索、刨根问底，明知无意义却欲罢不能。

（2）强迫意向：患者常常感到有种冲动要去做违背自己意愿的事情。如某年轻妈妈抱着 5 个月大的女儿在阳台上，感到有种冲动想把女儿扔下去。患者不会真的去做，也知道这种冲动不合理，但难以摆脱。

（3）强迫行为：强迫行为可表现为强迫检查、强迫洗涤、强迫计数、强迫性仪式动作。强迫症的药物治疗最常选用的为一环类抗抑郁药物和选择性 5-羟色胺再摄取抑制剂，如氟西汀、帕罗西汀等。

行为疗法适用于各种强迫动作和强迫性仪式行为，也可用于强迫观念。系统脱敏疗法可逐渐减少患者强迫性行为以及由强迫行为导致的焦虑。森田疗法对强迫行为和观念采取不压抑、不关注的态度，而是引导患者将注意力转移到建设性行为上，从而减少心理冲突和强迫行为。

4. 神经衰弱

神经衰弱是一种以精神易兴奋又易疲劳为特征的神经症。主要表现可分为三大类。

(1) 精神容易兴奋，脑力和体力容易疲乏：由于患者的兴奋阈值降低，周围轻微的刺激就可导致较强烈和持久的反应，精神疲乏，注意力难集中，自感记忆力下降，效率减低，全身乏力、困倦等。

(2) 情绪症状：情绪易烦恼、易激惹、易紧张。患者对很小的事情就容易发怒，发怒后又常常后悔。缺乏安全感，容易担心和不安，情感脆弱，容易伤感、抱怨。

(3) 心理生理症状：指和心理因素相关的生理障碍，包括紧张性疼痛如头痛、头胀、腰背部疼痛、消化不良、多汗、尿频和入睡困难、多梦、易醒等睡眠障碍。

神经衰弱的治疗包括心理治疗和药物治疗。认知治疗可帮助患者矫正歪曲认知，从而改善情绪症状和不安全感；森田疗法通过帮助患者对症状的接纳，减轻焦虑不安，将心理活动引向建设性行为；放松疗法有助于改善患者睡眠，减轻疼痛等躯体症状。药物治疗可酌情选用抗焦虑、抗抑郁以及镇静剂等。

(二) 睡眠障碍

人的一生约有三分之一的时间是在睡眠中度过的，充足的睡眠不仅是恢复体力和精力的重要因素，也与人正常的心理和生理功能的维持密切相关。据世界卫生组织对 14 个国家医疗机构就诊患者的调查，发现有 27%的人存在睡眠问题。而最常见的睡眠障碍是失眠症。

失眠是指各种原因引起的睡眠不足，入睡困难、频繁醒转和早醒等形式。失眠者白天出现精神不振、疲乏、易激惹、困倦和抑郁等表现。

(1) 失眠的原因：① 生理与环境因素：与环境改变有关，如出差、值班、环境嘈杂、室内光线过亮、刚到一个陌生地方等；② 躯体因素：常由于疾病或身体不适所致，如剧烈咳嗽、各种疼痛、频繁夜尿、呕吐及心悸等。过度疲劳、肢体疼痛、麻木不适等也会影响睡眠;③ 精神因素:焦虑、兴奋和恐惧均会导致入睡困难,或间断性睡眠。抑郁症患者常有睡眠障碍,尤以早醒为特点;④ 药物因素:一类是中枢兴奋性药物的作用,如苯丙胺、苯甲酸钠、咖啡因等;另一类是镇静催眠药撤药所致的"反跳性失眠",长期服用这类药物后如要停用,应逐渐减量后再停药。

(2) 失眠的类型:① 入睡困难型:表现为上床后久久不能入睡,情绪兴奋、烦躁、紧张等;② 保持睡眠困难型:表现为夜间频繁醒来,或醒后难以入睡;③ 早醒型:清晨觉醒过早,多于凌晨 3~4 点醒来,醒后不能再入睡,多见于抑郁症,老年人也常见。

(3) 失眠的治疗:首先应对失眠者进行细致的医学检查和精神病学检查,等查明原因后再考虑治疗。如查不出失眠原因,在用催眠药之前应先试用非药物性治疗。① 心理治疗:包括认知治疗和行为治疗,如改变对睡眠的不良认知,消除紧张心理和不良暗示,减轻心理压力,进行放松训练,应用安慰剂等;② 药物治疗:根据失眠的类型,选用不同的安眠药物,可使患者改善睡眠质量,睡眠时间增多。但长期用安眠药物维持睡眠对人体有不利影响,应用时需谨慎。

(三) 心境障碍

心境障碍又称为情感性精神障碍,是以明显而持久的心境高涨或低落为主的一组精神障碍,并有相应的思维和行为改变。可能有精神病性症状,如幻觉妄想,大多数患者有反复发作的倾向,每次发作多可缓解,部分可有残留症状或转为慢性。心境障碍的临床表现如下:

1. 躁狂发作

躁狂发作以心境高涨为主,与其处境不相称,可以从高兴愉快到欣喜若狂,某些病例仅以易激惹为主。病情轻者社会功能无损害或仅有轻度损害,严重者可出现幻觉、妄想等精神病性症状。

(1) 症状标准:以情绪高涨或易激惹为主,并至少有下列 3 项(若仅为易激惹,至少需 4 项):① 注意力不集中或随境转移;② 语量增多;③ 思维奔逸(语速增快、言语迫促等)、联想加快或意念飘忽的体验;④ 自我评价过高或夸大;⑤ 精力充沛、不感疲乏、活动增多、难以安静,或不断改变计划和活动;⑥ 鲁莽行为(如挥霍、不负责任,或不计后果的行为等);⑦ 睡眠需要减少;⑧ 性欲亢进。

(2) 严重标准:严重损害社会功能,或给别人造成危险或不良后果。

(3) 病程标准：① 符合症状标准和严重标准至少已持续 1 周；② 可存在某些分裂性症状，但不符合分裂症的诊断标准。若同时符合分裂症的症状标准，在分裂症状缓解后，满足躁狂发作标准至少 1 周。

(4) 排除标准：排除器质性精神障碍，或精神活性物质和非成瘾物质所致躁狂。

(5) 治疗：① 药物治疗：锂盐、抗惊厥药、抗精神病药；② 电抽搐治疗：对急性重症躁狂发作或锂盐无效的患者有一定疗效。

2. 抑郁发作

抑郁发作以心境低落为主，与其处境不相称，可以从闷闷不乐到悲痛欲绝，甚至发生木僵。严重者可出现幻觉、妄想等精神病性症状。

(1) 症状标准：以心境低落为主，并至少有以下 4 项：① 兴趣丧失、无愉快感；② 精力减退或疲乏感；③ 精神运动性迟滞或激越；④ 自我评价过低、自责，或有内疚感；⑤ 联想困难或自觉思考能力下降；⑥ 反复出现想死的念头或有自杀、自伤行为；⑦ 睡眠障碍，如失眠、早醒，或睡眠过多；⑧ 食欲降低或体重明显减轻；⑨ 性欲减退。

(2) 严重标准：社会功能受损，给本人造成痛苦或不良后果。

(3) 病程标准：① 符合症状标准和严重标准至少已持续 2 周；② 可存在某些分裂性症状，但不符合分裂症的诊断。若同时符合分裂症的症状标准，在分裂症状缓解后，满足抑郁发作标准至少 2 周。

(4) 排除标准：排除器质性精神障碍，或精神活性物质和非成瘾物质所致抑郁。

(5) 治疗：① 抗抑郁药物治疗：对抑郁症状较重或有自杀倾向的患者急性期以药物治疗为主。常用药物有：多塞平、阿米替林、马普替林等；② 电抽搐治疗：有严重自杀企图或使用药物无效的抑郁症患者；③ 心理治疗：(a) 支持性心理治疗适应于有明显生活事件的抑郁症患者或重度抑郁症患者。包括倾听、权威性的建议、解释和忠告、保证等。(b) 认知治疗是抑郁障碍最常用的心理治疗方法之一，适应于各种抑郁症患者，主要是通过改变患者错误或歪曲的认知而达到治疗的目的。(c) 行为治疗也是抑郁障碍最常用的心理治疗方法之一，尤其适合恢复期或慢性患者，强调对可观察到的行为的改变而达到治疗的目的。

案例分析1

1. 案例

张某,23岁,女性。与人见面时面红耳赤,心慌气促。有大祸临头之感。患者上小学和中学时成绩较好,19岁考入某专科学校。某日发现新来的年轻男教师讲课时总是注视自己,课后联想甚多。最终觉得自己自作多情,因而羞愧不已。以后凡遇到该老师就面红耳赤,心慌气促。以后觉得同学都好像看出了她的隐私,因而与同学在一起时也手足无措,言行尴尬。好容易熬到毕业,分到某单位工作,情况没有好转,仍不敢与同事面对面交流,更害怕与别人眼光对视。后经人介绍一男友,才貌均在意中,却害怕见面,回避约会,多以书信往来。

一次遇到男方父亲生日,无从推脱,只得"铤而走险"。临行前便忐忑不安,一到男方家便头晕目眩、全身发抖、语无伦次、大汗淋漓。遂被送往医院。此后几乎羞见一切人,十分痛苦,也很沮丧。

2. 分析

这是一例典型的急性焦虑症病例。患者的父亲性格固执,对孩子要求严格,以打骂教育为主。重男轻女。在这种家庭环境下,患者养成性格内向、胆小、敏感。患者青春期有性压抑倾向,人际沟通技能欠缺,并因此导致社交恐惧。因无可回避的人际情境导致惊恐发作。

患者就诊时经过一系列的检查,排除了器质性疾病。通过多次心理咨询并配合抗焦虑药物治疗,并经过一段时间的放松治疗后,患者焦虑情绪基本控制,与人交往明显改善,已去男朋友家见过父母,虽较紧张,但能坚持。另外,家人之间的沟通和理解对于疾病的恢复起着很大的作用。

案例分析2

1. 案例

王某,男性,22岁。王某是个帅气的小伙子,大学没有读完,因为强迫症而退学。他担心到处都是狂犬病毒,不敢用手碰任何东西,包括自己的身体。一只狗从他前面走过,他也会吓得浑身发抖,回家清洗自己3～5小时。

开始时，他除了清洗什么也干不了，整日都在害怕及清洗。但这一段时间他不想清洗了，他觉得水里也存在狂犬病毒。于是即便天气炎热，他也不敢洗澡，身上很快臭得他自己也受不了。为了避免出汗，他躺在床上一动不动。他每天想着去打狂犬疫苗，打了狂犬疫苗才觉得心里有了些安全感。

原先他不是这样的，他是个很快乐的男孩。他的父母有着很好的职业，有着较高的经济收入，他是同学们羡慕的对象。五年前一个偶然的机会他去了洗浴中心，和一位女子发生了性关系。后来听说那里的女人很不洁，不小心就会碰到有性病、艾滋病的人，他就怕了。怕得艾滋病，去医院检查，查了多个医院都是阴性，他依然不放心。于是开始洗手。又想到人会死的，这时正巧有一位亲戚得癌症去世了，他又怕自己会死于癌症，于是洗手洗澡洗个没完没了。后来听一位大夫说狂犬病是现在无法治疗的病，一旦感染，除了死，再没活的可能性。猛然间就想到狂犬病毒，开始怕狂犬病毒。觉得狂犬病毒会出现在任何地方，水里土里空气时，无处不在。总觉得自己说不定哪天就死了。特别害怕，身上稍有点伤口，便没完没了地用酒精碘酒擦洗，把一点伤口擦得感染，扩大成一个很大的创面。

2. 分析

这是一个很典型的强迫症案例，患者被强迫症折磨无法进行正常的学习，由担心狂犬病引起的强迫症状令其异常痛苦。该病例药物配合心理治疗能获得较好的成效。心理治疗师给他采用了认知-行为治疗法：治疗前通过采用认知三栏技术，帮助患者理解不良的认知-情感-行为的模型，对不良认知具体化(该强迫症表现在因为害怕得病甚至死去而不停洗手或洗澡)；而后结合想象暴露法进行练习和场景模拟训练，最后运用到真实情景中去；通过这些训练，帮助患者建立新的认知-行为模型。治疗到第 7 天他已经能自己走出家门做点有意义的事情。以后每周做 1～2 次咨询，整个治疗过程用时 6 个月。1 年后随访，状态良好，已经参加工作，偶尔想起艾滋病和狂犬病还会有些害怕，但很快就被其他的事情淹没，不再把它当回事。

延伸思考

1. 医学心理学的研究内容是什么？
2. 医生如何为自己减压？
3. 以高血压为例，如何预防心身疾病？
4. 简述慢性患者的心理特点以及心理干预。
5. 神经症根据其临床表现可以分哪几类及其常用心理治疗方法？

延伸阅读

1. 理查德·格里格、菲利普·津巴多. 2006. 心理学与生活(第 16 版). 王垒，王甦等译. 北京：人民邮电出版社.

2. 荣格. 2009. 潜意识与心灵成长. 张月译. 上海：上海三联书店.

3. 叶奕乾. 2005. 现代人格心理学. 上海：上海教育出版社.

4. 弗洛伊德. 1998. 梦的解析(第 2 版). 丹宁译. 北京：国际文化出版公司.

5. 童辉杰. 2007. 常见心理障碍评估与治疗手册. 上海：上海教育出版社.

6. 马里奥·亚考毕. 2007. 相遇心理分析：移情与人际关系. 刘建新，申荷永译. 广州：广东教育出版社.

第四章　中医人文与临床实践

中华民族悠久的古代文明孕育了中医学，中医学与中国的传统文化水乳交融，相互滋养，欲为大医者当用心于中国文化。从《黄帝内经》以降，凡成大医者，无不于医勤求，于文博采，于人慈悲。人文精神亦是中医学的特质之一。

第一节　中医人文知识概说

中医与传统文化从来就是水乳交融的，传统中医的培养成长一向都是医文并重，术德不偏的。唐代孙思邈将这种传统继承发扬，在《备急千金要方》中首列《大医习业》《大医精诚》两文。在《大医习业》中，孙思邈指出："若不读五经，不知有仁义之道；不读三史，不知有古今之事；不读诸子，睹事则不能默而识之；不读内经，则不知有慈悲喜舍之德；不读庄老，不能任真体运，则吉凶拘忌，触涂而生。至于五行休王、七耀天文，并须探赜，若能具而学之，则于医道无所滞碍，尽善尽美矣。"认为博古通今是优秀医生的应习之业与必备条件。

《大医习业》对成为尽善尽美的大医必备的人文素养作了扼要的说明，蕴含的内容非常丰富，现代解读包括如下方面。

首先,自然知识。人类与自然休戚相关,自然环境对人类的健康影响重大。“五行休王、七耀天文”是说医生应该学习天文、气象、地理等方面知识,因为这些知识已经渗透到中医理论、治法及药物中。“人以天地之气生,四时之法成”,医生要了解人,也要了解我们生存的自然环境。

其次,伦理知识。社会伦理贯穿医疗活动的始终,医生必须熟悉社会习俗、道德伦理。“不读五经,不知有仁义之道”,中医从来没有单纯地从生物性方面看待人,而是非常重视人的社会性。人生活在社会中,必然受到社会习俗、道德伦理的约束和影响。社会学的观念也在中医理论中留下痕迹,社会学背景对中医认识疾病及治疗疾病是不可忽视的。

其三,宗教知识。物质生活远不是人类生活的全部,精神生活更占有重要的地位。宗教是人类精神生活的重要方面。“不读内经……不读庄老”,此处的内经非指《黄帝内经》,而是指佛经。宗教是人类觉悟的产物,标志着人类意识上的觉醒,是人类的精神生活的升华。人类的精神与人类的生理在医学上同等重要,医生不可不重视。

其四,历史文学知识。这是人文素养不可或缺的组成部分,尤其中医学的文献本就是历史与文学的结晶,中医的理论、术语、药物都带有历史的烙印,中医理论的研究整理与史学的考究密不可分。“不读三史,不知有古今之事”,欲为大医,不可忽视。

其五,哲学知识。中医学带有浓厚的哲学色彩,阴阳五行学说即属于哲学的范畴。“不读诸子,睹事则不能默而识之”,诸子指春秋战国时期学术流派的代表著作,是中国思想文化发展的一个高峰,涉及范围广泛。此处强调“睹事则不能默而识之”,盖指从哲学的高度来认识事物的发展规律,对医生理论和临床的发展有指导意义。

总之,《大医习业》虽去今久远,但其对医生人文素养的简明要求,仍值得今天的从医者借鉴。

第二节　中医与自然

《素问·宝命全形论》云:“人以天地之气生,四时之法成。”《灵枢·刺节真邪》云:“与天地相应,与四时相副,人参天地。”此即中医天人合一、天人相应思想之滥觞。简而言之,中医学认为人与自然息息相应。可从天文、气象、地理三方面来看待中医与自然的关系。

一、天文

天文学与中医学的关系表现在诸多方面。一是将天文现象与人体生理相对应。例如“月经”一词,李时珍《本草纲目》说:“其血上应太阴(月亮),下应海潮。月有盈亏,潮有朝夕,月事一月一行,与之相符,故谓之月水、月信、月经。经者,常候也。”再如日月、上星、太乙、太白等人体穴位的名称都取之于天文学。其二,天文学知识可以帮助我们预防与治疗疾病。《黄帝内经》中的运气学说具有深厚的古代天文学背景,其通过天文推算,可以大概估算每岁运气情况,用以判断多发病的种类、性质和程度;通过古代天文学的研究,认识到动植物在不同年份里有不同的繁育程度,这些对于确定中药材的生物基源择取具有重要价值;通过天文学和物候规律,食用当年的岁谷来保养五脏、调摄养生;通过对月相的变化确定针刺的痏数、人神所在,甚至用以调整女性经期;通过一日十二辰,五日一候,确定子午流注针法以六十时辰为开阖周期;通过观察日月之行,推算卫气之所在而决定针刺部位。子午即时间的变化,流注即人体十二经脉气血运行的过程。

二、气象

气象学与中医学的关系,集中表现于“六淫学说”。风、寒、暑、湿、燥、火六种病邪合称“六淫”。六淫是自然界气候反常(六气太过、不及或非其时而有其气)影响到人体而致病的邪气。另外,季节也对预防和发病有重要影响。《素问·四气调神大论》提出“春夏养阳,秋冬养阴”,要求参照季节养生。逆季节而动便会伤生,如《素问·四气调神大论》指出:“逆春气则少阳不生,肝气内变;逆夏气则太阳不长,心气内洞;逆秋气则太阴不收,肺气焦满;逆冬气则少阴不藏,肾气独沉。夫四时阴阳者,万物之根本也。”在不同的季节,发病谱也是不同的,如《素问·金匮真言论》云:“春善病鼽衄,仲夏善病胸胁,长夏善病洞泄寒中,秋善病风疟,冬善病痹厥。”总结了疾病发生具有季节性这一特点。

三、地理

中医学认为地理环境与人的健康密切相关,涉及生活习惯、体质、疾病分布、治疗原则、优选药物等方面。

（一）与生活习俗、体质的关系

《素问·异法方宜论》云："东方之域……其民食鱼而嗜咸……鱼者使人热中，盐者胜血，故其民皆黑色疏理。""西方者……其民华食而脂肥，故邪不能伤其形体。""北方者……其民乐野处而乳食。""南方者……其民嗜酸而食胕，故其民皆致理而赤色。""中央者……其民食杂而不劳"。这些内容初步概括了《黄帝内经》时代，东南西北中五方之人的生活习俗、体质等特点。

（二）与疾病分布的关系

《素问·五常政大论》云："地有高下，气有温凉，高者气寒，下者气热，故适寒凉者胀，之温热者疮。"《素问·异法方宜论》指出，东方"其病皆为痈疡"，西方"其病生于内"，北方"藏寒生满病"，南方"其病挛痹"，中央"其病多痿厥寒热"。《温疫论·诸家温疫正误》云："西北高原之地，风高气燥，湿证希有；南方卑湿之地，更遇久雨淋漓，时有感湿者。"这些都从不同侧面说明了地理环境与疾病分布的关系。

（三）与治疗原则的关系

中医治疗法则之一的"因地制宜"源于《黄帝内经》。《素问·五常政大论》云："西北之气，散而寒之；东南之气，收而温之。"是说西北方天气寒冷，其病多外寒里热，应散其外寒，而凉其里热；东南方天气温热，因阳气外泄，故易生内寒，所以应收敛其外泄的阳气，而温其内寒，即同样发病，因地域不同而治法不同。《素问·异法方宜论》还提出了不同地域的不同治法：东方宜砭石，西方宜毒药（泛指药物），北方宜灸焫，南方宜微针；中央者，其治宜导引按跷。这都是中医"因地制宜"大法的具体体现。

（四）与优选药物的关系

中药历来重视道地药材，《神农本草经·序》云："土地所出，真伪新陈，并各有法。"强调了产地对药材的重要性。从其所收载的药名上就带有道地特征，如巴豆、蜀椒、秦艽、吴茱萸、阿胶等。《新修本草·序》云："离其本土，则质同而效异。"孙思邈在《千金翼方·卷第一》专设《药出州土》篇，记载了十三道各州的药材。"道"是当时行政区划的单位，这是“道地”术语的发源。

案例分析 1

1. 案例

1956 年，北京地区流行乙型脑炎，死亡率很高。儿童医院、第一传染病院都住满患者。许多医生仿效石家庄地区治疗乙脑经验，仍用白虎汤，结果屡试无效。人们大惑不解，甚至怀疑白虎汤对乙脑的疗效。后蒲辅周往视，翻阅文献，通过客观仔细全面分析，认为上一年石家庄地区发病，是因久晴无雨，天暑地热，属暑温偏热，采用的白虎汤，可辛凉透邪，清气泄热，切中病机。然而，当年北京地区发病，久雨少晴，天暑地湿，势必温热交蒸。人得病虽是暑温，但应偏湿。蒲辅周改用湿温法诊治。遣用杏仁滑石汤、三仁汤等芳香化理、通阳利湿之方剂，大获神效。使许多垂危患者起死回生，挽救了大量患者的生命。

2. 分析

中医治病历来不是执一方以治一病，强调的是因时因地制宜，关注气候、地理等因素的影响。虽然同是乙脑，但在不同的地区、不同的气候条件下表现的中医证候是不同的，治法和药物皆宜有别。蒲辅周先生谙熟中医的三因治宜，详细考察气候变化，终能起死回生，活人无算。

案例分析 2

1. 案例

龚左，广厦纳凉，北窗高卧，固是羲皇之乐。孰料午睡正酣，汗孔值开，适逢沛然时雨，凉风骤至，寒气袭趋于腠理。顷刻之间灼热无汗，妄言狂躁，或狃于暑热，或指为痰火，甚至疑为神鬼，殊未读《内经》，原有“因于寒，欲如运枢，起居若惊，神气乃浮”之论，固无足异也。浅邪新感又何疑惧，当按六气司令泄之，可许一汗即解。

陈香薷一钱，羌活七分，杏仁三钱，嫩苏梗钱半，枳壳一钱，桔梗一钱，大豆卷三钱，陈皮一钱，加鲜藿香叶十片。(《凤氏医案》)

2. 分析

此案医文俱佳。虽患者病势急重，但医家高屋建瓴，以《黄帝内经》“因于寒……起居若惊”立论，患者纳凉受病，参合气象，暑气司令，治以祛暑解表，一汗而解。实为医家熟谙与天地相应，与四时相符，人参天地，因时制宜的典范。医家不但医理可观，文学造诣亦值把玩，四六成诵，读之欣然。

第三节 中医与社会

《素问·灵兰秘典论》有黄帝“愿闻十二藏之相使，贵贱何如”的询问。在人体脏腑中怎么会有“贵贱”的差异呢？原因在于中医学的起源和发展都是根植于中国传统社会中，社会学的观念也在中医的理论中留下深深的痕迹。其中政治制度和社会经济地位尤为明显。

一、政治制度

《素问·灵兰秘典论》有关“十二官”的论述，就是运用政治官职制度在中医学领域的延伸。其中言：“心者，君主之官也，神明出焉。肺者，相傅之官，治节出焉。肝者，将军之官，谋虑出焉。胆者，中正之官，决断出焉。膻中者，臣使之官，喜乐出焉。脾胃者，食廪之官，五味出焉。大肠者，传道之官，变化出焉。小肠者，受盛之官，化物出焉。肾者，作强之官，伎巧出焉。三焦者，决渎之官，水道出焉。膀胱者，州都之官，津液藏焉，气化则能出矣。”论中以官制解释脏腑在人体中地位和作用，这是社会制度对中医的影响。其后论述中还以医理和政理相互阐发：“故主明则下安，以此养生则寿，殁世不殆，以为天下则大昌。主不明则十二官危，使道闭塞而不通，形乃大伤，以此养生则殃，以为天下者，其宗大危，戒之戒之！”另《灵枢·邪客》所论：“心者，五脏六腑之大主也，精神之所舍也，其藏坚固，邪弗能容也，容之则伤心，心伤则神去，神去则死矣。故诸邪之在于心者，皆在于心之包络。”这是中医“心不受邪”，“心包络代心受邪”理论的发端，故热邪内陷引起的神昏，称之为“热入心包”，而不是“热入心”。这有点类似君主在政治上享有豁免权，是典型的政治伦理对中医的浸润。

二、社会经济地位

近年来，社会经济地位与健康的关系备受关注，尤其是自世界卫生组织提出社会经济地位是影响健康的“原因的原因”。“健康的社会决定因素”比传统上“致病因素”的分析更进一步，特定的社会经济地位使人们暴露于特定的致病因素，例如膏粱厚味多是富贵之人的致病之因。中医对社会经济地位与疾病关系的研究虽不如六淫致病研究深入，但早已有所论及。《素问·疏五过论》提出：“凡未诊病者，必问尝贵后贱，虽不中邪，病从内生，名曰脱营。尝富后贫，名曰失精，五气留连，病有所并。”“诊有三常，必问贵贱，封君败伤，及欲侯王。故贵脱势，虽不中邪，精神内伤，身必败亡。”《黄帝内经》所关注的是社会经济地位下降对健康的影响，这种疾病的特点“不在藏府，不变躯形……身体日减，气虚无精，病深无气，洒洒然时惊。病深者，以其外耗于卫，内夺于荣。”医生若不了解情况，则“诊之而疑，不知病名……不知病情”。《黄帝内经》还分别论述政治地位和经济地位的变化所导致的健康问题。“尝贵后贱”“封君败伤”“故贵脱势”，是说政治地位下降，即使没有外邪侵袭，因情绪抑郁，也会严重损害健康。《类经》注“尝富后贫”曰：“尝富后贫者，忧煎日切，奉养日廉，故其五脏之精，日加消败，是为失精”。是说经济地位的下降，患者也会“皮焦筋屈，痿躄为挛”，形体败伤。医生在诊疗过程中一定要了解这些情况，进行心理疏导，否则治疗难以取效。《疏五过论》认为优秀的医生应当“从容人事，以明经道，贵贱贫富，各异品理，问年少长，勇惧之理，审于分部，知病本始，八正九候，诊必副矣”，实为千古宏论。

案例分析 1

1. 案例

1944 年，施今墨到天津出诊，遇金姓富商，邀请至其家。观其人面白体丰，但乏神采，闻其声气短言低，望其舌淡而少苔，切其脉细缓无力。询其症，曰：“乏力身倦，食不甘味，便下稀溏。”又言：“前时服天津名医陈方舟处方三帖，无大效，故改请施先生处方。”施今墨索陈先生方阅之，乃“四君子汤”(人参、茯苓、白术、甘草)，正合己意。金氏之症是气虚，用“四君子汤”补之可谓药症相合，但因其久虚，需长服方可，不会短期取效。施今墨说："此方切中贵恙，照服数剂可愈。"但金氏认为已服过无大效，执意要重新处方，施今墨只好让取来笔砚，即处一方：鬼益三钱、杨木包三钱、松腴五钱、国老三钱，嘱连服两周。金氏见药方已改，遂安心服药，两周后病体果愈。金甚喜，派人带礼物来京酬谢，施今墨推却道："不应谢我，应谢陈方舟先生，我不过是为他抄方而已。"原来人参又名鬼益，白术又名杨木包，茯苓又名松腴，甘草又名国老，施今墨所写，仍是四君子汤原方。施今墨常对学生们说老实话："人家说我是名医，其实我这一辈子还是没见过的病多，看不好的病多。"

2. 分析

施今墨，我国著名的中医学家、教育家、改革家。曾就学于京师法政学堂，接受革命理论，后来追随黄兴先生，并参加了辛亥革命。先生为北京四大名医之一，医学造诣自不待言。先生社会经历丰富，于社会政治经济地位与医疗亦游刃有余，可谓深谙《疏五过论》之旨。此案先生以其博学灵活变通，既无逆患者之需，又无伤中医之理，还保全前医之名。后之学者，仰止高山。

案例分析 2

1. 案例

冉雪峰先生，六世医传，医术超群，妙手回春，20 世纪 20～30 年代，医坛就有"南有冉雪峰，北有张锡纯"之誉。

1920 年，安徽省府主席之母高烧不退，请了许多名医诊治都不见效，甚至请了外国医学博士施治也不见好转。后闻冉先生医术高超，有"起死回生"之功，遂求其诊治。冉先生诊察病情后，开的处方是：柴胡、丹皮、生地、玄参、花粉、知母，均为普通而廉价的药材，但在处方上注明：上好野山参一两，瓦上煅灰，作药引。

这一处方不仅一般中医生不解，连当时的一位名医也觉得莫名其妙，遂向冉先生求教："伤阴用参出自哪本典籍？剂量高达一两，与病证如何结合？人参浇灰是遵哪宗古法炮炙？"冉先生笑而答曰："这一处方药引并不稀奇，病是害在人身上，不光要医病，还要医人嘛。”

原来这位老太太平日养尊处优，这次偶感伤风发烧，便恃其系省长之母，小题大做，中医西医请了不少，中药西药杂投齐下，造成阴伤热积，久治不愈。冉先生开的方子，都是极便宜中药，又恐这位老太太吃惯名贵药材，怎么会相信这几味便宜中药呢！于是就加上一大剂量的野山参以安其心，但其症又不能用参，故将其“烧”成灰，让它有其名而无其实。结果药到病除。

2. 分析

冉雪峰早年曾在报馆当校对、编辑和记者。1911 年参加武昌起义，任鄂军都督黎元洪的军机秘书。后专心研究医学，不问政治。先生生于乱世，一生跌宕，人情练达，医术精湛。此案冉先生用野山参烧灰只要存名、不需存性，主要针对贵人不信贱药的心理，用的其实是“心理疗法”，也就是现在人们常说的“心理暗示”。患者一看价钱贵，就认为肯定是好药，必定药到病除，其实真正起作用的反倒是那些便宜的中草药。冉先生其实是既“医病”又“医人”。

第四节 中医与宗教

“儒、释、道”是中国传统文化的重要组成部分，对中医学的发展产生了重要的影响。中医方剂中有真人养脏汤和天王补心丹，“真人”是道教神祇，“天王”是佛教护法，可见宗教和中医的发展关系密切。

一、道教

道教是中国的本土宗教，与中医学同为中华文明所孕育，在理论和实践上是水乳交融的。道教奉黄帝、老子、庄子为始祖。《黄帝内经》是黄老学派的代表作之一，是中医学的奠基之作。天人合一、阴阳五行、精气神是道教和中医学的共同理论。道家的修行、炼丹是建立在中医学的脏腑、经络、药物学理论上的。传统中医典籍中的祝由科和道教密不可分。祝由，《中医大辞典》中释义为“祝说病名。是古代以祝祷方法治病的名称。”即通过一种宗教的方式治疗疾病。另外更多的是中医的书籍、药物等命名借用道教的术语，如《寿世保元》《养真医案》，“真”和“元”是道教的术语，指万物生成的基础物质，体现了道家全真保元的思想。如《赤水玄珠》命名用典即出自《庄子・天地》：“黄帝游乎赤水之北，登乎昆仑之丘而南望，还归，遗其玄珠……乃使象罔，象罔得之。”此喻医家潜心深悟之真道。方剂逍遥散，“逍遥”一词出自《庄子・逍遥游》，喻摆脱拘束。

二、佛教

中国佛教虽来自外域，但经过在中国两千年的传播，汉传佛教已深深打上了中国文化的烙印，成为中国传统文化的重要组成部分。对中医学的影响也颇深，尤其是对中医医德的充实。佛教认为人体是“四大”即地、水、火、风组成，人体的部分疾病是由四大不调引起。《外台秘要・卷第二十一・叙眼生起一首》说：“身者，四大所成也。地、水、火、风，阴阳气候，以成人身八尺之体。骨肉肌肤，块然而处，是地大也；血、泪、膏、涕，津润之处，是水大也；生气温暖，是火大也；举动行来，屈伸俯仰，喘息视瞑，是风大也。”完全引用了佛教理论。《备急千金要方・序例》中亦有“地水火风和合成人”语。但“四大”理论和中医的治疗理论未完全结合，后期便销声匿迹了。

佛教的慈悲思想与医学治病救人的行动十分吻合，并赋予传统医德更高的内涵和境界。《大医习业》中提出“不读内经，则不知有慈悲喜舍之德。”这里的内经非指《黄帝内经》，而是指佛经，道安《二教论》：“救形之教，教称为外。济神之典，典号为内……释教为内，儒教为外。”《大医精诚》云：“凡大医治病……先发大慈恻隐之心，誓愿普救含灵之苦。若有疾厄来求救者，不得问其贵贱贫富，长幼妍蚩，怨亲善友，华夷愚智，普同一等，皆如至亲之想……至于爱命，人畜一也，损彼益己，物情同患，况于人乎！夫杀生求生，去生更远。吾今此方所以不用生命为药者，良由此也。其虻虫、水蛭之属，市有先死者，则市而用之，不在此例。”孙思邈反复强调欲为大医，必须读诵佛经，培养大慈悲精神，贯彻众生平等的思想，来普救含灵之苦。

佛教的慈悲济世的思想还体现在中医典籍和方剂的命名中，如《普济方》、《济阴纲目》、《慈幼筏》等，方剂如观音救苦丹、佛手散等。中医名方天王补心丹即来自佛教，相传唐代律宗祖师道宣律师某日经行，心劳累犯病，忽然毗沙门天王（即北方多闻天王，为佛教护法四大天王之一）前来，供养补心之方，就是后来传世的“天王补心丹”。

案例分析 1

1. 案例

竹林寺女科是祖国医药学宝库中的一朵奇葩。始自晋朝，盛于宋代。竹林寺为女科的始祖，所传妇科专著有数十种，至清末已历 107 世；《竹林寺女科秘传》成为当代女科之宝库。

浙江萧山竹林寺，建于南宋齐年间(479～502 年)，至今已有 1 500 余年历史。开山祖悟真禅师，择此清净一席之地，诵经宣佛，始名“古崇寺”。垂直四百余载，至后晋天福八年(943 年)，寺僧高昙“得异授而兴医业”。据《竹林寺世乘·高昙祖师述异记》记载，“自悟真禅师之创兴竹林，至石晋而有师(指高昙)盖未尝有医，而也未尝有寺。所谓竹林寺，不过静养一席地耳。惟时有一道者至，不知从何方来，亦不识其姓氏，与师附居者月余。师见其骨骼翩翩，言辞不凡，知其非常人，甚敬礼之，而道者亦不自安，每谓师曰：‘君之遇我厚矣，愧无以报君何！’一日师以他出，抵暮而归，觅道者不得，盖不知其所去矣。忽见几上有蝇头细楷数十百行，阅之，乃胎产前后秘方数十种，又胎产至要辩论及诊法共百余条。师随录之，于是晓夜诵读，而医道日精，患者验之，百无一失。”高昙禅师集资筹金，在原址“古崇寺”的基础上扩建振兴寺院，更名为“资国看经院”，太平兴国七年(982 年)，更名为“惠通院”，僧医皆以治妇科病而著称。竹林寺妇科名声最隆者静暹(晓庵)禅师，他殚精极思研究妇科，医术高超，极险极危之症，一经他手便化险为夷。至南宋绍定六年(1233 年)六月，治愈了理宗赵昀谢丽清皇后重病，赵昀赐封他为“医王”，并御书“惠济寺”，又赐“晓庵”、“药室”二匾，建医王十世。所谓十世医王，即从晓庵上溯四世开始，下续五世为止。晓庵即为“五世医王”。自此以后皆为医王后裔相推重，千百年来，衣钵相传，其中能诗善文，精通医理，不乏其人。

2. 分析

中国佛教为大乘佛教，专重慈悲济世，菩萨道以出世之心，行入世之事，倡导“五明”，利益众生，其中“医方明”就是对医药知识的学习和实践。萧山竹林寺女科肇始神异不必细考，僧医出世，专治女科，为大乘佛教“医方明”之践行。竹林寺女科验而有征，活人无算，实中医妇科之奇葩。

案例分析 2

1. 案例

傅山(1607～1684 年),字青主,以字行。山西阳曲人,别号朱衣道人、石道人等。明末清初著名学者,于经学、理学、医学、佛学、诗、书画、金石、武术、考据皆有涉猎。但他自己对医学方面的造诣更为看重。他曾对友人说:“吾书不如吾画,吾画不如吾医。”医学遗著中,尤以《傅青主女科》最为知名。《傅青主女科》是一部颇有建树的妇科专著,书中的方剂,大多由他自己创制。处方较为切合临床实用,因而颇受后世医家推崇。傅青主以《傅青主女科》一书闻名于世,但实际上,他的医学造诣是很全面的,并非只精于妇科。傅山极重医德,对待患者不讲贫富,一视同仁,在相同情况下,则优先贫人。对于那些前来求医的阔佬或名声不好的官吏,则婉辞谢绝。对此他解释为:“好人害好病,自有好医与好药,高爽者不能治;胡人害胡病,自有胡医与胡药,正经者不能治。”

傅山以明遗民自居,康熙中举鸿博,屡辞不得免,至京,称老病,不试而归。曾于甲申(1644 年)之变后中秋,在寿阳县五峰山龙泉池,拜道教中颇有名望的还阳真人郭静中为师,正式出家为道士,以避剃发令。因身着红色道袍,遂自号“朱衣道人”,别号“石道人”。朱衣者,朱姓之衣,暗含对亡明的怀念;石道者,如石之坚,意示决不向清朝屈服。据萧天石《道藏精华・丹亭真人传道秘集・序》言:“青主曾师事龙门派卢祖师丹亭真人,尽得该派秘诀法要,纂录以传世。”傅山在道教界的地位辈分极高,为道教北派邱处机龙门派真字辈真人。道教医著《丹亭真人养真秘笈》、《丹亭悟真篇》、《傅青主丹亭问答集》、《丹亭真人卢祖师玄谈集》,皆署太原傅青主纂录。

2. 分析

中医与道教同根连理,水乳交融,故黄老并称。道家而以医家名世者代不乏人。葛洪、陶弘景、孙思邈等皆此类。傅山于医学、艺术、宗教等方面涉猎之广,造诣之高,后人望尘莫及。傅山为龙门派道士,于教内亦非平庸之辈。傅山医学理论造诣高深,奇论创见颇多,制方独出心裁,临床效果显著,后人至今称道。傅青主妇科于晋中仍闻名遐迩。山西民众中流传的傅山

"诗不如字，字不如画，画不如医，医不如人"的说法，正是人民群众按自己的感受所做的评价。傅山实为孙思邈《大医习业》实践之一人也。

第五节 中医与文学

"红炉点雪"意为：大火炉里放进一点雪，立即融化。禅林中指人超越现实差别、追求和谐统一的一种精神境界。但在中医领域，还是明代龚居中所著治疗结核病的专著，又名《痰火点雪》。中医的著作何以充满禅意、诗意？

范仲淹有愿"不为良相，便为良医"，是中国传统文人的人生理想，古代杰出的医家大多有较高的文学修养，优秀的文人也多粗通医理。医文交辉是传统文化的奇葩。

一、中医中的文学

文以载道，在中医学的传播过程中借助了多种传统文学题材，有韵文、诗歌、辞赋等。学习中医并不枯燥乏味，而成为一种文学享受。

《素问·上古天真论》："乃问于天师曰：余闻上古之人，春秋皆度百岁，而动作不衰，今时之人，年半百动作皆衰者，时世异耶？人将失之耶？"岐伯对曰："上古之人，其知道者，法于阴阳，和于术数，饮食有节，起居有常，不妄作劳。故能形与神俱，而尽终其天年。度百岁乃去。今时之人不然也，以酒为浆，以妄为常，醉以入房，以欲竭其精，以耗散其真，不知持满，不时御神，务快其心，逆于生乐，起居无节，故半百而衰也。"《黄帝内经》虽然不是以韵文体裁写成的，但是，它也像先秦诸子书一样，在散文的文体里，穿插着许多押韵的句子。清人黄以周在《太素》的校序中说："《素》、《灵》多韵语。"冯舒在《诗纪匡谬》中说："《素问》一书，通篇皆有韵。"上面所引《上古天真论》简直就是优美而和谐的韵文。

中国传统诗词句式整齐，带有韵律，读来带有节奏美感，上口易记。中医对诗歌的借鉴主要是为了便于记忆知识。明代医家李梴所述十二经穴五五腧穴位即如风景诗，按井、荥、腧、经、合的顺序排列，既方便记忆，又饶有趣味。如：

渔翁 （手太阴肺经）
少商湖海一渔翁，鱼际太渊任转篷。
漫道经渠不可测，还数尺泽起蛟龙。
（少商、鱼际、太渊、经渠、尺泽）
迷途 （足厥阴肝经）
云霞烟锁大敦峰，忘却行间转太冲。
坐望中封无路入，曲泉行水听淙淙。
（大敦、行间、太冲、中封、曲泉）

中医还有许多典籍，如《医宗金鉴》《长沙方歌括》《时方歌括》等，都是以歌诀的形式撰写，便于记忆。

以赋为载体传播中医也不鲜见，如针灸方面的《标幽赋》《百证赋》《流注指要赋》《指迷赋》及本草方面的《药性赋》等，多用四六对偶句，是典型的赋体。如《药性赋》对寒性药的描述："诸药赋性，此类最寒。犀角解乎心热；羚羊清乎肺肝。泽泻利水通淋而补阴不足，海藻散瘿破气而治疝何难。闻之菊花能明目清头风，射干疗咽闭而消痈毒，薏苡理脚气而除风湿，藕节消瘀血而止吐衄。瓜蒌子下气润肺喘兮，又且宽中；车前子止泻利小便兮，尤能明目。"此赋药性、文学相得益彰，故能广为流传。

二、文学中的中医

儒医是我国文学史、中医药史上的一朵奇葩。历代大医多通儒，而历代文人亦每通医理。从古典文学作品中往往可以俯拾到中医药学知识。

《红楼梦》是一部中国传统文化的百科全书，其中有大量中医药内容描写，涉及中医药各个环节，深刻体现了中医与传统文化的"我中有你、你中有我"的关系，反映作者曹雪芹的医道颇为高明。兹举例如下。

全书以中医药命名的有《张太医论病细穷源》《拾麒麟侍儿论阴阳》《胡庸医乱用虎狼药》等十一个章节之多，足可见中医药在曹雪芹心中的重要地位。从疾病分科的角度，既有内科常见病：贾雨村等人的风寒，刘姥姥的泄泻，黛玉的中暑。还有疑难杂症，林黛玉每岁至春分秋分之后必犯的嗽疾，有点像时下热门的"时间医学"；又有妇科：要了秦可卿性命的闭经，王熙凤羞于说出口的漏经、下红之症；

还有儿科：宝钗吃“冷香丸”才医得的胎热，巧姐的痘疹和惊风。从处方用药的角度：第十一回秦可卿的药方中有人参等十六味药，第五十一回有胡庸医胡开的方剂中有麻黄、枳实等虎狼药；散见于全书的药方还有人参养荣丸、独参汤、八珍益母丸、左归、右归等二十几张处方。疾病种类之多样，分科之细密，处方用药之繁多，非精通医理者不能为之，从中足可见曹氏深厚的中医修为。

南宋辛弃疾不仅是一位伟大的爱国词人，而且还是一名填制药名词的行家。大约在南宋淳熙十五年时，他用药名写了一首《定风波·用药名招婺源马荀仲游雨岩·马善医》：“山路风来草木香，雨余凉意到胡床。泉石膏肓吾已甚，多病，提防风月费篇章。孤负寻常山简醉，独自，故应知子草玄忙。湖海早知身汗浸，谁伴？只甘松竹共凄凉。”这首词里写山、写水、写石、写草、写风、写雨，眼前这些自然景象，都寄托着诗人对往昔坎坷不平道路的情思，抒发了诗人内心世界的愤懑。词中用药名本字、谐音字等嵌入的中药名：商陆（山路）、木香、禹余粮（雨余凉）、石膏、吴萸（吾已）、防风、常山、栀子（知子）、紫草（子草）、海藻（海早）、甘松等，药名与词意浑然一体。

案例分析 1

1. 案例

国医大师裘沛然是我国著名的中医学家，他热爱中华文化，对儒学钻研尤深。先生医为大医，儒为鸿儒。其中医学成就自不待言，谨记其儒学成就。

先生儒学及古体诗造诣尤深，可谓博古通今，医文俱佳。被上海中医学院第一任院长程门雪赞为“一时诗句动星辰”。一部《剑风楼诗文钞》，六十余位书法家欣然为其诗濡墨挥毫。而在《裘沛然选集》中收录了他的不少诗词佳作和散文随笔。上海市文史研究馆编选的《翰苑吟丛》收录了裘沛然15首诗歌，对其诗至为推许：“先生是当世大医，在中医理论和实践两方面都卓有建树，以善治疑难杂症著称，同时又具有深厚的传统文化及诗文造诣，以良医涉世，良相胸怀，好学不倦，老而弥笃。其诗沉郁而兼旷达，晚近之作理致与诗兴交融，臻浑成老境矣。”《辞海纪事》这样描述他的文笔：“那一手精妙美文如同出自文学大家之手，而他深厚的古文功底，绝非当今一般作家所能比。”裘沛然吟诗弄文，诗文深处却是他对济世活人的牵系。他曾自诗：“世犹多病愧称医。”身为医生，有责任救治民众的身病，也有责任矫治民众的心病和社会的道德风情病，这也正是中国传统医学中的“儒医”的标准。

他尝言“医学是小道，文化是大道，大道通，小道易通”。对“做人”与“健康”之间的关系问题的思考，使他的视野超越了医学范围，而向史学、哲学领域延伸。在先哲时贤众多研究的基础上，他结合自己的人生体验，对社会人情的思索，形成了学术性与普适性相结合的儒学观念。为了阐发“人学”思想的内涵，为孔孟儒学“拨乱反正”，他开始动手撰写《人学散墨》一书，时年八十七岁。该书熔医道、文道、人道于一炉，强调立德养性的做人之道，立意深邃，融会贯通，集中反映了他的博识才学和仁爱之心，更透露出老人浓浓的道德忧患精神，为社会广泛关注，评论界称之为“一代儒医的道德文章”。

历来医生兼晓儒学的不少，而像裘沛然这样对儒学进行深入研究与长期思考，特别还撰有儒学专著者，在古今医家颇为少见。

2. 分析

先生乃鸿儒大医，一时无双。

案例分析 2

1. 案例

金元四大医家之一的朱丹溪曾用中药名称描述一段青年男女的爱情故事。

牡丹亭边，常山红娘子，貌若天仙，巧遇推车郎于芍药亭畔，在牡丹花下一见钟情，托金银花牵线，白头翁为媒，路路通顺，择八月，玉兰开，吉日成婚。设芙蓉帐，结并蒂莲，合欢久之，成大腹皮矣。生大力子，有远老，持大戟，平木贼，诛草寇，破刘寄奴，有十大功劳，当归朝，封大将军之职。

传说汤显祖看到这则故事后“灵感”大发，以这个故事为线索进行构思，他创作了《牡丹亭》这部传唱不衰的作品。

2. 分析

医为金元四大医家，文为《牡丹亭》之母。

第六节 中医与人情

“金元四大家”之一的张从正秉承“唯儒者能明其理,而事亲者当知医”之思想,将其所撰中医专著命名为《儒门事亲》。张仲景《伤寒杂病论·序》提出医学的目的在于“上以疗君亲之疾,下以救贫贱之厄,中以保身长全,以养其生”。可见传统中医念念不忘亲情,但要处理好病情与人情却颇费周折。有鉴于此,明代医家张介宾在《类经·脉色类》中撰写一则长达两千余字的按语,针对《素问·方盛衰论》“不失人情”四字展开论述,嗣后李中梓对此则按语加以删节润色,而成《不失人情论》一文,收入《医宗必读》内。该文认为医生必须处理好患者之情、旁人之情、医人之情。

患者有各种性格,有喜欢好消息的,有生性忧郁的,有善怀疑的,有性情急躁的,有性情平缓的,有境遇变迁的,有讳疾不言的,有隐情难告的,有求速效的,有但求平稳的,不一而足。对此,医生当详细考察判断患者之情,诊疗过程中也要因势利导,因人施治。

对于旁人之情,类似现在的家属亲友对医疗的影响。有的根据自己的判断干扰医疗,有的提出各种医疗要求,有的专门拨弄是非等。为医者不可不察,更当慎重对待。

所谓医人之情,即医生一定要处理好与同事、同行的关系。不同医生的技术水平、道德修养、性情风格、医院背景、医疗经历各不相同。只有处理好这种关系,才能更好地合作,为患者提供优质的医疗服务。

文章最后发出感慨:“人情之详,尚多难尽。圣人以不失人情为戒,欲令学者思之慎之,勿为陋习所中耳。虽然,必期不失,未免迁就。但迁就既碍于病情,不迁就又碍于人情,有必不可迁就之病情,而复有不得不迁就之人情,且奈之何哉!故曰:戛戛乎难之矣!”

前人之论,后人鉴之。不失人情,为医者当慎之!

案例分析 1

1. 案例

王孟英医案：石芷卿，患感，张某连投柴、葛之药，热果渐退，而复热之后更孔甚，乃延孟英诊焉。先以栀子、豆豉、黄芩、黄连等药，以清解其升浮之热，俟邪归于腑，脉来弦滑而实，径用承气汤下之。时其尊人北涯赴瓯，无人敢主其可服否？另招他医决之，以为太峻，且腹不坚满，妄攻虑变。举家闻之摇惑，暮夜复恳再诊。孟英辩论洋洋，坚主前议，服后果下黑矢。次日大热、大汗、大渴引饮。孟英曰：此腑垢行而经热显矣。予竹叶石膏汤两剂，继之以育阴充津，调理而康。(《回春录·感冒》)

2. 分析

王孟英为清代著名医家，著作甚多，代表为《温热经纬》。此案王孟英要处理多位不同医家的不同医疗观点以及患者家属的疑惑犹豫，故“辩论洋洋”，说服病家，服药而愈，否则危矣。实为“不失人情”之验案。

案例分析 2

1. 案例

镇江北门外蔡姓，世出时医，今其子孙虽不及其祖父，而业此者甚多。友人戴半山，蔡氏婿也，一日诣予曰:“有舍舅病重，请兄一诊。”时予虽知医，而并不行道，辞之曰:“蔡家医生不知凡几，争代人家看病，岂自家病证不能治，而反需予不行医者乎？予断不去。”半山曰:“其症诸蔡皆看过，皆回不治。惟予叔岳欲以附子、肉桂扳之，不能决，请兄决耳。”予曰:“设至其家，而群相诧异，奈何?”半山曰:“舍亲在我金珠店管事，现在惟我作主，不必过虑。”随唤舆逼予同往。

至其室，审其症，乃时邪，十一日矣。所服之方大抵姜、防、柴、桂、枳实、楂炭、厚朴、苍术、草果、炮姜之类。其症则燥热非常，人事昏沉，耳无闻，目无见，舌卷囊缩，死象已具。其脉弦劲疾数，不辨至数，唯按之尚无根。病中从未大解。诊毕，半山问，曰:“桂、附万无服理。然此人误已经深，实属难治。姑请伊母出来商议。”其母出见，予问曰:“汝家看此到底是死是活?”其母曰："先生何出此言?"予曰："汝家若以为未死，则予不敢多事；恐药不能救，归过于予，何为来担此恶名哉？若汝家以为必死，则予尚觉有一线生路。"其母曰："吾家诸医皆已回绝，先生若能施治，生死不忘。"予乃曰："时邪热症，治以辛凉，非比伤寒，治以辛温。且伤寒下不厌迟，时邪下不厌早，三五日内，热重便闭，即当用下存阴。今时邪误服伤寒药，佐以温燥，意在推滞，不知愈燥愈结火愈炽，而真阴耗矣！真阴根于肝肾，肾开窍于耳，肝开窍于目，肾脉挟舌本，肝脉络阴器。今目瞶耳聋，舌卷囊缩，大热伤阴可知也！症本不治，而予谓有一线生机者，幸脉尚有根。非症重至此，药误实多。为今之计，仍非下之不可。然古人急下存阴，阴未伤也。今下已迟，阴已伤矣，宜用玉烛散法养其阴以用下。"于是用生地一两，当归五钱，加大黄三钱，芒硝一钱，甘草一钱与服。夜下黑粪，次日热退，诸症皆退，仍进养阴清热。

又次日往诊，半山出迎曰："舍亲又复发狂，奈何?"予入诊，见其骂詈不避亲疏，果有狂象。予曰："无妨！仲景云：下后发狂，再下则愈。一下未尽故也。"仍以前方与服。明日往诊，据其家云：昨下更多，几半净桶，后继以血。予疑此方不应动血，及见原方，有人添桃仁三钱。予曰："此无怪乎有血矣，伤寒有蓄血证，其人如狂；下其血则愈，重则用抵挡汤，轻则用桃仁承气汤。今下后发狂，并非如狂，何用桃仁动其血分？所幸脉静神安，症已无妨，惟养血药要多服数帖耳。"后代立方，总以地黄、阿胶为主。幸无复参议者，而其疾乃瘳。(《仿寓意草·卷上》)

2. 分析

此案医生李文荣难却友情，为满门皆医之家患者诊治，有"群相诧异"之难，有患者"人事昏沉"之危，又有"添桃仁三钱"之扰。患者之情、旁人之情、医人之情，夹缝求生之难，岂"幸无复参议者"道尽。

延伸思考

1. 西方医学传入中国对中医学产生了哪些影响?

2. 与传统中医相比，现代中医发生了哪些变化?

3.《大医精诚》对现代医德建设有何价值?

4. 当今社会对中医的需求有哪些拓展?

延伸阅读

1. 裘沛然. 1990. 壶天散墨. 上海：上海科学技术出版社.

2. 裘沛然. 2008. 人学散墨. 上海：上海辞书出版社.

3. 吴英恺. 1995. 老专家谈医学成才之路. 北京：北京医科大学中国协和医科大学联合出版社.

第五章　医患沟通

第一节　医患沟通基本概念与原则

一、医患沟通的基本概念

（一）医患沟通的定义

医患沟通是指在医疗卫生和保健工作中，医患双方围绕疾病、诊疗、健康及相关因素等主题，以医方为主导，通过各种有特征的全方位信息的多途径交流，科学地指引诊疗患者的疾病，使医患双方达成共识并建立信任合作关系，达到维护人类健康、促进医学发展和社会进步的目的。医患沟通是医患关系的重要内容。

（二）医患关系的含义

医患关系是指在医疗卫生保健活动中，患方和医方之间形成的一种最基本和最重要的关系。就不同的患方和医方概念，医患关系可以分成狭义和广义两种。狭义的医患关系，是指行医者与患者之间的关系，是一种个体关系。广义的医患关系，是指以医务人员为核心的一方的群体和以患者为核心的另一方群体之间的关系。其中,医方包括行医师、护理人员、医技人员、医院行政管理人员以及后勤保障人员;患方包括患者、患者亲属及朋友、患者单位有关人员、医疗保险公司、医事法律咨询人员。随着新医学模式的产生和发展,广义的医患关系逐渐取代狭义的医患关系。

(三) 医患沟通在医患关系中的意义

医患沟通是满足医患关系、医疗目的以及优化医疗服务过程的必要手段。医患关系是为了解决求医和施治而建立起来的。在广义的医患关系下,当患者踏入医院门槛的那一瞬间,便与医院之间开始了交流,医患沟通由此而生。医生需要了解患者才能提出有效的治疗方案,患者需要了解医生才能知道施治的意图和自身如何配合医生的治疗。可以说,没有医患沟通就不可能实现医疗服务过程。医患之间只有通过沟通才能进行认知、感情和意志的交流,才能把对方需要的信息准确地传递给对方,才能消除可能产生的误解和矛盾,才能更加关注和理解对方。医患之间只有通过沟通才知道对方是怎样想的,对方的需要是什么,对方的期待是什么。沟通是主体间互相理解的重要手段,充分的沟通和理解是构建双方互相满意关系的基础,是构建和谐医患关系的基础。

二、医患沟通的原则

医患沟通原则有基本原则和具体原则。基本原则就是医学伦理学意义上,包括以平等的意识去尊重患者以及发扬医学人道主义精神善待患者。具体原则就是具体场景中的医患沟通原则,包括真诚、换位、主动、详尽、谨慎和守法。

(一) 医患沟通的基本原则

1. 行善原则

行善原则是医患沟通中一条最基本、最重要的原则。在医学道德领域中,“为患者做善事”是古今中外的优良传统,《黄帝内经》就明确提出了“医乃仁术”的思想。希波克拉底在其《希波克拉底誓言》中强调“我愿尽余之能力与判断力所及,遵守为病家谋利益之信条”,开创了以为患者谋福利为内容的医德医风。行善原则要求医务人员要善待生命、善待病患和善待社会。

(1) 善待生命:孙思邈认为:“人命至重,有贵千金,一方济之,德逾于此。”生命对于任何人都是不可复制的,医学自诞生之日起以治病救人为己任,就充当着生命的捍卫者和保护者,善待生命自然成为医学道德的一个根本理念。当人生病时,健康甚至生命受到威胁,医学必须予以救助。

(2) 善待病患:人人生而平等,这是人的自然权利赋予的。这种平等决定了医务人员在履行“治病救人、救死扶伤”的医学职责的过程中,要对患者一视同仁。不会因人的地位高低、知识多寡、财富多少、容貌美丑而不同。

(3) 善待社会:医学是为全人类服务的高尚事业,医学不再局限为临床医学,而是扩展到与生命与死亡相关的全社会医疗卫生保健的研究,担负着对患者的和对社会的双重义务。

2. 尊重原则

孙思邈在《大医精诚》中指出:“夫为医之法,不得多语调笑,谈谑喧哗,道说是非,议论人物,炫耀声名,訾毁诸医,自矜己德”。德国古典哲学创始人康德认为:“尊重一个人的自主性是基于所有的人具有绝对的价值和每个人都有决定自己命运的能力认可。”尊重原则要求医生要尊重患者的人格、隐私权和自主选择权。

(1) 尊重患者的人格和尊严:医生尊重人,更要尊重患者。患者处于弱势地位,需要得到医学的关怀和照顾。尊重患者的人格权要求从关心、同情患者的角度出发,做到礼貌待人、举止端庄,以热情、坦诚的态度为患者提供人性化的服务。

(2) 尊重患者的自主选择权:当医生为患者提供相关病情和治疗方案时,应该尊重患者的自主选择权。当患者自己有能力做出符合理性的选择时,医生应该予以充分的尊重,而当患者做出明显对病情不利或者错误的决定时,医生有责任与患者和家属充分沟通,最后做出最有利于患者的决定。

(3) 尊重患者的隐私权:患者就医时,会向医生透露一切关于疾病的情况,涉及个人信息和个人隐私,包括患者就医时登记的身份情况、健康状况、患病情况、治疗过程等,医生不能随意透露给予疾病治疗无关的任何人。但也要注意尊重患者的隐私不得与遵守现行法律法规相违背,或者与他人利益和社会公益相冲突。

3. 公正原则

公正,可以理解为公平、正义、正当、合理等。孙思邈在《大医精诚》中说:“若有疾厄来求救者,不得问其贵贱贫富,长幼妍媸,怨亲善友,华夷愚智,普同一等,皆如至亲之想。”古阿拉伯著名医家迈蒙尼提斯在《祷文》中说:“无分爱与憎,不问贫与富,凡诸疾病者,一视如同仁”。医学道德领域中的公正原则,并不是指医疗资源对于每个人平均分配，而是指按照合理的道德原则，给予每个人所应得到的医学服务，也要求医务人员公正地对待每一位患者，合理地使用卫生资源。公正原则不仅体现了患者基本的医疗保障利益，还协调着非基本的医疗服务和长远的代际分配，协调服务对象之间的各种利益关系。医学界公正地分配卫生资源，有利于社会公正环境的形成；医务人员合理地运用医疗资源，有利于医疗效果的提高，建立和谐的医患关系。

4. 无伤原则

无伤是社会最基本的道德规范。《黄帝内经》中，“征四失论”“疏五过论”等戒律的基本精神就是避免对患者的伤害。希波克拉底在其《希波克拉底誓言》中明确指出“检束一切堕落及害人行为，我不得将危害药品给予他人，并不作该项之指导，虽有人请求亦必不与之。”无伤原则要求医学行为其动机与结果均应该避免对患者造成不必要的伤害，包括用药不当、手术失误等技术上的伤害、语言不当、态度恶劣等心理上的伤害以及过度医疗造成的经济上的损害。

医务人员践行无伤原则，应该做到以下几点：① 不滥用药物，凡违背医药学原理或不符合患者病情与生理状况的用药，称不合理用药或滥用药物；② 不滥施辅助检查，即简单的检查先于复杂的检查；无害的检查先于有害的检查；费用少的检查先于费用高的检查；③ 不滥施手术，《医业伦理学》中就已确立了手术的决定原则：非必要时不做手术；无把握时不做手术；患者不承诺时不做手术。如果医务人员的医学行为不能有利于患者，至少不伤害患者，同时，在给予患者更有利的建议或者治疗时，也应避免对患者可能造成的伤害。医务人员在医学实践活动中应贯彻这一原则，可以提高医务人员的责任感，减少医患纠纷，有利于医患关系的和谐。

（二）医患沟通的具体原则

1. 真诚

医务人员的真诚态度能够向患者传达医生关切的心情和责任心。医务人员面对的是患者的痛苦甚至悲剧，患者时常有顾虑和难言之隐，所以医生应该坦诚地就所有情况实事求是地与患方交流。如果医务人员态度不友好，或说话遮遮掩掩，或违背事实，就会丧失患方的信任，出现难以预料的结果，尤其可能导致医患纠纷。

2. 换位

医患之间的换位思考是指要互相替换角色，医务人员要及时了解患者及家属存在的各种问题，换位思考，按照“假如我是一个患者”的思路，从心理、语言、行为等多角度、全方位、艺术化处理医患关系；反之，作为患者，也应该站在医者的角度去思考。医务人员是人不是神，不可能尽善尽美，包治百病，医学有很多的不可预知性，有时结果令人遗憾，应该被理解和接受。医患双方应该相互的理解与尊重。只有这样，才能搭建起医患和谐的桥梁。

3. 主动

良好的医患关系应是合作型的、共同参与型的，是有机的角色互动。医务人员要了解患者需要，学会与患者交流。通过医患之间相关信息的充分沟通、情感的相互交融、心与心的互动，以及对患者精神的慰藉、情绪的稳定、希望的存在、人格的尊重、相关权利的确保等，都充分体现了作为人的公平和公正。医务人员是医疗行为的主动实施者，也是医患关系中的主角，积极的医疗行为会营造积极的医患关系。

4. 详尽

详尽是指沟通时尽可能不要漏掉诊疗过程中的任何重要细节，只有详尽，才能避免一些无法预料及节外生枝的情况。如实施某项医疗决策前需要告知患者情况，让患方签署“知情同意书”时，如果后来发生的情况在“知情同意书”中未涉及，医生所做的医疗决策没有被患方认可，就会发生难以避免的纠纷。

5. 谨慎

医务人员的态度和举止，在患者眼里可能会有特定的含义，所以医务人员在涉及患者病情时，讲话一定要有分寸，特别对疑难病、危重患者更要注意。一是不能说得太绝对，否则一旦发生意外情况，由于患者及其亲属没有思想准备，会造成纠纷；二是不应为了引起患者重视，把病情讲得过重，增加患者心理负担，对治疗不利；三是某些病，在与患者亲属沟通应实话实说，对患者有时则需要“善意的谎言”。作为患者和家属，也要面对现实，多主动与医生沟通，全面了解相关知识，以做出切合实际的判断。应该相信绝大多数医生是善良的。

6. 守法

医务人员要严格遵守法律法规，切实恪守医疗道德。医务人员既要用好法律法规赋予自己的权利，又要履行好法律法规规定的责任和义务。同时，必须清楚患者依法享有的权利和应尽的义务，尊重患者的权利和义务，双方在法律法规的层面上沟通和交流。医务人员要保持良好的医德医风，不能收受患者礼物，更不能向患者索要红包。法律和道德是医患沟通的保障,医务人员自身做得端、行得正,就能赢得患者的尊重和信任,就能在沟通中处于主动地位。

案例分析 1

1. 案例

美国有位名叫爱德华·罗森邦的医生,晚年患了喉癌,命运将他从医生变成了患者。他在《尝尝我自己的药方》一书回忆,自己曾经作为医生高高在上,但成为患者后,遭遇和心情与其他患者如出一辙——不敢面对疾病真相,被护士嘲笑"脖子短",被别的医生误诊……于是,他感慨道:"我成为患者之前,已经行医 50 年,却等到生病时,才发现医生和患者根本不是一路的。坐在病床边和躺在病床上所看到的角度完全不相同。"

2. 分析

每一个医生都有可能成为患者,医生和患者的角色,常常在不经意间发生转化。医患之间经常互换一下角色,不失为一种良好的沟通方式。一旦医患双方都学会换位思考,就会消除很多误会。

案例分析 2

1. 案例

这天夜里,吴主任的值班拷机突然响了起来,他连忙赶到了西医内科病房,在场的值班医生向他汇报,病房里有一位老年男性患者,因高血压病住院治疗,患者还有前列腺增生,今天白天出现排尿不畅,医生考虑为尿潴留,准备给他导尿,可是导尿是创伤性操作,需要家属签字,虽然已经通知家属了,可是到现在家属还没有来,患者神志不太清楚,又不能自己签字,现在患者病情不稳定,烦躁不安,血压增高,尿少。吴主任看了患者的情况:患者面红气粗,烦躁汗多,小腹膨满。吴主任决定马上给患者导尿,值班医生说:"家属还没有签字呢!"吴主任说:"我们处理问题要以患者为中心,既要掌握原则,又要灵活操作,导尿术虽然要家属签字,但也不能无时间地等下去,而且这事已和家属电话沟通过了,虽然导尿可能会出现感染、出血等意外,但现在患者因为尿潴留而引起病情进展的后果对患者更不利,这不是活人被尿给憋死吗！所以赶快给患者实行导尿术。”值班医生马上给患者作了导尿术，导出大量的小便，患者的症情也逐渐平稳下来了。一个小时后，家属急匆匆赶到了医院，看到他父亲已经过处理症状好转了，连连感谢医生。他说：“我今天正好在外地出差，接到医院的电话，就急着往医院赶，幸亏医生及时处理了我父亲的病情。我现在补签个字吧。”

2. 分析

按沟通形式区分，有口头沟通和书面沟通，而许多医学文件的签字多以书面沟通形式，它是具有一定严肃性、规范性、权威性的沟通方式。在有时间和条件的情况下，应该要规范地执行。但在一些特殊情况下，如病情出现变化，或急诊抢救、处理一些突发情况时，沟通方法不能太单一或刻板，往往可以先口头沟通，积极处理病情，然后再签字。

第二节　医患沟通方法和技巧

一、医患沟通的语言技巧

语言是最基本的沟通方式，尤其是在个体与个体之间，而面对面的交谈是沟通的主要形式。俗话说：良言一句三冬暖，恶语伤人六月寒。国外曾经调查显示，70%以上的医患纠纷起源于医患双方的语言不慎，此可谓“祸从口出”。因此，医患沟通语言技巧的训练很有必要。

（一）语言交流概念

语言是交流的工具，是建立良好医患关系的一个重要载体，医务人员语言美，不只是医德问题，而且直接关系到能否与患者进行良好的沟通，语言沟通的主要方式有设问、告知与感想等三种，在语法上表现为疑问句、陈述句与感叹句，医务人员要重视语言在临床工作中的意义，要善于运用语言艺术，还要讲究与患者沟通的语言技巧，避免伤害性语言，达到有效沟通，使患者能积极配合治疗，早日康复。临床实践中，常用的语言主要有如下几种：① 安慰性语言；② 鼓励性语言；③ 劝说性语言；④ 积极的暗示性语言；⑤ 指令性语言。

（二）医患沟通语言交流技巧

1. 运用得体的称呼语

合适的称呼是建立良好沟通的起点。称呼得体，会给患者以良好的第一印象，是互相尊重、互相信任的基础。医护人员称呼患者的原则是：① 要根据患者身份、职业、年龄等具体情况因人而异，力求确当。② 避免直呼其名，尤其是初次见面呼名唤姓不礼貌。③ 不可用床号取代称谓，这是一个常犯的错误，要加以避免。④ 与患者谈及其配偶或家属时，适当用敬称，以示尊重。

2. 语言表达简洁明确通俗

医患沟通是否有效有时与医务人员的表达能力有关。医患沟通要求语言的表达准确、简洁、条理清楚。避免措词不当、思维混乱、重点不突出。频繁使用高度专业的医学术语，显得态度生硬，高高在上会给医患沟通造成极大障碍，要尽量用通俗化语言表达。尤其是向患者解释关于疾病及其诊治方案时，要充分考虑对方的接受和理解能力，进行解释，特别是对那些经济条件差、文化程度不高、对自身疾病认知程度低的患者，尽可能用简单易懂的通俗语言代替复杂深奥的专业术语。

3. 讲究提问的技巧

在与患者交往时，主要采取“开放式”谈话方式，适时采用“封闭式”谈话，而尽量避免“审问式”提问。“开放式”提问使患者有主动、自由表达自己的可能，便于全面了解患者的思想情感。“封闭式”提问只允许患者回答是与否，这便于医务人员对关键的信息有较肯定的答案，有利于疾病的鉴别诊断。交流过程中可根据谈话内容酌情交替使用这两种方式。一般首先使用“开放式”提问，对一些需要肯定或否定的信息确定时可用“封闭式”提问。问诊中的不良提问包括：诱问（暗示性）、逼问（逼迫式）、审问、略问（过于简单）、杂问（过于啰嗦）。

4. 重要内容的必要重复和确认

在与患者沟通交流的过程中，有些与疾病相关的重要信息，如患方诉说的病情要点、医方表达处理疾病的意见、疾病的风险程度、医患双方商谈的内容、达成的协议等，要通过重复、澄清、告知或总结的方式进行确认，既能减少医疗纠纷，又有利于患者配合治疗。

5. 充分利用语言的幽默

幽默在人际交往中的作用不可低估，幽默是语言的润滑剂，幽默风趣，妙语连珠，能使双方很快熟悉起来，一句能使人笑逐颜开的幽默语言，可以使人心情为之一振，增加战胜疾病的信心。幽默也是化解矛盾，解释疑虑的很好手段，可以缓解沉默、紧张的气氛。但幽默一定要分清场合，不能让人有油滑之感，要求内容高雅，态度友善，行为适度，区别对象。幽默是一种睿智的表现，与低级粗俗笑料或滑稽可笑动作有本质的区别。因幽默可帮助治疗疾病，我国古代称之为“谑疗”，现代称之为“幽默疗法”，在国外有“喜剧病房”或“笑疗中心”。有位“幽默疗法”专家说，每天给患者检查、诊断、开药，但最有成就感的时刻是，患者听了我的幽默故事后放声大笑的片刻。

6. 多用称赞和鼓励的语言

真诚的称赞和鼓励，于人于己都有重要意义，要学会发现别人的优点，用最生活化的语言去赞美别人。疾病不管大小，患者总有不同程度的焦虑和应激反应。若负面心理反应过度，会导致体内儿茶酚胺、肾上腺皮质激素特别是糖皮质激素分泌过多，不利于治疗及康复。多用赞美和鼓励的语言，能够树立患者的自尊和自信。虽然赞美不是包治百病的灵丹妙药，但却可以对患者产生深刻的影响，患者可以一扫得病后的自卑心理，重新树立自我对社会及家庭的价值。同时赞美也要注意实事求是，措辞得当，要学会用第三者的口吻赞美他人，要学会间接地赞美他人。

7. 多用安慰性的语言

由于各种原因，某些疾病或疗效不佳、或疗程漫长，甚或不能治愈，患者因此而产生缺乏自信、情绪低落、悲观失望的情绪在所难免。医务人员在日常医患沟通过程中，要多用安慰性语言。安慰性语言一般分为两类：① 常规性安慰：这种安慰用于日常医疗实践，尤其适用于住院患者。常规性安慰虽属客套，但务必做到营造一种医患间融洽气氛。② 针对性安慰：这种安慰用于特定患者，尤其是慢性患者、老年患者与疑难杂症患者，必须结合特定的专门知识，旨在帮助患者树立定能战胜疾病的自信心。

8. 使用保护性语言，忌用伤害性语言

在整个医疗过程中医务人员要注意有技巧地使用保护性语言，避免因语言不当引起不良的心理刺激。伤害性语言会给人以伤害刺激，从而通过皮层与内脏相关的机制扰乱内脏与躯体的生理平衡。如果这种刺激过强或持续时间过久，会引起或加重病情。对不良的预后在患者没有心理准备的情况下不宜直接向患者透露,以减少患者的恐惧,可以先和家属沟通。有时为了得到患者的配合,当告知预后实属必需时,也应得到家属同意和配合,但需注意方式和方法。医患沟通时应尽量避免使用以下几种伤害性语言:① 直接伤害性语言:如“你这个患者真不讲理。”② 消极暗示性语言:如“这样的治疗结果已经是最好的了。”③ 窃窃私语。

【门诊常用沟通语言正误举例】

正确用语	错误用语
您好!请坐,请问哪里不舒服?	快讲,哪里不好?
您怎么不好?	太啰嗦了,你到底想说什么?
目前您感觉最不好的是什么?	怎么连自己的病都讲不清呀!
您这次来主要想解决什么问题?	你是医生,还是我是医生,到底听谁的?
您是复诊患者吧,上次用药(治疗)后好些了吗?	为什么不坚持服药?有问题你自己负责。
您是第一次来我们医院看病吗?	你看了那么多医院不也没看好吗?我又不是神仙。我们只管看病,其他事情管不了。
您放松,不要紧张,让我为您做个检查。	不检查,你自己倒霉。
不要急,慢慢说。	我已经交代得够清楚的了,你怎么还不明白?
不要难过,您的病经过治疗是可以缓解(好转)的。	要不要再来,你自己定,我们不好说。
我为您开了些检查和检验单,请您按要求进行,有什么不清楚的尽可以问。	去躺在检查床上,动作快点!把衣服脱掉!
回去后请按要求服药。在这过程中如病情有变化可随时来就诊。	你为什么不听医生的话?下次再这样就不要来看病了。

【病房常用沟通语言正误举例】

正确用语	错误用语
您好!今天刚来的吧,您叫(姓名)吗?我们来认识一下,我是您的管床(住院、主治)医师,(责任护士),我叫(姓名),您有任何问题请找我,好吗?	13床,我是管你的医生(护士),你要守医院(病区)的规矩,听医生(护士)的话。
可以详细谈谈您的病情和诊疗经过吗?	谁让你住在这张床上的?

续 表

正确用语	错误用语
请您躺下，让我来为您检查一下(治疗)。	快点躺下来，我要检查了。
好的，就这样，放松些，不要紧张。	不要动，忍着点，哪有治疗不痛苦的。
放心，我们会认真研究您的病情，并制定一个适合您的治疗方案。	该讲的我都讲了，你自己看着办吧。
我们认为您的病是(病名)这种病主要是(原因)，经过适当的治疗，您会好起来的。	不要什么事都找医生(护士)，有情况我们自己会来的。
您今天好些吗？昨晚睡得怎样？	没事不要乱跑，在自己房间待着！
服药后可有什么不舒服？	生病(开刀)哪有不痛苦(痛)的，不要太娇气了。
今天(明天)我们为您安排了检查(检查名)，请您按要求做好准备(空腹、灌肠等)。	听清楚了，按要求去做，否则出了问题你自己负责。
这儿的环境您还适应吗？饭菜还合口味吗？	你家里人呢？怎么这么不负责任！把你往医院一送就不管了。
这种治疗(检查)基本上是安全的，您不必紧张。	你要对自己负责任，别人没法帮你。
这项检查需要您的配合，请您深呼吸(屏气、其他要求)。	急什么，快不起来的，医院又不是你一个患者。
来，我们来谈谈您下一步的治疗。	你快点决定一下要不要检查(开刀)。
您需要在这份医疗文件上签字(知情同意书、特殊检查单、输血同意书、手术同意书、特殊治疗同样书等)。	这个字一定要签，否则没人敢为你开刀。

二、医患沟通的非语言技巧

(一) 非语言交流概念

非语言沟通交流范围广泛，非语言沟通技巧分静态与动态两大类，后者居多。静态非语言沟通技巧包括仪表、距离、方向、姿势、停顿等。动态非语言类沟通技巧包括：面部表情、目光、行态、手势、接触等。非语言交流可跨越语言、文化、地域、国界等障碍而传递信息，故有时比语言沟通手段应用更广，更富有感染力，此谓“此时无声胜有声”的说法是最好的体现。

（二）医患沟通非语言交流技巧

1. 重视第一印象——仪表

仪表即人的外表，是容貌、姿态、风度等的总和，还包括服饰、首饰、发型等的综合。仪表在很大程度上反映一个人精神面貌或气质，甚至会显示若干文化程度、经济收入或社会地位等特征。不可以貌取人，但可以貌评人。根据对患者的“第一印象”，迅速判断其文化程度、经济收入、社会地位等心理内在的影响因素，在瞬间作出与该患者交流的策略与方法。医务工作者应服饰整洁、仪态庄重，颇有风度，感到可靠。切忌邋里邋遢、随意染发、首饰过度，浓妆艳抹和奇装异服。适当注意职业形象也是行医素质之一。医务人员必须注意给患者良好的“第一印象”。

2. 举止端庄——姿势

俗话说，坐有坐相，立有立相。医务人员注重塑造自身良好的职业形象，必须从小事做起，注意自己的身体姿势就是其中一项。白衣天使是个崇高的职业，其举止谈吐也应该体现高雅，以便提高自己在患者心目中的威信。

3. 体距与方向

体距按关系疏密分成四类：亲密型（<0.5 米）、朋友型（0.5～1 米）、社会型（1～3 米）和公众型（>4 米）。医患沟通时体距采用朋友型为多，小于 0.5 米会感不自在。如男医师接诊女性患者，距离不可太近，以避嫌疑；与性病患者交谈，距离不可太远，以免加重其心理压力；但对于儿童、老年和孤独患者可适当缩短距离。“方向”就是指医生临诊时的颜面方向。双方交谈者应该是面对面，极少是背对背。然而，就是这么简单的要求，有些医生未必能做到。有时患者就座后，医生自始至终只顾写病历，面孔懒得朝患者转个向，给人一种无视患者的感觉，实在不可取。

4. 面部表情

面部表情是人的情绪和情感之外在表露，既可随意的，又可受自我意识控制。面部表情可表示喜、怒、哀、乐、忧、思、悲之情感变化等。美国心理学家梅拉别斯经实验证明，人接收信息效果比例为：文字占 7%，音调占 38%，表情占 55%。难怪有人说，面部表情是人心理活动的“晴雨表”。在大多数情况下，微笑应该是医务人员标志性的面部表情。微笑能在瞬间使他人消除陌生隔阂，增加对微笑者的信任，同时自身倍增安全感。真诚的微笑源于医者的健康世界观及其社会责任感，真诚的微笑可给患者以慰藉、以信心，化解医患矛盾甚至医患冲突。然而，遇病情危重、疑难杂症、遭遇不测的患者，应该脸色凝重，不可丝毫微笑。在平时医疗场合中，与他人谈笑风生也不可取,医务人员应该具有一定的庄重仪态。

5. 目光接触

目光接触即为眼神交流,前者强调单方,后者强调双方。在人际交流中有多种技巧,但有时话不在多,只要递一眼神,足以传情达意,眼睛是心灵的窗户。患者目光主动接触是希望交流的信号,目光恍惚是不理解医者陈述的标志,根据目光的迫切性可判断患者的需求指数(表 5-1)。医者在与其目光接触交流中,需适时适度给予反应。至于情绪悲伤、抑郁症或儿童孤独症患者,其目光接触均异于常人,均应该及时发现并处理。

表 5-1 医者目光接触患者分类

分类	目光投射特征	效果	场合	注意
正视	面部眼鼻嘴三角区,以鼻尖为中心	患者感到医者认真与诚恳	问诊,医疗指导,释疑	不可滞留过久或直视眼球
斜视	侧目相视	鄙视和轻视	一般禁忌	可用于无理取闹患者
环视	在特定范围内作目光"扫描"	尊重全体在场人员	教学查房;患者及其家属谈话	眼神柔和,避免"扫视"
点视	目光专注一点	提请患者注意	体格检查	
虚视	视向远方却视而不见	缓解患者紧张心理	用于神经质患者;避开异性敏感部位	
无视	低头不见	无视患者	绝对禁忌	

人的目光接触有正视、斜视、环视、点视、虚视五类,但是患者最反感的是第六类"无视"。如有个患者投诉,在整个诊治过程中,给他诊治的医生没有抬头看过他一眼,竟能直接开出处方。根据患者投诉核查病历,未发现任何医学错误。为什么医生无错患者还要投诉呢? 就是因为医者"无视"患者。医生真诚的眼神是患者信任的基础,是医患双方心灵沟通的神奇之波。医者应该无条件地在眼神中露出真诚与热情,使患者感受到医者对他的尊重,使他感到医者可信、可亲、可敬。

6. 手势

在一般社交中,有招手、挥手、拍手、拱手、抚手、搂手、捧手、攥手等诸多手势,传达情感复杂微妙。在临床工作中,手势应用远不如普通社交之多,但是适当使用可起到强化信息传递的作用。如对老年患者指导服药时，用手指表示服药次数；对皮肤科患者做手势模拟；对儿科患者用手势逗乐小孩以确保体检完成等。握手也可归属于手势。见到对方通过握手传达乐于相见，使对方感到亲切，解除潜在的戒备心理，从而开始真诚交流。出于卫生学考虑，医生不宜与患者握手。但是在特殊场合，握手未尝不可，如见到艾滋患者主动与其握手，此刻意义重大，非得有崇高精神与勇气才能做到。

7. 身体接触

在一般沟通中，身体接触具有丰富的内容，包括握手、接触、拥抱、推动、手拍对方身体等，其反映一种亲密感情或吸引人的感觉。在医患交流中无需这般复杂，但是适当利用身体接触，也能体现医者对患者的一种关怀。如检查前帮助行动不便的患者翻身变换体位，检查完后帮助患者整理好衣被，对行动不便的患者主动搀扶等，都是良好的沟通方式。

案例分析 1

1. 案例

某一患者因患急性心肌梗死被送进医院，因为周末没有专家门诊，只好在重症监护室住了两天。周一上班后，一位科主任看完患者后，抛下一句话："放不放支架，给你十分钟考虑时间"。然后转身就走，没有一句解释。面对突如其来的问题，家属茫然无主，只好四处打电话问熟人，最后还是硬着头皮答应了。

2. 分析

这样的沟通方式在医院并不少见，很多医生态度冷漠，惜字如金。有时，患者多问几句话，便会遭到医生的训斥。希波克拉底曾说过："医生有三件法宝——语言、药物、手术刀。"但这句古老的格言已经被很多人淡忘了。尤其对于语言的作用，很多医务人员更是不屑一顾。其实技术和人文是医学的两翼，缺一不可。医患之间的知识是不对称的，在医生面前，患者是一个"小学生"，医务人员应像老师一样循循善诱，用最通俗的语言把复杂的医学道理讲清楚，这不是对患者的恩赐，而是医务人员的基本职责。医务人员不会"说话"折射出对患者知情权的漠视，因为《侵权责任法》已规定医务人员必须履行告知医务，让患者或亲属获得足以作出合理判断的医疗信息。可见，医务人员学会“说话”，已不再是道德要求，而是法律要求。医务人员只有充分尊重患者的权利，才能最大限度减少医疗纠纷的发生。表情冷漠、不会说话的医生，很可能会官司缠身，付出沉重的代价。

案例分析 2

1. 案例

刚成为医生不久的小李姑娘有一双美丽的大眼睛，因为这双可爱的大眼睛，许多来住院的老伯伯、老奶奶都对她有良好的第一印象，不过最近这双眼睛却惹了不小的“麻烦”。这是一个周六的上午，小李医生在病区值班。一连查了 40 个床位的患者，又收了 3 名急诊入院的患者，她已经感到有些疲惫了，正想坐办公室休息一会儿，还没摘下口罩，却听得有人敲门。开门一看，是刚才因“眩晕”入院的那位姓徐的患者。患者说因为刚才医生查房太快，她还没来得及听清自己的病情，所以希望再和医生详细谈谈。小李医生回答道：“具体情况必须等所有检查结果出来才能知道，现在没什么可谈的。”或许是工作疲倦的原因，之后不论患者说什么，小李医生都没回话，只是偶尔抬头看了两眼，直到患者摇头离去。周一上班时，小李医生被告知有患者投诉，理由是她侧视患者，患者感觉受到了蔑视，要求医生当面赔礼道歉。患者年迈，说不清医生的名字，但她知道那位医生有双漂亮而不讨人喜欢的大眼睛！李医生觉得很委屈——她只是未正视患者，难道眼睛大也是错吗？但毕竟仍属理亏，只能道歉。

2. 分析

在人际沟通中，信息总是或浓或淡地带有某种情感特征，与具体的实施或是反馈行为相伴而生，有着非常重要的影响。如在医务人员与患者的沟通过程中，医务人员会不经意地流露出某些情感，如果沟通方式不恰当，表现出态度生硬，冷漠或行为粗暴，会导致患者对医务人员的不信任甚至反感，更为甚者，产生医疗纠纷等不良的后果。因此，把握好自身感情和了解对方的情感有利于沟通的成功。人们在日常交往中对他人的第一印象主要来自外表、动作、姿态、目光和表情等各方面，目光接触是非言语沟通的主要信息来源，目光接触可以表达喜、怒、爱、乐、担心、忧虑和相互间关系等感情，可以清晰地表明沟通双方交谈时的心境和情绪，以及对话题感兴趣的程度。在本案中，由于小李医生工作繁忙，而忽视了患者的情绪，既不和患者有语言沟通，又不用亲切的目光和患者交流，结果引起患者的不满和投诉。

第三节　各科医患沟通能力培训

现代医院是一个有由多科室组成的、彼此分工合作的综合医疗部门。随着医疗技术发展和医疗服务需求的不断提高，科室分类越来越细，不同科室均有自己特有的病种、服务对象及治疗措施，因此在掌握整体医患沟通技巧的同时，各专科医生还应了解各专科患者疾病与心理特点，有针对性地开展医患沟通，从而使医患更好地合作，保证医疗质量。

（一）急诊科

急诊科是医院开放的窗口，科室内人流量大，病种繁多，病源广泛，应急情况较为复杂，同时医务人员工作量大，容易产生疲倦、劳累。急诊患者多由家属陪伴而来，患者和家属因为疾病的突然性，危重性，心中难免焦急万分求医心切，而急诊环境较差，人员较多，就诊过程较为繁琐，使患者和家属容易情绪焦躁，甚至稍有不满就把生病引起的诸多烦恼冲着医护人员发泄。在急诊医患沟通中，要掌握以下几点。

1. 讲究沟通艺术，注重人文关怀

“以人为本”是现代急救意识，狭隘地认为“急诊很急，无暇顾及心理问题”的观点已经过时。急诊科医务人员尤其要态度和蔼，语言亲切，主动与患者交谈，认真聆听他们的讲述，尊重患者，重视患者的心理感受，宽容、理解患者焦虑心理下的各种言行，安慰、鼓励患者，对患者一视同仁，用真诚的态度促进和维持良好的医患关系。

2. 讲话抓住重点，积极有效实施急救

急诊病情往往危重、突发、急迫，医务人员应针对患者的病情急、变化快的特点，本着高度的同情心和责任心，做到沉着、冷静有重点地询问病情，实施急救应积极果断，分秒必争，有条不紊，使患者及家属产生安全感和信任感。

3. 认真交代病情，书面签字不可少

对于危重病患者，医务人员一方面要争分夺秒救治患者，另一方面要及时、主动与家属沟通，告知、解释病情变化，疾病的严重程度，治疗疾病所需时间，可能发生的并发症，预期结果，治疗方案等，消除患者及家属不必要的顾虑，从而满足其知情的需要。对于某些进展变化快的疾病，在与患者或家属交代清楚后可以签署知情同意书；患者或家属拒绝医生所建议的检查、化验、陪护、抢救、操作等均应作书面签字。

4. 交代对象很重要，病情变化及时沟通

来急诊就医患者及家属在心理上一般都会存在不安、恐惧、焦虑等负面情绪，而对于一些病情持续恶化的患者的家属来说，还会感到愤怒，难以接受，甚或责怪医生失职。此时医务人员必须与患者家属建立有效的沟通渠道，可以选择文化水平高，情绪较为冷静，主要的患者家属与其沟通疾病诊疗方案，以求得到家属的理解与积极配合。对于少数单独来急诊就诊的急危重症患者，医务人员应及时与家属联系，告知其病情；对于患者病情有变化时，医务人员应及时与家属沟通，交代其病情进展，让家属做到心中有数。

以下几种情形应掌握的沟通时机和技巧。

1. 病情危重——诊断明确——深入沟通交给专科医生

如急性心肌梗死患者，应立即处理，马上请心内科会诊，与家属深入沟通并交给专科医生处理。

2. 病情危重——诊断不明——时时沟通

应在询问病情、初步判断、稳定生命体征后，立即简短、清楚地向患者家属交代病情及可能后果，强调病危，不宜与家属长时间沟通；各项检查必须在安全的情况下进行，避免画蛇添足；如果患者病情恶化，考虑终将不治，则应边抢救边沟通，并给患者家属一个接受的时间，否则很有可能因为沟通不到位而产生纠纷。

3. 任何危重患者——抢救过程透明化

任何危重患者，让家属了解抢救的过程，时刻沟通必须贯穿于抢救始终。透明化，让家属清楚地知道医生正全力抢救患者；时刻沟通，给家属接受的时间和过程；要有抢救气氛、抢救时间。

4. 外科危重病——沟通不误抢救

外科急症多是外伤所致的多发伤和复合伤，患者流血较多，伤势明显。沟通在此时处于次要地位，重要的是马上实施治疗，抢救患者生命；医生实施救治后简短了解伤情，应该把详细沟通的过程留给专科医生，初诊后应马上通知相关科室进行手术。

5. 家属不在——详细记录诊疗全过程

对于家属没在身边的患者，医务人员应作更为详细全面的诊疗记录，如患者入院情形、各项检查等细节，汇报备案。

（二）儿科

儿科是医疗纠纷的高发部门，患儿的特点是年龄小，自我表达能力差，情绪控制能力低，对疾病耐受力低，医疗过程中不易配合。且患儿往往由家长陪同，家长常见的身心特点有焦虑和紧张，对患儿过分的照顾及溺爱，对患儿不正确的行为的容忍与支持，以及对医护人员技术水平的怀疑和不信任。这些因素的交杂使得儿科医生必须更好地掌握医患沟通的技巧，医生不但要运用语言交谈沟通技巧，还要用眼神、倾听、手势手法、微笑表情等躯体语言来沟通，同时还要带着责任心、有情感地进行沟通。在儿科医患沟通中，应注意以下几点。

1. 根据不同患儿的特点，采取不同的方式进行沟通

(1) 对待新生儿期患者，医务人员应动作轻巧、敏捷、熟练，以减少刺激，并用语言和抚触等给予无微不至的关爱和呵护。

(2) 对待婴儿患者时说话要语气温和，动作轻柔，予以爱抚和亲近，与患儿建立感情，消除患儿的陌生感和内心恐惧感。

(3) 对待学龄前期儿童患者，医务人员要给予他们耐心细致周到的关怀和呵护，对住院病儿要多加关心，亲近他们，允许他们携带自己喜爱的玩具和物品，使他们尽快适应环境变化。

(4) 对待学龄期患者，医务人员应感情细腻，注意方式方法，语言要体现平等，说话的口吻、问诊的话语要符合孩子的年龄特点。体格检查的方式要适合儿童，切不可粗声粗气，疾言厉色，伤害其自尊心。

2. 读解婴幼儿及儿童患者的体态语言

婴幼儿患病不能诉说感受，儿科也历来被称为“哑”科，他们通过面部表情、声音、身体活动同成人建立联系，达到与成人的相互理解。儿童患病后，大都会由活泼好动转变为无精打采，对父母的依赖性增强，并且会特别留意医务人员的非语言性行为。医务人员应从患儿的面部表情、动作、态度中进行细致的临床观察，及时发现病情变化，发现病症所在。

3. 帮助儿童患者克服恐惧心理

疾病疼痛和各种治疗(如打针、吃药、插胃管等)会给患儿带来疼痛刺激，留下不愉快的记忆，产生对疾病的恐惧感。故医务人员在为患儿检查治疗前，应该不厌其烦地向小患者讲解要为他们做些什么检查治疗，为什么要做，可能会有哪些不舒服和疼痛，有针对性地消除他们的疑虑和恐惧，使患儿积极配合诊疗工作。在与患儿交谈时，最好使孩子的视线与医务人员平齐。医生护士平时要面带微笑，声音柔和、亲热地称呼孩子的名字或乳名，注意语言的亲和性，与患儿建立良好的医患关系，取得患儿的信任，成为患儿的知心朋友。

对住院的幼儿及儿童患者应主动接近他们，多加爱抚交谈，讲清生病住院的道理，帮助熟悉环境，安排合理的生活作息制度，并为他们介绍小伙伴，鼓励他们积极参加集体活动，消除紧张恐惧心理，主动配合对疾病的治疗。

4. 与患儿家长有效沟通

尽管孩子是患者，但家长在医患关系中起着举足轻重的关键作用。从某种意义上说，病虽然生在孩子身上，但家长的感觉却比生在自己身上还要着急紧张，因此，与患儿的沟通在很大程度上讲是与患儿家长的沟通。医生需及时将自己对疾病的判断、将要采取的治疗措施、存在几种治疗选择、各种选择的利弊等信息向病儿家长作通俗易懂的解释和说明。在此基础上取得他们的信任，并以疾病事实为基础，本着实事求是的原则，真实、准确地进行表述。医务人员与家长之间的谈话应避免让患儿听到，不应在患儿面前流露出消极情绪。对儿童患者存在的和可能产生的心理障碍，应及时与家长沟通，通过与家长配合，予以耐心解释、启发、诱导、鼓励。

（三）外科

根据外科特征，手术治疗是外科治疗的主要手段之一。无论是何种手术，对患者都是一种心理和生理的强刺激，这种刺激通过交感-肾上腺系统的作用，使患者的心率加快、血压升高，如不得到缓解，将会影响手术效果，加重术后情绪障碍或引起并发症。因此，外科医生应及时了解手术患者的心理，采取适宜的医患沟通，减轻患者的心理应激反应，帮助患者顺利渡过手术期，取得最佳治疗效果是十分必要的。在外科医患沟通中，应注意以下几点。

1. 术前与患者沟通及家属签字

(1) 实事求是：向他们讲清楚手术治疗的意义，手术的有关情况，特别是手术与麻醉的危险性，以供他们选择。切忌主观片面，既要讲清情况，让患者和家属心中有数，又要留有余地，千万不能因措词不当而引起误会，成为隐伏着医患纠纷的根源。

(2) 善意掩饰：如果患者想知道实情，而家属不愿让患者知道，应在执行保护性医疗制度的情况下，满足患者的部分愿望。对于某些病情较重，预后较差者，应特别考虑谈话技巧，直接对患者谈时，可以有所保留，对家属就应把问题说透。

(3) 有针对性：医务人员不能千篇一律地向所有的手术患者和家属都讲类似的几句话，不能简单从事，谈话要有针对性。既要让患者和家属接受医生的意见，又要把可能发生的问题谈清楚。

(4) 共担风险：医务人员不能把患者及其家属的签字当作推卸责任的凭据。不能认为有了签字，就可以不承担风险，不承担手术的任何责任。有了差错、事故而据此推卸责任是不允许的。

2. 手术中言谈举止要谨慎

(1) 举止表情要自然：医务人员之间只要一个眼神、一个小动作能互相心领神会就行了。切不可在非全身麻醉患者面前露出惊讶、可惜、无可奈何等表情，以免患者受到不良的暗示或知道不该知道的病情。

(2) 说话注意分寸：手术中，医务人员不要讲容易引起患者误会的话：如“掉了”“断了”“糟了”“穿了”“血不能止了”“伤了××(脏器)了”“做错了”“取不完了”“接反了”等，以免引起医源性疾病。在手术台上还应避免谈论与手术无关的话题，特别是手术患者为清醒状态时，手术医生谈论无关话题会使患者产生恐惧，增加危险感，即使手术医生能够保证谈话不会影响手术质量，患者的投诉在所难免。

(3) 避免不良刺激：手术中医疗器械的碰撞声，医务人员的走动声，都会对患者产生不良刺激。事先要给患者讲清楚，并告诉患者如何应付，以免引起患者不必要的惊慌。

3. 手术后沟通

(1) 勤观察，常沟通：手术后，医务人员不管如何疲惫，也要耐心细致地与患者或家属交谈、询问病情和术后情况，必要时还要连续观察患者，直到病情平稳。

(2) 注意术后合理使用止痛剂：要给患者及其家属讲清道理，防止过量，避免成瘾。

(3) 及时处理手术并发症的病理心理反应：如术后的“随症反应”(把术中体会到、听到情况与术后的不适联系起来看)，要告诉患者术后不适是暂时现象，伤口愈后就会消失的，以减轻患者的心理紧张。

(4) 正确指导术后患者的活动：如嘱肺部手术后患者多咳嗽、咳痰、保障气管通畅；腹部手术后患者适当活动，以加速血液循环，促进康复，一有排气就要告诉医务人员；骨科手术后患者要保持功能位，加强功能锻炼；颈部手术后患者要防止大出血，影响呼吸等。

(5) 及时说明，消除顾虑：有些术后身心反应严重患者，虽然手术非常成功，但患者主诉疼痛加剧，情绪不稳定。医务人员要给予指导，帮助患者减少“角色行为”，让患者认识到术后病情是逐渐好转的，以增强患者的信心。

(四) 妇产科

妇产科疾病发生于女性生殖系统，由于患病部位的特殊性，涉及女性患者的隐私，并受到社会经济因素、政策因素和环境因素的影响，使得妇产科患者存在着讳疾忌医，耐受性强，怕到男医生处就诊，怕做妇科检查，忽视孕期保健，拒绝孕期治疗，盲目追求剖宫产，和优生优育愿望强烈，不能接受病残儿的发生等心理特点，因此医生在接诊妇产科的患者时，与其建立基本的信任和进行良好的医患沟通显得尤为重要。在妇产科医患沟通中，应注意以下几点。

1. 尊重患者隐私，强化心理疏导

医务人员要深入了解患者就诊的动机，充分了解患者的需求，学会安慰患者，不泄露其隐私，使其感受到被尊重，沟通才有可能全面进行。因此，尊重患者是保证医患沟通效果的基础。妇产科的患者都是女性，无论是妇科患者还是孕产妇，都是敏感、脆弱和精神紧张的人群，尤其是围绝经期女性，这个时期的患者本身就焦虑、多疑。因此，一定要学会安抚患者的情绪、倾听患者的诉求、尊重患者的隐私，千万不要认为这样做会浪费时间。很多经验教训告诉我们，往往在这个时候多花1分钟都有可能降低医患纠纷发生的概率。

2. 提高妇产科医疗技术，提高沟通技巧

高质量的医疗技能和水平有助于取得患方信任，是改善医患关系、进行有效医患沟通的重要环节。因妇科疾病的特殊性，在与患者交谈时医务人员要注意沟通的技巧，避免让患者产生尴尬、恐惧、不受尊重等情绪，交流中应尊重患者隐私，使用保护性语言，面露微笑，多点头示意，让患者可以放心将自己的疾病告诉医务人员。

3. 耐心解释和知情告知

尊重患者的权利，履行告知义务，完善各种知情同意书，是医患沟通具体化的表现。在整个医疗行为过程中，医方必须尊重患者的各种权利，让患者明白诊断、预后、检查、治疗、用药等，详细提供各种不同的诊疗方案的优劣点及所需费用，允许患者做适当的选择。大多数的患者及其家属在签署知情同意书的时候都认为，之所以要签这么多的同意书是因为医院想要逃避责任，他们并不能理解这是体现患者自身权利的一种表现，因此更需要医务工作者进行耐心、细心、详细的解释。尤其对孕产妇，关系到一大一小两条人命更是不能轻率和马虎。医生在向患者讲解时，应用准确、通俗和易懂的语言，避免不恰当的解释让患者感到害怕而退缩；也不能过于轻描淡写，造成患者对特殊治疗或检查过于轻视，导致发生不良反应后抱怨医生。对患者提出的每一个疑惑应本着实事求是、科学、认真的态度，耐心细致地解释，让患者做出正确的认知和选择。

（五）肿瘤科

恶性肿瘤是当前危害人类健康的主要疾病之一，在传染病得到基本控制的国家，心脑血管病和恶性肿瘤已分别成为死亡原因的第1位或第2位。恶性肿瘤疾病有着分布面广、危害性大，多学科参与治疗，疗效不确定、治疗费用昂贵，未统一治疗规范等特点。肿瘤科患者及家属特点是患者对疾病的知情权受到侵犯，患者及家属对恶性肿瘤认知水平较低，患者及家属对治疗的期望值过大，“病急乱投医”，对治疗方法选择不当。在肿瘤科医患沟通中，应注意以下几点。

1. 在充分了解病情的基础上，客观告知患者及家属相关疾病信息

医务人员应该充分了解患者病情，做好各项检查，给予患者尽可能准确的分期，根据不同的分期结果，做出相应的预后判断。在此基础上真实客观地告知患者及家属病情，给患者对于疾病整体的一个较为准确的信息。特别强调的是由于恶性肿瘤病情特殊，患者家属往往要求对患者隐瞒真实病情，正确的方法应如实告知患者病情。但由于国情的关系，目前较为普遍的做法是临床医生告知患者诊断，预后情况向患者家属交代，同时应协助患者及家属渡过此一阶段的心理危机关。临床实践中往往对患者说明病情为恶性肿瘤，但病情尚早，临床有较好的治疗方法，但对患者家属的沟通时应详细告知病情的真实情况。

2. 提供相应治疗方法供患者及家属选择

由于恶性肿瘤疾病属于尚未解决的医学难题，治疗过程较为复杂及多样性，诸多问题医学界尚无定论，因此需要临床医生精通专科知识，客观真实地提供给患者相关信息，有效地帮助患者及家属进行治疗的选择。不能夸大对于治疗的效果的真实性，但也不能不作为。

3. 充分提供患者及家属治疗过程中的信息

恶性肿瘤治疗周期长，治疗复杂，相关于各种治疗所引起的副作用必须事先说明，如化疗可引起脱发，恶心、呕吐，骨髓及心、肝、肾功能不同程度的损伤，放射治疗可造成放射部位损伤，如小儿进行放疗可导致发育不良甚至畸形，影响生育功能等。

4. 主动防范医疗纠纷，所有治疗应签署相关知情同意书

坚持知情同意原则，签署相关知情同意书，是医患沟通具体化的表现。尽管此类文件不能作为发生纠纷时不赔偿的依据，但可证明患者或患者家属的知情同意和对所采取的治疗方案的态度。医务人员需向患者及家属仔细交代疾病的诊断，介绍适当的可供选择的医疗干预方法，建议进行的某种医疗干预的目的、治疗实施过程及预期结果，进行或不进行某种医疗干预的利弊。

5. 提供人性化的服务

尽可能按照肿瘤患者的特点提供人性化的服务。如在医疗条件允许的情况下尽量满足患者的合理要求，给患者家属充分的陪护时间，做好患者心理护理。肿瘤患者及家属的一个较为突出的心理特点就是对治疗的担忧，在沟通时一个最好方式就是进行谈话，做好患者的心理疏导工作。在服务理念上从“以疾病为中心”转

变为"以患者为中心"。

6. 治疗过程中始终和患者及家属保持沟通

恶性肿瘤患者治疗周期长,病情变化快,治疗方法随着病情的变化而需要不断进行调整,这就要求医务人员保持和患者及患者家属密切沟通,对疾病的每一过程如实地告知患者及家属,同时进行治疗方案调整时应同样征得患者及家属的同意。医患沟通必须要有诚信、尊重、同情、耐心;要多听患者及家属说几句话、多对患者及家属说几句话;要掌握患者病情、治疗情况、检查结果,掌握医疗费用情况及患者和家属心理状态;留意沟通对象的情绪状态、沟通感受、对交流的期望值及医生自己的情绪反应;避免强求沟通对象实时接受事实,避免用刺激性语言,避免过多使用对方听不懂的专业术语,避免刻意改变对方观点和压抑对方情绪;采取预防为主的针对性沟通。

7. 做好临终关怀

相当多的肿瘤患者最终要面对的一个难关就是死亡的威胁,对于晚期肿瘤患者,正确的做法是不要不作为,而是要和患者及患者家属充分交流,提供一切可能的方法减轻患者的痛苦。

(六) 内科

内科是临床医学中的一门综合学科,它涉及面广、整体性强。内科患者往往具有身份的各异性、病情复杂性、就诊随机性以及心态多样性等特点。内科包括心内科、消化科、肾内科、神经内科、内分泌科、呼吸内科等,不同科室的有着不同的疾病特点及医患沟通要领。在内科医患沟通中,应注意以下几点。

1. 转变思想观念,建立新的服务模式

医务人员必须适应医学模式的变化,更新服务观念,改善服务态度,转变服务方式,提高服务效率,加强医患沟通,注重人文关怀,切实地把以患者为中心作为工作的出发点和归宿点,积极主动为患者提供一个全方位、全过程、优质满意的诊疗服务。

2. 掌握沟通技巧,做好诊疗工作

(1) 问诊:问诊是医务人员通过与患者及相关人员的询问及交谈,了解病情,经过分析、推理、综合,作出结论的临床诊断方法,也是医患交往的最初环节。因此,良好而有效的医患沟通要从问诊开始。问诊不同于一般人际交往中的谈话,它是一种医学谈话。在问诊过程中,由于医患关系的特点,医患双方的地位和心态方面存在差异,问诊这种医学谈话也有其特点和要求。优质的问诊,需要诚恳而细致地听取患者的叙述,评价各种资料的相关关系和重要性,询问出完整的疾病资料,抓住重点,深入询问,尽量引证核实,观察患者的面容表情、言谈举止,领会患者关注的问题、对疾病的看法、对诊断和治疗的期望等。在问诊方法上,要因人而异,如对少言寡语者,要耐心有序、循序渐进地询问;对滔滔不绝者,要规范言路、巧妙转问、化整为零地询问等。只有做到这些,才能避免遗漏病史,保证诊疗的质量,同时也能避免与患者产生言语上的冲突,满足患者的求医倾诉需求。

(2) 体格检查:体格检查是医务人员更直观地判断分析患者病情的重要依据,除了体格检查必须做到按照医学规范进行操作,相关检查不应遗漏外,从医患沟通方面来说,主要需提到的是检查的手法及患者的隐私问题。医生在为患者做体格检查时应注意手法,掌握技巧,把握轻重,关注患者的感受。同时因为体格检查往往需要患者暴露身体的某些部位,这就需要注意保护患者的隐私权,如在做检查时,请无关人员离开,拉上布帘等。

(3) 病情分析:医务人员通过询问患者的病史,进行体格检查,以及查看患者相关检验项目结果后,对患者的病情有了一定的了解,对于不太复杂的疾病或症状指标明显的疾病,医生会做出初步诊断。此时,很重要的一步就是向患者进行解释,分析其病情。在分析病情时,特别要注重用语的针对性和通俗性,尽可能使患者对自身的病情有一个大概的了解。

(4) 提出治疗方案:知道患了何种病,下面就是治疗了。对于不同病情的患者究竟采取何种治疗方案,就面临着选择。而这种选择权,不仅仅在于医务人员的指导建议,更掌握在患者自己的手中。作为医务人员,必须尊重患者的权利,要让患者了解治疗处理等确切的内容和结果,可供选择的具体治疗方案,各种方案的利弊及可能引起的后果等。在沟通中,医务人员必须做到既简明扼要又通俗易懂,同时也要考虑到患者的经济条件等,从而使患者能够真正选出最适合自己的治疗方案。

3. 掌握心理学知识,注重心理抚慰与疏导

医务人员对来诊的患者不仅要有高度的责任心,还要具有较广泛的医学知识和较丰富的临床经验,同时要掌握心理学知识,使患者从就诊开始就能打消顾忌,

消除恐惧,敞开心扉地把自己的症状、体征和心理感受都向医务人员倾诉。医务人员针对不同患者的病情、心态表现和提出的问题与要求,细心、耐心、热心地做好解释、安抚、疏导工作,使患者有亲切感和安全感,增强战胜疾病的信心,从而达到不仅医治好疾病给患者机体带来的痛苦,而且医治好疾病给患者心灵上所造成的创伤。

世界医学教育联合会在《福冈宣言》提出:所有医务人员必须学会交流和处理人际关系的技能,缺少同情应该看作与技术不精一样,是无能的表现。著名外科专家裘法祖说:德不近佛者不可为医。因此,作为一名合格的医务人员,要重视学习医患沟通的技巧。疾病就像文本,医务人员和患者就像两个读者,医生以观察的方式在自己的视阈里构建疾病的认识,对疾病进行解读。患者以自己的体验阐释着疾病,然后医患在沟通中互相解读,并且达成对疾病的共识。在构建和谐、落实以人为本的今天,信任和谐的医患关系,是立于不败之地的重要基础,是维护医患双方权益不可缺少的根本保证。医学生是医院的未来,教学医院应加强对医学生的医患沟通教育,全面提高素质能力,提高医院的医疗服务质量,减少医疗纠纷的发生,使医学生逐步适应新型医疗模式的要求,通过临床与实践,尽快成为一名合格的临床医生。

案例分析 1

1. 案例

患者,65 岁,女性,患恶性肿瘤,即将行手术治疗。其家属第一次找医生咨询情况时,医生对患者家属说:“今天没空,明天再来”。当患者家属表明他们是专程请假到医院咨询,明天还有事,能不能请医生抽点时间给他们做些解答时,医生不耐烦地说:“就你们有事,我们医生就没事?”使患者家属在心理上产生反感情绪。而第二次向患者家属交代病情时则简单地说:“××的病是恶性肿瘤,只能死马当活马医”,而不做详细的解释。正是这位患者术后死于多脏器衰竭时,患方家属对本来是正常的医疗程序提出疑义,导致长达数月之久的医疗纠纷。

2. 分析

患者及家属希望能多了解一些关于自身疾病的信息,而有的告知和沟通具有非常强的时效性和不可重复性。尽管此患者的预后与医疗行为并无因果关系，但患者家属坚持认为这一结果是由医方造成的，从而引发医疗纠纷。医者应当时刻牢记面对的不仅是患者的疾病，更是活生生的患者，在医患关系中，医方更多地处于主动地位，更有义务针对不同年龄、不同性格的患者给予关心和疏导。特别是在接受手术或特殊的检查之前，主刀或主管医生有必要与患者进行必要的交流，向患者介绍相关的医学常识、注意事项，关心患者的意愿和情绪，解除患者内心的恐惧、疑虑，这样不仅能建立良好的医患关系，更重要的是让患者配合医方接受必要的检查和治疗，并能避免不必要的医疗纠纷。

案例分析 2

1. 案例

一位少女因阴道出血在其母陪同下来医院就诊。自述是骑自行车时摔伤后腹痛不止。外科检查未发现丝毫损伤的痕迹，透视也未查出疼痛和出血的原因。接诊医师根据观察和经验，怀疑其为宫外孕，建议转妇产科进一步检查和治疗。但是患者及其母亲都坚持少女未婚、月经一直正常，何来"宫外孕"而拒绝转诊。无奈之下医师只好给予患者常规的止痛止血剂治疗。可是当天夜里患者就因宫外孕大出血导致休克而紧急住院，经全力抢救虽保住了性命，但却因宫体破裂出血过多而不得不摘除了子宫，留下终生遗憾。

2. 分析

对于上述案例中涉及患者隐私的致病原因，在问诊中，当患者有意识地隐瞒病因时，医者不必强硬追问，但可婉转说明，如果发现某种疾病(如宫外孕、性病、艾滋病……)会有哪些症状和征兆，会有哪些严重的危害，明确病因对有效治疗的重要意义等。给患者一个思索、权衡利弊的时间。让患者从思索中体会到"医生是在治病救人"从而配合治疗。

第四节 医术与心术

被后人尊为“医圣”的东汉名医张仲景曾说过:“上以疗君亲之疾,下以救贫贱之厄,中以保重长全,以养其生”。三国名医董奉“日为人治病,亦不收钱。重病愈者,使栽杏五株,轻者一株。如此数年,得十万余株,郁然成林”。使“杏林春暖”成为赞美医生美德的成语。可见,中国从古至今,良好的医德和医术就是医生们追求自身价值的共同目标。

随着时代进步,医学在医术上的追求已经无法满足当今医学发展的需要,建立医患间的充分信任,建设和谐医学环境,已经成了现代医学发展新的方向,从医术和心术上衡量一位医生已经成了各大医院适应新时代医学建设的新标杆。

医生的所思所为,即心——思想,术——行为,与医生的医术相辅相成。一方面,医术是心术的基础,拥有过硬的治愈患者身体的“术”是每一位医生的立业之根。没有合格的医术,谈何成为一名医生,只有掌握了精湛的医术,才能更好地为患者除病祛痛,为救死扶伤奠定基础;另一方面,拥有良好职业操守,全心全意服务患者的“术”,能得到患者们的广泛认可,是现代医术的保障,医务工作的开展需要心术的指引,离开心术的医术是无本之木,无源之水。总的来说,在医务工作中,医术与心术缺一不可。

一、医术是做好医生的基础

高超的医疗技术,让患者得到最合适的治疗,是每一位医务人员所必需的,也是最基本的元素。一名优秀的医务人员除了良好的专业培训和通过专业资格考试外,还应懂得疾病的发病机制和病理生理并且能够运用这些知识去解决临床问题;要通过定期地阅读文献获取在过去30~40年间医学领域所发生的巨大进展,以巩固扎实的医学理论基础;需要具有良好的临床技能,这些技能包括和患者进行交谈的能力、体格检查以及对简单的辅助检查的临床意义的理解等;总是不断地寻找新的线索,在疾病还没有确诊或者鉴别诊断还没有局限时,医生应该继续寻找其他资料,这些资料不应只是与最初的诊断有关的,还应包括其他方面的资料;应注意患者资料中每一个细节,即使患者或其家属所陈述的内容可能与患者就诊的主诉无必然的关系，虽然不能立即看出他们的内在联系，也应记录这些内容供以后参考；要关注整个临床表现，而不是脱离整体只关注某个细节，应该用同样的方式分析症状、体征和实验室检查的异常结果；应对治疗效果进行监测，以明确此项治疗是否依然合适以及在短期内有无副作用；记录病情应清晰而准确。此外，一名优秀的医务人员还要善于思考与总结，无论是经验或教训，尤其是教训，更能使人进步。接受教训，能使我们思考出现问题的原因，更能使我们铭记教训，永远不会再犯同样的错误，这就是做个好医生的宝贵财富。

医术是做好医生的基础，“工欲善其事，必先利其器”，只有足够的医学知识、临床经验和正确的临床思维模式才能更好地服务于患者。医学是一门实践性很强的学科，只有不断地积累和磨炼，才能有所成就。

二、心术是做好医生的前提

孙思邈在《备急千金要方》一书中，有一段著名论述——“大医精诚”，孙思邈提出了医生的行为准则“凡大医治病，必当安神定志，无欲无求，先发大慈恻隐之心……”对于前来求治的患者要一视同仁，“不得问其贵贱贫富，长幼妍蚩，怨亲善友，华夷愚智，普同一等，皆如至亲之想……”医务人员要把患者当作亲人一般，把患者的痛苦当作自己的痛苦，出诊时要不避路途的艰难险阻，不顾自身的饥渴劳累，“见彼苦恼，若己有之，深心凄怆，勿避险难、昼夜、寒暑、饥渴、疲劳，一心赴救，无做功夫行迹之心。”可见良好的医德和品行是做一个好医生的前提。

如今在追求高超的医疗技术的同时，为何要把心术——高尚的医德，放在当一名好医生的首位，那还要从医术的演变说起。

（一）医术要求的演变

在原始社会，由于知识匮乏，人们对最初的医学模式——神灵主义医学模式表现出一味的盲从，随着生产力的发展和人类对自然认识能力的不断提高，人类逐步摆脱了原始宗教的束缚，开始以自然哲学理论解释健康与疾病。15 世纪的文艺复兴运动，带来了社会变革，一种以机械论的观点和方法来观察与解决健康与疾病问题的学说成为当时一种普遍倾向，这就是 17～18 世纪所出现的新的医学模式——机械论医学模式。从 18 世纪下叶到 19 世纪，生物学的重要发现，使自然科学领域取得了长足进步，促使人们开始运用生物医学的观点认识生命、健康与疾病。在关于健康与疾病的认识，这种以维持生态平衡的医学观所形成的医学模式，即生物医学模式。

现在随着人类物质文明的发展，人们对自身生命质量水平的要求也已不断提高，迫切需要医生在解决其身体疾病造成直接痛苦的同时，也帮助他们减轻精神上的痛苦。就是说，人们追求生活质量的提高，其中也包括要求心理上的舒适和健全。这些也都给医学提出了新的研究课题和工作任务。人们逐步认识到以往的生物医学模式已不足以阐明人类健康和疾病的全部本质。疾病的治疗也不能单凭药物和手术。人们对于健康的要求已不再停留在身体上无病的水平。于是，新的生物-心理-社会医学模式应运而生。1977 年，恩格尔在《科学》杂志上发表的《需要新的医学模式——对生物医学的挑战》一文中，对这一新医学模式作了开创性的分析和说明。与生物医学模式不同，生物-心理-社会医学模式是一种系统论和整体观的医学模式，它要求医学把人看成是一个多层次的、完整的连续体，也就是在健康和疾病问题上，要同时考虑生物的、心理和行为的，以及社会的各种因素的综合作用。

随着科学技术的突飞猛进，现代医学科学技术迅速发展，使基础医学发生根本性变革。人类基因组作图与测序计划的完成，为进一步了解人类的全部基因组成提供了更为详尽的基因信息，其意义是不可估量的。从分子水平阐明人体结构功能与疾病的关系，为提高人类的生存能力，改善人们的健康状况，提供了分子水平的依据。在诊断方面，超声技术、电子计算机扫描摄影技术、核磁共振等先进技术帮助医学对疾病的诊断率有了显著提高。可以说，高新技术的运用，使医学踏进了信息化医疗阶段。

（二）随之而来的问题

医学在数学、物理、化学、生物学等自然学科基础上的迅速发展，逐渐变成了一门专业性、技术性很强的科学学科。医学的方法是综合的，它往往需要利用任何科学理论与方法，不论是自然科学、社会科学、应用技术、系统理论的成就与方法来完备自身。因此，医学成为了多种学科的综合体。随着科学技术的高速发展和在医学领域的普遍推广，极大地改善了患者的健康状况，为人类征服疾病、延长寿命、提高生活质量做出了巨大的贡献，稳步推动着医疗、社会总体前进的步伐。

医疗技术的信息化虽然最大限度地把医护人员从繁琐沉重的工作中解脱出

来,但也因此带来了一些负面的影响。

如由于过分地依赖信息化的便利,在一定程度上弱化了医务人员的责任感,久而久之,医务人员更多地关注信息技术,而忽略了与患者之间的直接沟通,在人文关怀上存在明显缺失。

再如虽然信息技术为医生带来便利,但先进的设备需要高昂的维护和使用费用,不断增加的医疗开销和社会日趋膨胀的货币环境,使医务人员和患者之间的矛盾日趋激化。

同时,在信息技术的广泛运用,使各大医院在治疗中刻板地追求标准化、模板化,千篇一律的诊断模式,磨灭了许多医生的个性,轻视了经验医学的重要性。

医术由于科学技术造成的负面影响有其自身的原因,更有着深刻的社会原因,科学研究本身的复杂性和不可预见性,科学技术发展与社会的复杂关系,这都将成为日后医学界主要研究和突破的方向。当代的医务人员应当通过探索和建立合理的社会机制和规则,不断完善科学技术,逐步增强医术的正面效应,减弱其负面效应,充分利用它的积极作用,克服由于社会等因素造成的消极作用。而这也是为什么心术,在现代医学领域愈发重要的一个重要原因。

(三)心术的重要性

随着改革开放的不断深入和市场经济的不断完善,我国医疗卫生事业也随之发生了广泛而深刻的历史性变革。经济环境、政治环境、社会环境、文化环境都在发生着日新月异的变化,卫生事业的福利性也同时转变为政府实行一定福利政策的社会公益事业。变化最大的莫过于人们意识形态观念的转变,在这种全新的人文环境中,人们对医疗卫生事业的期望值却不因为各种环境的变化和自身观念的转变而降低,反而是提高了。在这种新的历史条件下,作为我国卫生事业的主体——各级医疗机构及其医务人员应该在提高医疗技术服务水平的基础上,特别要重视加强医德医风建设,尽可能满足公众对医疗服务的需求就显得尤为重要。

在西方医学最早的发源地古希腊,被称为“医学之父”的希波克拉底曾提出:“医学是一门科学,也是一门艺术。”完美地诠释了医学的根本。当人们专注于提高医学的技术含量,追求治疗效果的同时,往往忽视了医学的艺术性,即医生自身心术的提高和升华。无论医学如何发展,首先医学的研究对象首要是人。单个的人或具体的人群都是社会化的人,都具有个性特点和社会性。医生不但要了解疾病,还需要了解人，了解人与社会的关系，这是医学的艺术性所在。在我国，裘法祖院士有一句名言："技术上有高低，但医德必须是高标准的。"他在《假如躺在你面前的是你的亲人》《回忆五十年外科生涯》等文章中都提出了要把每一位患者当作自己的亲人，他自己也是这样身体力行的。

医学的目的是诊断、治疗、预防、控制疾病，维持人们的身体健康。因此，医学本身隐含着一种固有的道德原则，即一个医生有义务促进人们的健康，这是其他科学所不具有的，这也再次证明了医生的所思所为对于医学发展的重要性，甚至将影响到整个社会。

三、如何做到心术的不断完善和进步

（一）加强医德医风建设

改革越深入，市场经济越完善，公众对卫生事业的要求越高，越要加强医德医风建设。江泽民同志指出："在发展社会主义市场经济的条件下，做好卫生工作有许多有利因素，但也不可避免地受到消极方面的影响，卫生工作的职业道德面临新的考验。广大卫生工作人员如何自觉抵制不正之风的侵蚀，增强全心全意为人民服务的观念，是当前必须进一步解决的问题。"《中共中央关于制定国民经济和社会发展第十一个五年规划的建议》中也明确指出："认真研究解决群众看病难、看病贵的问题"，都把加强医德医风建设、全心全意为人民的健康服务当作当前和今后一个时期医疗卫生领域的一件大事来抓，想方设法去解决事关 13 亿人民群众健康的切身利益问题。党的十六届四中全会提出构建社会主义和谐社会的任务。构建社会主义和谐社会，需把人与人之间的关系和谐作为构建社会主义和谐社会的基础，采取各种措施，消除经济社会生活中存在的不和谐因素，努力促进人与人之间的和谐。作为医疗机构及其医务人员在构建社会主义和谐社会中，就必须保持医患之间关系的和谐，更好地为人民群众的健康服务，用实际行动取信于人民，再树"白衣天使"形象，争做构建和谐社会的模范。当今世界，科学技术正以突飞猛进的速度向前发展，医学科学领域大量的新理论、新技术得到广泛应用，这些新理论、新技术在和千差万别的患者个体相结合的时候，难免会出现这样或者那样的技术问题，这就必然引出了新理论、新技术应用过程中的一个道德问题，比如安乐死、脏器移植、其他新的有创检查治疗技术的应用等；加之近年来一些新的医疗法规、规章如《医疗事故处理条例》及其他配套文件、有关医保的政策等的陆续出台，同样也给医德医风建设提出了一系列有待研究、探索和加强的问题。

俗语道:"无规矩不成方圆"。大至全世界、一个国家,小至一个系统、一个单位,无处不受规矩、规律的制约和影响,医务人员同样也不可避免地要遵循其自身内在的客观规律和行业的规范要求。心术是对医疗机构及其医务人员的基本素质要求,也就是说要必须做到做好的。良好的医德医风是一种动力,它促进医务人员为解除患者痛苦,去钻研业务,在技术上精益求精,从而促进医疗质量的提高,更好地为人民群众的健康服务。相反,医德败坏,只能是涣散队伍,导致拜金主义、自由主义盛行,医务人员滥用手中权力,以权谋私,片面追求自我价值的实现,其结果与"白衣天使"的圣洁形象背道而驰,失去了人民群众的支持、拥护与尊重。

(二) 培养主动防范意识

医学是为人的生命和健康负责的,医学技术又在不断地进步与变化中,因而它的风险也高于其他行业。医务人员如果不懂法、不守法,必将害人害己,同时也损害了医院的声誉。

由于我国医学教育课程以医学知识相关课程为主,而与其今后在医疗实践中相关的法律知识却涉及甚少。大部分初到临床工作的医生、甚至一些高年资医师在诊疗过程中往往从医学角度考虑问题,缺少必要的法律意识,在遇到与医学相关的法律问题时常常束手无策。一般情况下这方面的不足未引起医院的重视,并不会设置相关法律知识考核标准,因此大部分医生对于学习法律并无动力,然后一旦出现问题,回过头来不仅是医院管理和医德的问题,同时更重要的是法律意识的问题。随着我国医疗法律法规机制的逐步健全,医疗卫生事业也正逐步走向法制化的轨道。当前我国医疗卫生体制改革正面临困境,医患关系紧张已是不争的事实。临床工作中医疗事故争议案件屡有发生,部分争议案件发生在低年资医师,甚至发生在临床实习生的实习活动中。因此,对医学生,尤其是即将进入临床实习的医学生,让其全面掌握有关医疗事故和医疗纠纷等相关法律法规知识凸显出其紧迫。在 2004 年重庆市中山医院医疗器械回扣案中涉案的专家和领导几乎都认为回扣是对自己辛苦工作的回报,没有一个人想到这是犯罪。每一个医务人员都要引以为戒严,敲响警钟。不断加强法律、法规的学习,提高自我防范意识和对患者的保护性医疗。

(三) 重视医患沟通交流

全国政协委员钟南山说,在中华医学会处理的医患纠纷和医疗事故中,半数以上是因为医患之间缺乏沟通引起的。没有沟通、不会沟通、沟通不恰当都在不同程度上加剧了医患之间的紧张对立情绪。一名优秀的医生除了有责任感、具有对患者的关爱之心外,更重要的是学会与人沟通。

(1) 要认真履行告知义务,维护患者的知情权、同意权、隐私权。《医疗事故处理条例》第十一条:"在医疗活动中,医疗机构及其医务人员应当将患者的病情、医疗措施、医疗风险等如实告知患者,及时解答其咨询;但是,应当避免对患者产生不利后果。" 这提示我们要尽可能将告知书面化,使其成为医学证明材料。

(2) 做好病案文书的书写。病历具有客观性、合法性、与案件有关联性的证据作用,如果病历出现不规范,就会在纠纷中处于举证不力的境地。

(3) 注重医务人员形象,它直接反映了一个医院人员素质的高低及医院的文化,这也是患者信任的基础。

(4) 要防止因语言不当或服务态度不好而造成的纠纷。有些医务人员在接诊时,往往出于个人的经验不足或情绪等原因,会不假思索地说一些错误的甚至毫不负责任的话,什么"诊断错了" "来晚了"等。还有一些医务人员,违反医疗保护制度,乱发议论。说一些什么"氧气不够了" "药用错了"等之类的话,患者或家属听见了必然会产生疑虑而引发纠纷。

(四) 抵制各种错误价值观

改革开放给社会思想文化带来了空前广泛深刻的影响。一方面,使人们摆脱了那些陈旧过时的思想禁锢,形成了符合时代要求的新观念,极大地调动了群众的积极性,这是人们当前思想和道德观念的主流。另一方面,随着改革开放的不断扩大,资本主义的腐朽思想文化乘虚而入,同我国历史上遗留下来的剥削阶级的腐朽思想文化影响相结合,使拜金主义、个人主义和腐朽生活方式等消极现象有所滋生,对人们的理想、信念和价值观产生了很大的冲击。医务工作者离不开改革开放和发展社会主义市场经济这个新环境。腐朽思想文化的影响,特别是错误的价值观,是一种腐蚀剂,使医疗机构的某些医务人员斗志衰退,理想动摇,涣散了医疗机构内部的人际关系,影响医务人员与患者、与社会的和谐关系,还干扰了我国卫生工作的宗旨和方向,导致医德滑坡。近年来一些重大医疗事件的发生固然有不可预见性和客观性,但与医务人员的医德医风不无关系。目前在医疗卫生系统中时髦的“红包”“回扣”等敏感问题应引起我们足够的重视和警觉。有必要把“救死扶伤,防病治病,实行社会主义的人道主义,时刻为患者着想,千方百计为患者解除病痛”这一社会主义卫生事业医德建设的基本原则在全行业范围内坚决贯彻执行。

在新的历史时期,医务工作者不仅要立足为人民健康服务这一根本目的,而且还要不断适应医疗卫生工作自身改革发展的需要。这就必然引出一些随着利益调整而产生的现实矛盾。如面对日益深化的改革,如何处理社会效益与经济效益的关系,如何处理好国家、医疗机构和医务人员个人之间的利益关系,以及长远利益和眼前利益的关系,医务人员之间收入不平衡的问题等。这些问题不解决,势必影响医疗卫生工作的改革与发展。解决这些问题,必然具有政治上的坚定性和思想上的纯洁性,树立正确的人生观、价值观和正确取向,在医疗工作的全过程要始终贯穿全心全意为人民的健康服务这一根红线,为医疗卫生工作的改革发展提供重要的思想道德保证。

(五) 继承发扬中国传统美德

我国是一个有人伦文化特点的国家,也是世界古代医学和医德思想的重要发源地之一,优秀的传统医德在医学界有着深远的影响。早在有文字记载之前,就曾留下一些颂扬端正医德的传说,其中最突出的是关于“神农尝百草,一日遇十毒”的故事,反映了我们的远古祖先为救治人命,发展医学不惜自我牺牲的精神。中国古代名医的高尚医德和行为思想,对后世行医者,起着重要的积极影响。现代,我国医务工作者将古代医家留下来的优良传统医德秉承光大,涌现出了像吴登云、皇甫玉珊、范匡夫、胡训名等医术高超、医德高尚的医务人员。“大医精诚”,“精”于专业,“诚”于品德,医海博大精深亦一时难以参透其中的奥妙,前人已做出典范,而后人要做的则是效尤先人,必须牢记以人为本的服务理念,养成对工作极端负责的工作作风,对技术精益求精的工作习惯,全心全意为患者服务,力争做到“大医精诚”四个字!

当代医务人员在医术上要精益求精,时刻牢记自己为患者服务的本领永远不能满足,要向书本学习,向周围的同志学习。活到老,学到老,用到老,学习永无止境,求知的紧迫感将与所有医务工作者终生相伴。在心术上,应时刻树立治病救人,全心全意为患者服务的思想,把患者永远视为服务对象。因此，对患者应无微不至地关怀，从每一件小事入手，如寒冷季节作身体检查时，应当将手或听诊器暖温再放在患者身上等细节。“医者仁者，医乃仁术”。纵观医学发展史，高超的医术加高尚的医德，会流芳百世，相反则会被人们所唾弃或忘记，在构建和谐社会的今天，加强医德医风建设是每一位矢志于医学事业的医务工作者都应当自觉践行的。把医术与心术结合起来，是医务人员加强职业道德建设的内在要求。

案例分析 1

1. 案例

患者，42 岁，女性。诊断为结核性缩窄性心包炎，准备手术。术后住抢救室，特护，病情稳定，用洋地黄类药物控制心力衰竭。术后第三天(星期日)，夜班主治医师 A 于下午 5 点打电话给白班医师 B，因个人有事晚到一会儿，并说：“你可以按时下班，有事请骨科值班医师 C 照顾一下。”医师下班前告诉护士如病情不好，脉搏超过 120 次/分，可以给西地兰 0.2 mg，有事可找医师 C。晚 6 点 30 分，患者自觉心慌，脉搏 100 次/分，护士给西地兰 0.2 mg 静推。晚 7 点 30 分患者胸闷憋气加重，血压 90/70 mmHg，脉搏 140 次/分，中心静脉压 14 mmHg，护士在没有正式医嘱的情况下，静脉又给西地兰 0.2 mg。晚 9 点 30 分症状加重，呼吸浅表、减慢，面色紫绀，血压测不到，护士又经静脉给西地兰 0.4 mg，并请医生抢救。当医师 A 赶到时正在抢救之中，晚 10 点 30 分患者因抢救无效死亡。患者家属认定是医师不到位、抢救不及时而死亡的，要求追究责任，于是发生了医疗纠纷。

2. 分析

(1) 医生未遵守各级医生的职责、岗位责任制，反映出医德医风建设存在较为突出的问题——对患者不负责任、不坚持岗位、不恪守职责。

(2) 抢救室一刻也不能离开医生，医生 A 无法按时到岗打电话请医生 C 照顾一下是不妥的，医生 B 更不应在医生 A 未到而离开抢救室，护士更不能在没有正式医嘱下擅自治疗。

(3) 患者死亡的原因一方面是病情严重，另一方面是与医生抢救不及时、工作不负责、护士擅自治疗有关系的，医生及护士应负有道德责任。

延伸思考

1. 医患沟通在医患关系中的意义是什么？请举一个你所经历的实例说明。

2. 医患沟通语言沟通技巧有哪些？请收集一下临床中的错误用语。

3. 作为一名医生，医术重要还是医德重要？谈谈你的看法。

4. 当今社会医患矛盾较为激烈，医患关系比较紧张，请从一名医务人员的角度，谈谈自己对医患矛盾的认识以及如何改善医患关系。

5. 医生在与患者会谈过程中应注意什么？

延伸阅读

1. 六六. 2010. 心术. 上海：上海人民出版社.

2. 白剑锋. 2011. 中国式医患关系. 北京：红旗出版社.

3. 刘俊荣，刘霁堂. 2011. 中国传统医德思想导读. 北京：中央编译出版社.

4. 王锦帆. 2006. 医患沟通学. 北京：人民卫生出版社.

5. 陈一凡. 2013. 医患法律关系. 北京：人民法院出版社.

第六章　医学大事件与人文启示

第一节　遗传定律与双螺旋结构

俗话说:“种瓜得瓜,种豆得豆。”中国古人在观察研究植物品种特征中认识到“物生自类本种”,这符合圣经所讲的“各从其类”的规则。究竟是什么控制着这一神奇的遗传过程?遗传学或许能够给我们一个满意的答案。

遗传学是研究生物起源、进化与发育的基因和基因组结构、功能与演变及其规律的一门学科,经历了从孟德尔经典遗传学、分子遗传学而进入了系统遗传学研究时期。

一、遗传定律

(一) 背景

任何一门学科的形成与发展,总是同当时热衷于这门科学研究的杰出人物紧密相关,遗传学的形成与发展也不例外,孟德尔(Gregor Johann Mendel)是遗传学杰出的奠基人。他揭示出遗传学的两个基本定律——分离定律和自由组合定律。

（二）小豌豆大秘密

1843 年，大学毕业后的孟德尔在奥地利的奥古斯丁修道院当修士。1851 年，孟德尔进入维也纳大学学习自然科学，先后师从著名物理学家多普勒和爱汀豪生以及植物生理学家恩格尔，受到相当系统和严格的科学教育和训练。恩格尔是孟德尔有史以来遇到的最好的生物学家。他对遗传的看法是遗传规律不是由精神本质决定的，也不是由生命力决定的，而是通过真实的事实来决定的。孟德尔在这方面受到了恩格尔的很大影响。

1953 年，孟德尔返回修道院，开始了长达 12 年的植物杂交试验。在孟德尔从事的大量植物杂交试验中，以豌豆杂交试验的成绩最为出色。他使用 34 个豌豆株系进行他的工作，经过整整 8 年的不懈努力，终于在 1865 年写出了《植物杂交试验》一文，并在“布隆自然历史学会”上宣读，提出了遗传单位是遗传因子(现代遗传学称为基因)的论点，并揭示出遗传学的两个基本规律——分离规律和自由组合规律。这两个重要规律的发现和提出，为遗传学的诞生和发展奠定了坚实的基础，这篇当时被完全忽视而日后被发掘出来的论文也奠定了孟德尔遗传学史上的地位。

孟德尔的分离规律和自由组合规律是遗传学中最基本、最重要的规律，后来发现的许多遗传学规律都是在它们的基础上产生并建立起来的，它犹如一盏明灯，照亮了近代遗传学发展的前途。

（三）人文启示

没有家庭背景和条件的孟德尔，能持续十年开展科学研究，其所在的修道院院长纳泊(Franz Cyril Napp)的支持起到了极其重要的作用。纳泊吸引了一批有才华的人从事科学研究，给他们提供物质保障和研究环境。他本人对历史和农业也有浓厚的兴趣，他曾担任园艺协会会长、农学会的副会长。正是他一如既往、尽心竭力的支持成就了孟德尔，造就了这位超越时代的天才，催生了遗传学，奠定了现代生命科学的一个主要支柱。

孟德尔的这篇不朽论文虽然问世，但令人遗憾的是，由于他那不同于前人的创造性见解，对于他所处的时代显得太超前了，使得他的科学论文在长达 35 年的时间里，并没有引起生物界同行们的注意。直到 1900 年，他的发现被欧洲三位不同国籍的植物学家在各自的豌豆杂交试验中分别予以证实后，才受到重视和公认，遗传学的研究从此也就很快地发展起来。

二、双螺旋结构

(一) 背景

脱氧核糖核酸(deoxyribonucleic acid, DNA)又称去氧核糖核酸,是一种含有脱氧核糖的分子量在百万以上的一类大分子,DNA 的结构为一对包含磷酸盐和核糖的多核苷酸的长链相互盘绕而成的双螺旋链。存在于细胞核、线粒体和叶绿体中,也可以以游离态存在于细胞质中,是储存、复制和传递遗传信息的主要物质基础,可组成遗传指令,以引导生物发育与生命机能运作。

1953 年美国分子生物学家詹姆斯·沃森(James Watson)与研究伙伴、英国生物学家弗朗西斯·克里克(Francis Crick)在英国《自然》杂志上发表了关于 DNA 的结构和自我复制机制的论文,开创了分子生物学的时代,使遗传的研究深入到分子层次,人们得以了解遗传信息的构成和传递途径。

(二) DNA 双螺旋结构的发现

1869 年,瑞士医生弗雷德里希·米歇尔(Friedrich Miescher),最早分离出 DNA,由于这些物质位于细胞核中,因此米歇尔称之为“核素”。1919 年,出生于俄罗斯的美国生物化学家菲巴斯·利文(Phoebus Aaron Theodore Levene)首先分析出 DNA 含有的四种碱基与磷酸基团。1937 年,英国物理学家与分子生物学家威廉·阿斯特伯里(William Thomas Astbury)完成了第一张 X 射线衍射图,阐明了 DNA 结构的规律性,为 DNA 结构研究踏出了第一步。

1951 年美国化学家莱纳斯·卡尔·鲍林(Linus Carl Pauling)结合血红蛋白的晶体衍射图谱,提出蛋白质中的肽链在空间中是呈螺旋形排列的,这就是最早的 α 螺旋结构模型。

鲍林提出 DNA 结构有 3 股螺旋,受其影响,沃森和克里克按照 3 股螺旋的思路进行了很长时间的工作,可是构建不出合理的模型。1951 年罗莎琳·富兰克林(Rosalind Franklin)成功地拍摄了一张非常漂亮的 DNA 晶体 X 射线衍射照片,莫里斯·威尔金斯(Maurice Wilkins)在弗兰克林不知情的情况下给当时在卡文迪许实验室工作的沃森和克里克看了那张照片。正是这张照片,让沃森和克里克产生灵感,他们认为 DNA 一定是双螺旋结构。1952 年,奥地利裔美国生物化学家埃尔文·查戈夫(Erwin Chargaff)测定了 DNA 中 4 种碱基的含量,发现其中腺嘌呤

(A)与胸腺嘧啶(T)的数量相等，鸟嘌呤(G)与胞嘧啶(C)的数量相等。沃森、克里克推测4种碱基之间应存在着两两对应的关系，形成了腺嘌呤与胸腺嘧啶配对、鸟嘌呤与胞嘧啶配对的概念。1953年2月28日，第一个DNA双螺旋结构的分子模型诞生了。他们将这一发现发表在1953年5月25日出版的英国《自然》杂志上。在文中他们否定了当时已经有的DNA三链结构模型，并描述了自己的DNA模型——两条多核苷酸链形成一个右手的、反向平行的双螺旋结构；碱基位于双螺旋内侧而磷酸与糖基在外侧；碱基间的距离；核苷酸之间的夹角和碱基按A－T、G－C互补配对关系。

这篇由一张简单的线条图配以文字的文章一共只有一页多，但这篇看似简单的文章，向人们描绘了DNA大体的形状组成和工作原理，揭示了生命的秘密。与这篇文章同期发表的还有莫里斯·威尔金斯和罗莎琳·富兰克林关于DNA的文章。这两篇文章为DNA的双螺旋结构提供了支持。

随后，遗传的分子机理——DNA复制、遗传密码、遗传信息传递的中心法则、作为遗传的基本单位、细胞工程蓝图的基因以及基因表达的调控相继被认识。人类基因组于1990年代展开工作测定所有人类的DNA序列，2001年，这项多国合作工作完成，人类基因组序列草图发表于《自然》与《科学》两份期刊。

(三) 人文启示

两位年轻科学家沃森和克里克没有迷信权威，他们凭借着深厚的科学功底和勇气，勇于提出自己的见解。DNA双螺旋的结构的发现，是生物学的一座里程碑，开启了分子生物学时代，使遗传的研究深入到分子层次。这项成就使沃森和克里克与莫里斯·威尔金斯共同获得1962年诺贝尔生理学或医学奖，他们的研究成果也奠定人类基因组计划的基础。

罗莎琳·弗兰克林拍摄到的DNA晶体照片，为双螺旋结构的建立起到了决定性作用。1962年，当诺贝尔奖颁奖时，富兰克林已经因长期接触放射性物质而患乳腺癌去世了。虽然没有得到诺贝尔奖，但弗兰克林的工作在她身后得到了科学界广泛的认可。

在以后的近50年里，相继出现了分子遗传学、分子免疫学、细胞生物学等新学科，一个又一个生命的奥秘从分子角度得到了更清晰的阐明，DNA重组技术更是为利用生物工程手段的研究和应用开辟了广阔的前景。

第二节 血液循环与心脏介入治疗

一、血液循环

(一) 背景

循环系统根据由简到繁的特点可分为三大类：无循环系统、开放式循环系统及闭锁式循环系统。人类血液循环是封闭式的，由心脏和血管构成，包括体循环和肺循环两条途径。通过血液循环可以将氧、营养物质、酶和激素等供给组织并将组织代谢废物运走。血液循环一旦停止，机体各器官组织将因失去正常的物质转运而发生新陈代谢障碍，同时体内一些重要器官的结构和功能将受到损害。

(二) 探索与发现

人类对血液循环的认识经历了漫长的过程。公元前 3 世纪古希腊的医生、解剖学创始人赫罗非拉斯(Herophilus)最早提出区分静脉与动脉。古罗马著名的医学大师盖伦(Claudius Galenus of Pergamu)是第一个用实验证明动脉搏动的人，他也是心搏肌源性学说的最早代表。盖伦提出“灵气”是生命的要素，肝脏是有机体生命的源泉，是血液活动的中心，是营养和新陈代谢的中心，肝脏把“自然灵气”输送到血液中，并将血液送至身体各处。他认为血液无论是在静脉或是动脉中，都像潮汐一样一涨一落朝着一个方向运动，而不是作循环运动，并认为血液可以通过室间隔上的小孔从右心室进入左心室。

盖伦认为世界是由一个造世者建造的，身体只不过是灵魂的工具。由于他的学说基本上与基督教的教义相符合，所以他的权威性得到教会的支持。他的解剖学方面的理论也被认为当时唯一的经典，凡对他的言论质疑的人被当做异端。他的理论一直到文艺复兴仍有着坚固的地位。

莱奥纳多·达·芬奇(Leonardo da Vinci)是欧洲文艺复兴时期伟大的艺术家，但他不仅仅只是一个画家，他对解剖学和生理学也十分着迷，他最初研究解剖学是为了让艺术造型更准确，后来却发展成了一个独立的科学研究领域。达·芬奇通过研究心脏和血液循环系统，发现心脏有四个腔，并画出了心脏瓣膜，这是有史以来第一幅有关动脉硬化的解剖图。

16世纪比利时医生维萨里(Andreas Vesaliua)坚持亲自解剖、观察人体构造，他肯定了盖伦在解剖方面做出的贡献，但也指出了盖伦关于血液循环以及其他许多方面理论的错误。西班牙医生、宗教的改革者塞尔维特(Michael Servetus)提出了血液在心肺之间进行小循环的看法，但是由于他们触犯了教会，受到教会迫害。维萨里被迫远走异国他乡，塞尔维特在日内瓦被当作“异教徒”活活烧死。

意大利科学家安德烈·赛扎尔比诺(Andrea Cesalpino)被誉为体循环和肺循环的发现者。他认为心脏是血液的源泉，通过四根血管灌溉全身。

英国医生威廉·哈维(William Harvey)是意大利解剖学家法布里休斯(Hieronymus Fabricius)的学生，法布里休斯研究过静脉瓣并发现瓣膜口是向着心脏的，他没有把研究进行下去，但是他的研究为哈维提供了很多的启示。哈维在意大利学医时，常常去听伽利略(Galileo Galilei)讲述力学和天文。伽利略注重实验的方法对哈维的影响很大，为他之后研究医学，发现人的血液循环奠定了基础。

哈维对许多问题迷惑不解，为什么结构相似的左右心室一个管血流一个管灵气？为什么除了肺运动右心室也要运动？他决心通过实验去揭开人体血液循环的神秘面纱。他在冷血动物和因失血濒死的狗身上做出了心跳缓慢的模型，观察了心脏的收缩和舒张运动。他提出心脏是一个肌性器官，心脏的搏动是产生持续血液循环的动力；他还证实所有成人体内血液都通过肺从右心流到左心。

哈维用兔子和蛇反复做实验，把它们解剖后，找出还在跳动的动脉血管，用镊子夹住观察血管的变化。他发现血管通往心脏的一头很快膨胀起来，而另一端就马上瘪下去了，去掉镊子，心脏和动脉又恢复正常了，说明动脉血是从心脏流出来的。他又用同样的方法发现大的静脉血管用镊子夹住，其结果正好与动脉血管相反，靠近心脏的那段血管瘪下去而远离心脏那一段鼓胀起来，哈维又去掉镊子，心脏和静脉也恢复正常了，说明静脉血管中的血是流向心脏的。

哈维在不同动物中试验均得到同样结果，因此他得出结论，血液由心脏这个泵压出来，从动脉血管流出来，流向全身各处。然后再从静脉血管流回去，回到心脏，这样完成了血液循环。动脉与静脉之间的血液是相通的，血液在体内是循环不息的。他把这一发现写成了《心血运动论》一书，正式提出了关于血液循环的理论。

之后，意大利人马尔比基(Marcello Malpighi)用显微镜观察到了毛细血管的存在,正是这些细小的血管将动脉与静脉连在了一起,从而进一步验证了哈维的血液循环理论。

(三) 人文启示

维萨里不拘泥于书本知识,认为必须亲自解剖、观察人体构造,创立了当时少见的理论联系实际的生动教学局面,受到学生尊敬和爱戴。维萨里的主要贡献是1543 年发表了《人体构造》一书,该书总结了当时解剖学的成就。虽然他为了捍卫科学真理,遭到教会迫害,但他建立的解剖学为血液循环的发现开辟了道路,成为人们铭记他的丰碑。

哈维是一个善于思索的人,前人的研究成果开拓了哈维的视野,但是他并没有止步研究,更难能可贵的是他敢于质疑权威的理论。威廉哈维说:“我的信念就是热爱真理以及存在文明人心中的公正。”他在书中告诫人们无论是教解剖学还是学解剖学都应当以事实为依据,而不应当以书籍为依据;都应当以自然为老师,而不应当以哲学为老师。

二、心脏介入治疗

(一) 背景

近年来,心导管技术已发展成为以治疗心血管疾病为主要内容的新兴学科,即介入性心脏病学。心脏介入治疗具有创伤小、恢复快等诸多优势,心血管介入技术的诞生是现代医学最具革命性的突破。

通过导管技术可以精确地测量心脏内压及血流量、往心脏注射药物和作 X 光摄片定位,插入电极,用于调节心跳。冠心病(心绞痛,心肌梗死)、心律失常、瓣膜狭窄、肾动脉狭窄、先天性心脏病、主动脉夹层、外周血管疾病等都可以使用导管技术进行治疗。

(二) 历史上第一例心脏导管术试验

德国医生维尔纳·福斯曼(Werner Forssmann)是首次研制出实用的心脏导管插入系统的人。1929 年 10 月 28 日,25 岁的福斯曼在他自己身上进行了历史上第一例心脏导管术试验。

1928 年,福斯曼博士毕业,成为德国柏林一家医院的住院医生。当时心脏病的高死亡率促使福斯曼寻找新的有效方法来治疗心脏病，他最初的目的是希望通过静脉将管子送进自己的心脏为心脏复苏寻找可以直接注射药物到心脏的安全途径。经过缜密的思考和在动物、尸体上反复试验，福斯曼决定在自己身上亲自试验，他周围的同事对他的想法无法认同，甚至觉得这是个疯狂的念头。福斯曼找不到帮手，他只好自己将管子送入心脏，他通过肘前静脉，把一根输尿管导管顺血流方向插入心脏，并拍摄下了心导管的第一张 X 光片。这张 X 光片证明导管已进入了他的右心房，也证实了把导管插入心脏是安全的。

福斯曼根据这次试验结果，写了一篇学术论文，与那张心脏导管照片一起进行发表。之后他又在自己身上进行了多次试验，他提出通过心导管可以观察心脏各腔室内压力的变化、取左心和右心的血进行含氧量测定可以计算单位时间心脏排血量。但是福斯曼的发明在德国不但没有得到人们的承认和重视，还遭到许多人的指责，甚至一些保守的医学权威讽刺福斯曼的试验是“马戏场上的技艺”，是违反伦理和不人道的。因此福斯曼的发明在此后的一二十年中一直得不到推广应用。

（三）人文启示

福斯曼是个意志极其坚定的人，并对医学怀着极大的热情。虽然他的想法并未得到认可，甚至吓坏了周围的人，以至于将导管置入血管的操作也没有同事肯帮助他。基于对循环系统细致的研究和大量的动物试验，福斯曼自己完成了置管。福斯曼的研究开创了心脏介入手术的先河，但这一壮举，却不为世人所理解，连他本人也被停止了心脏科的工作，被迫改行当了一位泌尿科的医生。然而，天才的想法终究会得到认可，几年后，两位美国医生安德烈·库尔南(Andre Cournand)和迪金森·理查兹(Dickinson Richards)重复了福斯曼的试验，他们将福斯曼的导管做了改进，使心导管术成为一个非常有价值的工具。1941 年库尔南和理查兹发表了他们有关心脏导管的论文，才引起人们的广泛关注。

通过前人的努力，人们逐渐认识到心导管技术逐渐在心脏疾病的检查和治疗方面起到的重要作用。1956 年，福斯曼、库尔南和理查兹被授予诺贝尔生理学或医学奖，以表彰他们对心脏导管术的创始、发展以及对循环系统病理变化研究所做的贡献。

第三节 胰岛素的发现

（一）背景

糖尿病是由于体内胰岛素绝对或者相对不足所导致的一系列代谢紊乱综合征，临床上以高血糖为主要特点。糖尿病(血糖)一旦控制不好会引发并发症，导致心脏、血管、肾、眼等组织器官的慢性进行性病变、功能减退及衰竭。

距今三千五百年前，古埃及就已经有对糖尿病的简单叙述，两千多年前，希腊医生阿勒特奥斯(Aretaeus)把这种主要症状为“排泄多且甜的尿液”的疾病命名为“Diabetes”即糖尿病。早在公元前 2 世纪，我国《黄帝内经》已有论述。但是直到 20 世纪之前，人们只能做到识别这种疾病而无有效的应对方法。人们一谈及糖尿病，就如同今日人们谈及“艾滋病”，会谈病变色，胆战心惊。而当时医生最先进的治疗方法，就是控制饮食。成千上万的患者，为了延长生命时间，而不得不依靠残酷的慢性饥饿疗法。

（二）胰岛素的发现

1869 年，德国医生兰格尔汉斯(Paul Langerhans)在显微镜下观察到胰腺的各处散布着许多大小不等和形状不定的细胞团，也就是我们今天所说的“胰岛”，他推测这些岛状细胞团可能是分泌激素的。1889 年，德国科学家约瑟夫 · 冯 · 梅林(Joseph Von Mering)和俄裔德国科学家奥斯卡 · 明科斯基(Oskar MinkoWski)发现胰腺被切除的狗，尿液含有很高的糖分，他们意识到这狗“患”上了糖尿病。胰腺与糖尿病的关联关系得以确认。但是胰岛所分泌的激素究竟是什么？如何提取这种激素？许多人进行了研究却毫无进展。

我们知道现在糖尿病患者常用的治疗药物是胰岛素，1922 年胰岛素开始用于临床，使过去不治的糖尿病患者得到挽救。那么胰岛素是怎样走进糖尿病患者的生活中？这就不能不提到一个人，他就是加拿大生理学家——弗雷德里克 · 格兰特 · 班廷(Frederick Grant Banting)。

年轻的外科医生班廷当时兼任西渥太华大学的生理学讲师。1920 年，当他在准备糖代谢的课程时，一篇关于糖尿病与胰腺之间联系的文章吸引了他。当时已有人推测糖尿病的病因可能与胰岛有关，但实验中口服胰腺制成的试剂对治疗糖尿病并没有效果。这一推测引起了班廷的兴趣，他进一步了解到胆结石阻塞胰导管会引起除胰岛之外所有胰腺萎缩，这种胰脏虽然不能分泌消化液，却不会使机体患糖尿病。

这一发现给了班廷很大的启示，它一方面证实了胰岛的特殊作用，另一方面让班廷想到了这样一个假设：胰腺的提取物对治疗糖尿病无效，是否是因为制剂过程中胰腺酶将这种抗糖尿病激素破坏了；另外口服的过程中，消化酶也会将激素分解。那么将萎缩的胰腺（不含胰酶，只有胰岛）制成药剂，用静脉注射的方法对糖尿病进行治疗，结果是否有效呢？

1921年夏天他到了多伦多大学，说服麦克劳德教授（John James Rickard Macleod）并取得他的支持，麦克劳德是著名的生理学教授，也是糖代谢方面的专家。他给班廷提供了一间实验室，几只实验用的狗和一名助手——贝斯特（Charles Herbert Best）。

班廷和贝斯特先给狗作胰管结扎，使其造成类似胆结石堵塞胰导管的症状，造成胰腺萎缩，接着他们摘除了另一条健康狗的胰脏，造成实验性糖尿病，然后从结扎的狗身上取出萎缩得只剩胰岛的胰腺，制成药剂，注入除去胰脏而患病的狗身上。他们发现，狗血糖量迅速下降，经数天治疗后，恢复了正常。两人同时在自己身上做了人体实验，证实了这种能救活狗的药剂对人体无害。之后，班廷又成功地用胰岛制剂降低了糖尿病患者的血糖，证明了它对糖尿病的疗效。班廷和贝斯特称此激素为 isletin，后来改用另一有趣味的、比较古老的名称 insulin（胰岛素）。麦克劳德教授也调动自己的全部资源，投入到胰岛素实验的后期工作。

班廷和麦克劳德后来将胰岛素的专利以一元钱的价格转交给了多伦多大学。多伦多大学与美国的礼来药厂签订了合约，开始制造胰岛素商品。制作方法几经改良之后，1923年胰岛素作为商品上市，据粗略统计，当年有近8 000名医师对25 000多名糖尿病患者使用了该药。美国著名糖尿病学家埃利奥特·乔斯林（Elliott Joslin）曾写下这样一段话："1897年，1个被诊断为糖尿病的10岁男孩的平均生存期是1.3年，30岁和50岁的糖尿病患者生存期分别是4.1年和8年。而到了1945年，10岁、30岁和50岁诊断糖尿病的患者却可继续生活45年、30.5年和15.9年。"为纪念班廷的巨大贡献，世界卫生组织和国际糖尿病联盟将班廷教授的生日——11月14日定为"世界糖尿病日"。

1923年10月，瑞典的卡洛琳研究院决定将该年的诺贝尔生理及医学奖颁给班廷及麦克劳德。

（三）人文启示

自胰岛素发现以来，胰岛素的剂型不断推陈出新，目前已发展为速效、短效、中效、长效和预混胰岛素等多种剂型。从U－40、U－80、U－100等不同浓度，到牛、猪、重组人胰岛素等不同来源；从结晶胰岛素、纯化胰岛素、人工合成胰岛素等不同纯度到皮下注射、胰岛素笔、胰岛素泵以及口服、经鼻、经眼、经直肠、经皮肤等无创途径，人类对胰岛素探索的脚步从未停歇。

其实，当初那个让班廷勇往直前的"灵感"是错误的。给狗的胰脏导管做结扎手术没有必要，因为胰蛋白酶在没有被分泌出胰脏之前，是没有活性的。但是班廷这位年轻的外科医生，能解决半个世纪以来许多学者、权威都束手无策的难题，绝不是凭运气。他有一种善于发现问题，敢于尝试用新方法解决问题的能力，这和他那种知难而上，不达目的不言放弃的精神是值得每一个科学者学习和借鉴的。

第四节　吸入麻醉的发现

（一）背景

手术疼痛是妨碍外科发展的重要因素之一。在中国有使用药物麻醉后进行手术的记载，如汉代华佗使用的麻沸散，金元时期危亦林所著《世医得效方》中记载的在骨折或脱臼整复前用乌头、曼陀罗等药物先行麻醉。

虽然在古代积累了麻醉的经验，但当时的患者在接受外科手术就好像是犯人受酷刑一样，迫使手术和时间"赛跑"。外科手术的解决办法依赖于按压、捆绑、灌酒、放血、冰冻甚至将患者击晕等。医生的最大任务就是加快手术的速度。

但是这些手术方式不仅增加了患者的痛苦，还会导致昏厥、休克、死亡以及对手术的恐怖记忆。1811年9月30日英国女作家范尼·伯尼(Fanny Burney)接受了乳腺癌切除术，事后她描述了可怕的手术经历："我上了手术床，一块丝质的手帕放在我的脸上。七名医护人员围住了我，透过手帕，我看见闪闪发光的钢刀。接着是一阵寂静……当恐怖的钢刀刺入乳房，我无法控制地开始哭泣。我大声尖叫，并持续了整个手术过程,那简直是一种酷刑。"虽然痛苦,但这是一次成功的手术——她多活了29年,但记忆里增加了一份残酷——任何能唤起这次手术的事,都让她不寒而栗。

实现"刀下无痛",一直是医学界的梦想之一。一代又一代的医生尝试用各种不同的方法,尽可能地减轻患者外科手术的痛苦,但效果都非常有限。直到19世纪化学止痛剂氧化亚氮和乙醚的发现、成功使用和推广后,医学才真正进入无痛手术时代。

(二)现代麻醉的发端

1772年,英国化学家约瑟夫·普里斯特列(Joseph Priestley)制成一种气体,这种气体在一定条件下能助燃,并能溶于水。现在我们知道这种气体是氧化亚氮(N_2O),它是一种无色有甜味的气体,在室温下稳定,有轻微麻醉作用,并能使人发笑。它的麻醉作用是由英国化学家汉弗莱·戴维(Humphry Davy)首先发现的。

戴维出生在英格兰彭赞斯城附近的乡村,少时就表现出了对化学实验浓厚的兴趣,1798年他来到英国物理学家贝多斯的气体研究所工作,研究各种气体对人体产生的作用。戴维有一种忠于职责的工作作风,凡他制备的气体,他都要亲自"嗅几下",以了解其生理作用。戴维吸了几口这种气体后,奇怪的事情发生了,他在实验室里狂笑不已并手舞足蹈,持续很久才平静下来。事后他记录道:"我是知道进行这实验是很危险的,但从性质来推测可能不至于危及生命。当吸入少量这种气体后,觉得头晕目眩,如痴如醉,再吸四肢有舒适之感,慢慢地肌肉无力了,脑中外界的形象在消失,而出现各种新奇的东西,一会儿人就像发了狂那样又叫又跳……"因为闻到这种气体后,会使人大笑,故称之为"笑气"。

不久后,戴维做了拔牙术,疼痛难忍,他想到了令人兴奋的笑气,取来吸了几口,意想不到的是疼痛减轻了,由此他发现笑气具有麻醉特性,指出"这可能有益于外科手术"。戴维关于氧化亚氮对人体作用的论著在1800年出版。

1844年,美国牙科医生霍勒斯·威尔斯(Horace Wells)开始尝试在为患者拔牙时使用笑气,但其麻醉作用还不够理想。当时他的助手威廉·莫顿(William Thomas Green Morton)由此得到启发,为了寻找更好的麻醉剂,他向当时一位化学家查尔斯·杰克逊(Charles Thomas Jackson)求教,后者向他推荐了乙醚。莫顿决定试试乙醚的麻醉效果,他先用猫狗作试验,接着在自己身上进行试验,证明其有麻醉作用。1846年10月16日,由著名外科医生约翰·沃伦(John Collins

Warrn)亲自主刀,切除一名 20 岁患者的颈部血管瘤,莫顿则在一旁手持乙醚方便患者吸入。手术结束时,患者开心说道:“尽管我知道在做手术,但一点都不疼。”乙醚麻醉的成功开创了近代麻醉学的新纪元。

(三) 人文启示

戴维在研究气体对人体的作用时基本上是在自己身上做实验,因此经常陷入险境,他甚至出现过生命危险,而频繁的中毒使他的晚年在疾病中度过。戴维这种勇于探索、敢于牺牲的精神,无疑是令人敬仰的。

麻醉的出现,祛除了疼痛,造福了人类。1898 年德国医生奥古斯特·比尔(August Bier)成功实施了蛛网膜下腔麻醉(简称腰麻);1920 年麦吉尔(Ivan Magill)介绍了气管插管吸入麻醉。目前常用的麻醉方法主要包括全身麻醉、局部麻醉和复合麻醉。患者能够在无痛、安静、无记忆、无不良反应的情况下顺利地接受手术治疗;同时良好的麻醉也为手术创造了条件。现代麻醉医生的工作包括外科麻醉管理,术后监护、危重患者的监测治疗,急救复苏、疼痛治疗等。工作范围也从手术室扩展到病室、门诊、急诊室等场所,从临床医疗到教学、科学研究。

在莫顿墓碑上的碑文刻着这样一段话:威廉·汤姆斯·格林·莫顿,吸入麻醉发现者。他让外科手术疼痛,得以预防和消除。此前,外科手术极度痛苦,此后,科学战胜了疼痛。

第五节 产褥热及试管婴儿

产科学是一门关系到妇女妊娠、分娩产褥全过程,主要研究该过程中所发生的一切生理、心理、病理改变,对高危妊娠及难产进行预防、诊治和处理的医学科学。是一门协助新生命诞生的科学。

一、产褥热的百年阴影

(一) 背景

产褥热是由于分娩后致病菌侵入生殖器官而引起的严重的、全身性的感染。大部分的产妇是身体健康无原发病的青年妇女,因此对产褥热接触感染的认识过程是医学史上最令人感兴趣的问题之一。

1537年英国国王爱德华六世(Edward Ⅵ)出生,就在举国欢庆时,宫中却陷入了一片慌乱。他的母亲简·西摩尔(Jane Seymour)由于分娩时伤口感染,很快演变成了败血症。仅仅两周后,简·西摩尔就因产褥热离开人世。

18世纪下半叶,欧洲人口迅速增长,医生也开始涉足产科领域。产褥热在以前是很罕见和散发的疾病,但在此期间它却变得相当常见,病死率高得惊人。产褥热使产妇深感恐惧,许多产妇高烧、寒战,产道流脓、出现胸腹腔脓肿,甚至致死性败血症,最后悲惨地离开了人世。产褥热的魔影笼罩着欧洲各地,每10个产妇至少有2~3个要死于这种可怕的病症。医生们想尽种种办法,依然找不到解决方案。

(二)母亲们的救星

1843年,美国医生奥利弗·霍姆斯(Oliver Wendell Holmes)收集并分析了产褥热死亡病例,他推测产褥热是一种接触传染病,可以通过接触医生从一个患者传给另一个患者。当时的医生和护士在为产妇接生前,往往没有进行彻底的清洗、消毒。霍姆斯建议接生前进行洗手、换干净手术服等措施,但是美国最高学术权威坚决否认了产褥热有传染性的说法,他的反对者坚信医学界专家的"价值和尊严",否认医生可能将传染病传给患者的可能性。

现代产科学的创新者是匈牙利的塞麦尔维斯(Ignaz Semmelweis),他的工作对降低当时产褥热高得惊人的死亡率有着极其重要的影响。他大胆地提倡产科消毒法,开创了产科学史的新纪元。

塞麦尔维斯当时在维也纳一家医院产科工作时,被产褥热这个问题困扰住了。他的一位朋友在对产褥热的尸体解剖中不小心割破了自己的手指,结果发生了与产褥热类似的病情死去了。塞麦尔维斯反复研究后认为他是受到产褥热患者身上某种"毒物"的传染而发病的。他还发现供医学院学生学习的产科医院里,每当医学院放假时,产妇的死亡率就会降低。而有的产妇来医院途中自己就分娩了,进院后不再需要医生接生和检查,反而不会得产褥热。

19世纪40年代的维也纳主张"死者应服务于临床",允许将死亡的产妇和婴儿的尸体用于分娩的示教过程。学生们在做过病理解剖后双手未经过充分洗刷和消毒,就去为产妇检查、接生,结果使"毒物"侵入产妇的伤口,造成产妇染病死亡。最后,他终于得出了结论:医院里发生的产褥热,主要是医生们自己受污染的双手和器械，把“毒物”带给了产妇。于是他要求医学生和工作人员在每次离开解剖室检查患者之前用漂白粉洗手。1848 年是采用漂白粉严格洗手的第一年，他所管病区的死亡率由 13%降到 2%。

（三）人文启示

尽管塞麦尔维斯提供的消毒方法可以减少产褥热的发生，尽管他已证实在患者血液中可以找到产褥热的病因，但却没有摆脱维也纳所有著名产科医生的攻击和迫害，而最终成为这一发现的殉难者，他正当年富力强之时死于精神病院。

当时感染疾病的罪魁祸首——致病细菌，还没被人们了解，因此塞麦尔维斯的功绩并没得到应有的重视，他的创造性工作没有得到普遍推广。直到 1865 年法国微生物学家路易斯・巴斯德（Louis Pasteur）发现了蚕病细菌，人们才认识到塞麦尔维斯消毒措施的医疗价值！

如今，人们把塞麦尔维斯尊敬地称为“母亲们的救星”。在维也纳广场上，建起了他的纪念雕像，母亲们怀抱孩子来到这里缅怀为他们缔造幸福的先驱者。

二、试管婴儿

（一）背景

“试管婴儿”并不是真正在试管里长大的婴儿，试管婴儿在专业文献中被称为体外受精（In Vitro Fertilisation）和胚胎移植（Embrgo transfer），简称为 IVF－ET 技术。该技术是从卵巢内取出几个卵子，让精子和卵子在试管中结合，形成胚胎，然后再把它送回女方子宫里，让其在子宫腔里发育成熟，怀孕至正常分娩。

随着技术的进步，现在已有第二代和第三代试管婴儿。第二代试管婴儿是指当精子数量少、精子活力低下或精子畸形时，很难与卵子结合形成受精卵。为了使精子更容易与卵子结合，就利用特殊方法将精子直接注射到卵子中去，直接做成受精卵。第三代试管婴儿是对卵细胞或早期胚胎的遗传物质进行分析，诊断是否有异常，筛选健康胚胎移植，防止遗传病传递。

（二）第一例试管婴儿

世界上第一例试管婴儿路易丝・布朗（Louise Joy Brown）1978 年在英国出生，路易斯的妹妹娜塔莉（Natalie Brown）也是试管婴儿，1999 年娜塔莉通过自然方式生下一个女孩,成为了第一个生孩子的试管婴儿。2007 年路易丝也未借助试管授精技术成功生下一名男婴,用事实证明了试管授精技术的安全性,也打消了医学界有些人关于试管婴儿不能生育正常婴儿的担心。

“试管婴儿”的技术一诞生就引起了世界科学界的轰动,甚至被称为人类生殖技术的一大创举,也为治疗不孕不育症开辟了新的途径。有“试管婴儿之父”之称的英国生理学家罗伯特·爱德华兹(Robert Edwards)获得了 2010 年诺贝尔生理学或医学奖,爱德华兹从 1963 年开始与帕特里克·斯特普托(Patrick Steptoe)一起研发体外受精技术。他们的研究消除了全世界百分之十不育症夫妇面临的困扰,帮助其中绝大多数的夫妇实现有自己后代的愿望。自第一例试管婴儿降生起,该项研究发展极为迅速。目前,全球每年大约实施 150 万例试管授精手术或运用类似技术的手术,大约 35 万名试管婴儿诞生。与过去 10 年或者 20 年相比,这一技术愈发被社会所接受。同时,由于胚胎移植前遗传病诊断技术的出现,使胚胎在植入子宫前,进行遗传学检查,降低婴儿患上严重遗传病的风险,从而获得健康的后代。

但是试管授精技术的成功同时产生负面影响。试管授精技术应该为那种真正需要的人准备,一些夫妇把这一技术当作解决生育的方案或是延迟生育的“保险”。一些人认为可以在任何时候接受试管授精技术治疗。随着年龄增长,女性接受试管授精技术的成功率会降低。

(三)人文启示

“我常被人们称为疯子,没有人愿意在伦理方面冒险,许多人对我说那些孩子(试管婴儿)不会正常发育的。”罗伯特·爱德华兹许多年前曾对媒体说。正是由于他的这种冒险精神,才使不育症夫妇拥有自己后代的梦想成为现实。从 1978 年第一例试管婴儿降生,全球已经有五百万人通过试管婴儿技术出生,其中许多人也通过自然受精的方式生育了下一代。

第六节 疫苗的故事

疫苗(vaccine)是指为了预防、控制传染病的发生、流行,用于人体使人体产生特异性免疫的生物制剂。用微生物或其毒素、酶,人或动物的血清、细胞等制备。

疫苗一词源自爱德华·琴纳(Edward Jenner)所使用的牛痘("vacca"为拉丁文,意即牛),注射疫苗以预防疾病称为接种。

17 世纪的流行病是世界上最严重的时期,疟疾、流行性斑疹、伤寒、鼠疫在各国传播,天花、麻疹、白喉四处流行,患病死亡者甚多。但是流行病的灾难,也促进了医学卫生方面的各项研究和观察,为近代卫生学的发展铺平了道路。

医生们由于常年受困于传染病的流行而对其产生强烈兴趣,但是直到 18 世纪前期对这些疾病都还没有系统的、正确的描述,科学界也未把控制这些疾病看作他们工作的重点。

(一) 背景

在所有的传染病中,特别是在那些易感染儿童的传染病中,天花最为凶猛,在当时被称为是"死亡之神中最可怕的一个"。天花是一种由天花病毒所引起的烈性传染病。正常人一旦接触患者,几乎无不遭受感染,即使侥幸不死也免不了在脸上长满麻点。天花的死亡率很高,仅在 1719 年巴黎就死了 1.4 万人,1770 年在印度死于天花的人数超过 300 万,所有欧洲国家都受到天花的蹂躏。典型的天花传播途径是通过飞沫从一个人传给另一个人。天花病毒还能通过遭脓液、痂皮污染的衣物、毯子等来传播。经过十四天潜伏期患者会突然出现类似流感的症状如发热、疼痛、咳嗽、恶心和乏力等。几天后患者的口腔舌头出现红色疱疹,然后手臂、腿、手掌和脚底也有疱疹,这些疱疹逐渐变成脓包结痂。脓毒血症、肺炎、心衰是天花最常见的并发症,在当时患者常因这些并发症而死亡。

在远古时代人们就知道用"人痘接种"的方法可以防止天花。中国古代就有采取天花患者的脓痂让正常人吸入鼻中预防天花传染。非洲、亚洲、印度、土耳其的民间医生从经验中得知在适宜的时候故意将患者置于某种风险中从长远来看对患者有保护作用。

(二) 天花与牛痘

最早将种痘法从土耳其引入欧洲,应归功于英国的玛丽·沃特利·蒙塔古夫人(Mary Wortley Montagu)。1718 年玛丽的丈夫任土耳其特使,玛丽一同前往。在写给朋友的信中,她描述了土耳其当地接种天花的情景。使馆的外科医生见证了给玛丽 6 岁儿子所做的接种手术,他在《皇家学会哲学学报》发表文章介绍了土耳其人预防天花的方法——接种者取一点症状较轻的天花患者的疱疹液，把它嵌入被接种者身上某个部位的划痕中，接种后就会患轻度天花，却因此而获得了免疫力。正如许多新事物都有一个被接受的过程，最初这种方法遭到众人的抵制，但由于接种大大降低了死亡率，到 18 世纪下半叶接种已成为一种普遍接受的治疗方法，并为人们接受琴纳研制的牛痘疫苗以及控制其他的流行病铺平了道路。

爱德华·琴纳青少年时期，天花这个可怕的瘟疫正在整个欧洲蔓延着，而且还被勘探者、探险家和殖民者传播到了美洲。每年发生好几次天花流行使琴纳感到难以应付，眼看患者痛苦地死去，医生也毫无办法。可是奇怪的是，只要得过一次天花，皮肤上留下疤痕的人再也不会得第二次天花。早在 1768 年有患者告诉琴纳说因为他生过牛痘病，所以不会得天花病。琴纳从牧场挤奶女工在患牛痘的母牛上感染牛痘后，而不会染上天花这一发现上得到启发，他以顽强的精神对牛痘研究了二十多年，最后确认牛痘可以预防天花。除了收集整理并病例，琴纳还做了有关牛痘传播及其作用的实验。1796 年 5 月他为一名 8 岁男孩接种了痘苗，他将一名挤奶女工手上牛痘疮中的脓液接种在男孩的手臂上。一周后男孩出现轻微的全身不适，但很快就完全恢复了。两个月后，他再一次给这个儿童接种，不过这次不是牛痘，而是真正的天花浆液。结果那个儿童没有感染上天花，他确实获得了免疫力。1798 年，琴纳终于又找到了一位牛痘患者，重复实验的结果也获得了成功。琴纳这才发表了自己的报告，宣布天花是可以征服的。

成功地进行了一系列实验以后，琴纳得出结论一个预先感染过牛痘的人永远不会患天花。虽然有批评的人说把动物疾病传给人是令人憎恶的、不道德的和危险的行为，但由于用种牛痘的方法预防天花简便、安全、低廉而且有效，终于占据了历史上应有的地位，在短短十年内牛痘术传遍了世界各地。美国和欧洲各国广泛采用了琴纳的牛痘术，这在习惯于抵制新思想和新方法的医学界是罕见的。

1958 年世界卫生组织开始施行全球消灭天花的计划。1967 年才开始真正大规模实施，当时有 33 个国家出现了天花。1979 年 12 月，全球消灭天花委员会宣布："全世界已经消灭了天花。"此后 200 年间疫苗家族不断扩大发展，目前用于人类疾病防治的疫苗有 20 多种。

(三) 人文启示

科学的真理一开始往往掌握在少数人手中。在牛痘接种试验中，琴纳受到了来自同行和教会的攻击。但琴纳不盲从权威，他除了继续接种工作，还陆续发表了一系列关于牛痘接种的论文。随着琴纳牛痘接种法的推广，天花的发病和死亡人数大大下降，最终使琴纳的工作得到认可。

疫苗的发现是人类发展史上一件具有里程碑意义的事件，琴纳不仅战胜了天花，他更重要的贡献在于发现了预防疾病的办法，他是人类历史上最早成功地对疾病进行预防的人。他利用可以产生免疫这一人体自身功能，实现了对疾病的预防，从而成功地开辟了一个新领域——免疫学，他的工作鼓舞着更多科学家不懈地向传染性疾病展开新的攻击。

第七节　X射线的发现

（一）背景

X射线是一种肉眼看不见的、波长很短的电磁波，能透过许多对可见光不透明的物质，X射线的穿透性是X射线成像的基础，其穿透物体的程度与物体的密度和厚度有关。X射线应用范围很广，可用来进行医学诊断和治疗、非破坏性材料的检查、晶体结构分析以及通过X射线光谱和X射线吸收进行化学分析和原子结构的研究。目前科学家仍在探索使用X射线的新方法。

（二）X射线的发现

1895年11月8日德国物理学家威廉·康拉德·伦琴（Wilhelm Conrad Rontgen）用真空管进行阴极射线实验。为了确保实验的精确性，实验开始前他用厚黑纸完全覆盖真空管，检查仪器是否漏光。可是当伦琴接通真空管的电路时，他发现附近一个镀有氰亚铂酸钡的荧光屏开始发光，他断开真空管的电流，荧光屏即停止发光。真空管旁边原本严密封闭的底片也曝光变成了灰黑色。

阴极射线是由一束电子流组成的，并没有很强的穿透力，甚至连几厘米厚的空气都难以穿过。由于阴极射线管完全被覆盖，伦琴推测一定是真空管放出了一种穿透力极强的射线，它甚至能够穿透装底片的袋子。由于不知道这种射线的性质，他称之为“X射线”。据说第一张X光片是伦琴说服自己的夫人作为实验者，于1895年11月22日拍摄的手的照片。底片用这种新射线曝光近15分钟，摄影板被处理后,伦琴夫人手骨的透亮影像显示在周围肌肉的黑影之中。

伦琴研究了不同材料对这种射线的阻挡能力,并研究了这种射线的差不多所有性质,1895 年 12 月 28 日他发表了论文名为《一种新的 X 射线》,介绍他新发现的射线。1896 年 1 月 5 日,在柏林物理学会会议上展出了很多 X 射线的照片,维也纳《新闻报》也报道了发现 X 射线的消息。这一发现立即引起人们的极大关注,并很快传遍全世界。

伦琴的发现很快就被应用到医疗诊断中,美国前总统西奥多·罗斯福(Theodore Roosevelt)在 1912 年遭未遂暗杀后拍摄了胸腔的 X 光照片,距伦琴首次用 X 射线进行实验后仅 17 年。X 射线的另一种应用是放射性治疗,X 射线被用来消灭恶性肿瘤或抑制其生长。X 射线在工业上也有很多应用,可以用来测量某些物质的厚度或勘测潜在的缺陷。在 X 射线望远镜的帮助下,天文学家在太阳系以外发现了许多 X 射线来源,包括遥远星系和黑洞。

(三) 人文启示

伦琴发现 X 射线的时候,很多人也在进行这方面的研究。在他发现 X 射线前 2 年,宾夕法尼亚大学就已经制造出 X 射线和它的影像记录,但是那里的研究人员没有意识到这一发现的重要性,只是做了归档而没有进一步研究。

X 射线的发现成为物理学发展的一个里程碑式的标志,这一发现宣告了现代物理学时代的到来。1901 年伦琴由此获得首届诺贝尔奖物理学奖。当被问到观察到荧光时的感想时,伦琴回答说:“我什么也没想,只是去调查研究。”伦琴认为自己是认识到这种射线实用价值的唯一的人,他的实验证实了这一事实。但是伦琴依然保持着朴素的努力上进的工作作风。他拒绝为此申请专利,也没有接受商业回报。

伦琴的出色成就与当时德国科学界的风气是分不开的。德国科学家善于汲取他国之长,对于所研究的问题务求彻底,绝不半途而废。他们专心致志求学问,把追求真理视为人生最伟大的目标和最有意义的事业。这些品质在伦琴、普朗克和爱因斯坦身上都表现得十分明显。

延伸思考

1. 现代科学技术革命对医学产生哪些影响?

2. 在医学发展史中个人起到了什么作用？

3. 对未知领域的探索和对权威的质疑在医学发展中的作用是什么？

4. 医学的发展、科技的革命在社会的发展中起到怎样的作用？

延伸阅读

1. 约翰·V·皮克斯通. 2008. 认识方式：一种新的科学技术和医学史. 陈朝勇译. 上海：上海科学技术出版社.

2. 亨利·欧内斯特·西格里斯特. 2009. 疾病的文化史. 秦传安译. 北京：中央编译出版社.

3. 哈里·柯林斯，特雷弗·平齐. 2009. 勾勒姆医生. 雷瑞鹏译. 上海：上海科技教育出版社.

附　录

附录一　大医精诚

唐·孙思邈《备急千金要方》

张湛曰：夫经方之难精，由来尚矣。今病有内同而外异，亦有内异而外同，故五脏六腑之盈虚，血脉荣卫之通塞，固非耳目之所察，必先诊候以审之。而寸口关尺有浮沉弦紧之乱，穴流注有高下浅深之差，肌肤筋骨有浓薄刚柔之异，唯用心精微者，始可与言于兹矣。今以至精至微之事，求之于至粗至浅之思，其不殆哉！若盈而益之，虚而损之，通而彻之，塞而壅之，寒而冷之，热而温之，是重加其疾而望其生，吾见其死矣。故医方卜筮，艺能之难精者也。既非神授，何以得其幽微。世有愚者，读方三年，便谓天下无病可治；及治病三年，乃知天下无方可用。故学人必须博极医源，精勤不倦，不得道听途说，而言医道已了，深自误哉。

凡大医治病，必当安神定志，无欲无求，先发大慈恻隐之心，誓愿普救含灵之苦。若有疾厄来求救者，不得问其贵贱贫富，长幼妍媸，怨亲善友，华夷愚智，普同一等，皆如至亲之想。亦不得瞻前顾后，自虑吉凶，护惜身命，见彼苦恼，若己有之，深心凄怆，勿避险，昼夜寒暑，饥渴疲劳，一心赴救，无作功夫形迹之心。如此可为苍生大医。反此则是含灵巨贼。自古名贤治病，多用生命以济危急，虽曰贱畜贵人，至于爱命，人畜一也。损彼益己，物情同患，况于人乎？夫杀生求生，去生更远，吾今此方，所以不用生命为药者，良由此也。

其虻虫、水蛭之属，市有先死者，则市而用之，不在此例。只如鸡卵一物，以其混沌未分，必有大段要急之处，不得已隐忍而用之，能不用者，斯为大哲亦所不及也。其有患疮痍下痢，臭秽不可瞻视，人所恶见者，但发惭愧、凄怜、忧恤之意，不得起一念蒂芥之心，是吾之志也。

夫大医之体，欲得澄神内视，望之俨然，宽裕汪汪，不皎不昧，省病诊疾，至意深心，详察形候，纤毫勿失，处判针药，无得参差。虽曰病宜速救，要须临事不惑，唯当审谛覃思，不得于性命之上，率尔自逞俊快，邀射名节，甚不仁矣。又到病家，纵绮罗满目，勿左右顾眄，丝竹凑耳，无得似有所娱，珍馐迭荐，食如无味，兼陈，看有若无。所以尔者，夫一人向隅，满堂不乐，而况病患苦楚，不离斯须，而医者安然欢娱，傲然自得，兹乃人神之所共耻，至人之所不为，斯盖医之本意也。

夫为医之法，不得多语调笑，谈谑喧哗，道说是非，议论人物，炫耀声名，訾毁诸医，自矜己德。偶然治瘥一病，则昂头戴面，而有自许之貌，谓天下无双，此医人之膏肓也。老君曰：人行阳德，人自报之；人行阴德，鬼神报之。人行阳恶，人自报之；人行阴恶，鬼神害之。寻此二途，阴阳报施岂诬也哉。所以医人不得恃己所长，专心经略财物，但作救苦之心，于冥运道中，自感多福者耳。又不得以彼富贵，处以珍贵之药，令彼难求，自炫功能，谅非忠恕之道。志存救济，故亦曲碎论之。学人不可耻言之鄙俚也。

附录二　希波克拉底誓言

【原文】

Hippocrates: The Oath of Medicine

I swear by Apollo, the healer, Asclepius, Hygieia, and Panacea, and I take to witness all the gods, all the goddesses, to keep according to my ability and my judgment, the following Oath and agreement: To consider dear to me, as my parents, him who taught me this art; to live in common with him and, if necessary, to share my goods with him; To look upon his children as my own brothers, to teach them this art.

I will prescribe regimens for the good of my patients according to my ability and my judgment and never do harm to anyone. I will not give a lethal drug to anyone if I am asked, nor will I advise such a plan; and similarly I will not give a woman a pessary to cause an abortion.

But I will preserve the purity of my life and my arts. I will not cut for stone, even for patients in whom the disease is manifest; I will leave this operation to be performed by practitioners, specialists in this art.

In every house where I come I will enter only for the good of my patients, keeping myself far from all intentional ill-doing and all seduction and especially from the pleasures of love with women or with men, be they free or slaves.

All that may come to my knowledge in the exercise of my profession or in daily commerce with men, which ought not to be spread abroad, I will keep secret and will never reveal.

If I keep this oath faithfully, may I enjoy my life and practice my art, respected by all men and in all times; but if I swerve from it or violate it, may the reverse be my lot.

【译文】

希波克拉底誓言

仰赖医神阿波罗·埃斯克雷波斯及天地诸神为证,鄙人敬谨直誓,愿以自身能力及判断力所及,遵守此约。凡授我艺者,敬之如父母,作为终身同业伴侣,彼有急需,我接济之。视彼儿女,犹我兄弟,如欲受业,当免费并无条件传授之。凡我所知,无论口授书传,俱传之吾与吾师之子及发誓遵守此约之生徒,此外不传与他人。

我愿尽余之能力与判断力所及,遵守为病家谋利益之信条,并检柬一切堕落和害人行为,我不得将危害药品给与他人,并不作该项之指导,虽有人请求亦必不与之。尤不为妇人施堕胎手术。我愿以此纯洁与神圣之精神,终身执行我职务。凡患结石者,我不施手术,此则有待于专家为之。

无论至于何处,遇男或女,贵人及奴婢,我之唯一目的,为病家谋幸福,并检点吾身,不作各种害人及恶劣行为,尤不作诱奸之事。凡我所见所闻,无论有无业务关系,我认为应守秘密者,我愿保守秘密。尚使我严守上述誓言时,请求神祇让我生命与医术能得无上光荣,我苟违誓,天地鬼神实共殛之。

【白话译文】

希波克拉底誓言

我要遵守誓约,矢志不渝。对传授我医术的老师,我要像父母一样敬重,并作为终身的职业。对我的儿子、老师的儿子以及我的门徒,我要悉心传授医学知识。我要竭尽全力,采取我认为有利于患者的医疗措施,不能给患者带来痛苦与危害。我不把毒药给任何人,也决不授意别人使用它。我要清清白白地行医和生活。无论进入谁家,只是为了治病,不为所欲为,不接受贿赂,不勾引异性。对看到或听到不应外传的私生活,我决不泄露。如果我能严格遵守上面誓言时,请求神祇让我的生命与医术得到无上光荣;如果我违背誓言,天地鬼神一起将我雷击致死。

附录三　中国医师宣言

中华医师协会发布于2011年6月26日中国首届医师节

健康是人全面发展的基础。作为健康的守护者,医师应遵循患者利益至上的基本原则,弘扬人道主义的职业精神,恪守预防为主和救死扶伤的社会责任。我们深知,医学知识和技术的局限性与人类生命的有限性是我们所面临的永久难题。我们应以人为本、敬畏生命、善待患者,自觉维护医学职业的真诚、高尚与荣耀,努力担当社会赋予的增进人类健康的崇高职责。为此,我们承诺:

1. 平等仁爱。坚守医乃仁术的宗旨和济世救人的使命。关爱患者,无论患者民族、性别、贫富、宗教信仰和社会地位如何,一视同仁。

2. 患者至上。尊重患者的权利,维护患者的利益。尊重患者及其家属在充分知情条件下对诊疗决策的决定权。

3. 真诚守信。诚实正直,实事求是,敢于担当救治风险。有效沟通,使患者知晓医疗风险,不因其他因素隐瞒或诱导患者,保守患者私密。

4. 精进审慎。积极创新,探索促进健康与防治疾病的理论和方法。宽厚包容，博采众长，发扬协作与团队精神。严格遵循临床诊疗规范，审慎行医，避免疏忽和草率。

5. 廉洁公正。保持清正廉洁，勿用非礼之心，不取不义之财。正确处理各种利益关系，努力消除不利于医疗公平的各种障碍。充分利用有限的医疗资源，为患者提供有效适宜的医疗保健服务。

6. 终身学习。持续追踪现代医学进展，不断更新医学知识和理念，努力提高医疗质量。保证医学知识的科学性和医疗技术应用的合理性，反对伪科学，积极向社会传播正确的健康知识。

守护健康、促进和谐，是中国医师担负的神圣使命。我们不仅收获职业的成功，还将收获职业的幸福。我们坚信，我们的承诺将铸就医学职业的崇高与至善，确保人类的尊严与安康。

附录四　中华人民共和国执业医师法

1998年6月26日第九届全国人民代表大会常务委员会第三次会议通过

1998年6月26日中华人民共和国主席令第五号公布

自1999年5月1日起施行

第一章　总则

第一条　为了加强医师队伍的建设，提高医师的职业道德和业务素质，保障医师的合法权益，保护人民健康，制定本法。

第二条　依法取得执业医师资格或者执业助理医师资格，经注册在医疗、预防、保健机构中执业的专业医务人员，适用本法。本法所称医师，包括执业医师和执业助理医师。

第三条　医师应当具备良好的职业道德和医疗执业水平，发扬人道主义精神，履行防病治病、救死扶伤、保护人民健康的神圣职责。全社会应当尊重医师。医师依法履行职责，受法律保护。

第四条　国务院卫生行政部门主管全国的医师工作。县级以上地方人民政府卫生行政部门负责管理本行政区域内的医师工作。

第五条　国家对在医疗、预防、保健工作中作出贡献的医师，给予奖励。

第六条　医师的医学专业技术职称和医学专业技术职务的评定、聘任，按照国家有关规定办理。

第七条　医师可以依法组织和参加医师协会。

第二章　考试和注册

第八条　国家实行医师资格考试制度。医师资格考试分为执业医师资格考试和执业助理医师资格考试。医师资格统一考试的办法，由国务院卫生行政部门制定。医师资格考试由省级以上人民政府卫生行政部门组织实施。

第九条　具有下列条件之一的，可以参加执业医师资格考试：

(一) 具有高等学校医学专业本科以上学历，在执业医师指导下，在医疗、预防、保健机构中试用期满一年的；

(二) 取得执业助理医师执业证书后，具有高等学校医学专科学历，在医疗、预防、保健机构中工作满二年的；具有中等专业学校医学专业学历，在医疗、预防、保健机构中工作满五年的。

第十条　具有高等学校医学专科学历或者中等专业学校医学专业学历，在执业医师指导下，在医疗、预防、保健机构中试用期满一年的，可以参加执业助理医师资格考试。

第十一条　以师承方式学习传统医学满三年或者经多年实践医术确有专长的，经县级以上人民政府卫生行政部门确定的传统医学专业组织或者医疗、预防、保健机构考核合格并推荐，可以参加执业医师资格或者执业助理医师资格考试。考试的内容和办法由国务院卫生行政部门另行制定。

第十二条　医师资格考试成绩合格，取得执业医师资格或者执业助理医师资格。

第十三条　国家实行医师执业注册制度。取得医师资格的，可以向所在地县级以上人民政府卫生行政部门申请注册。除有本法第十五条规定的情形外，受理申请的卫生行政部门应当自收到申请之日起三十日内准予注册，并发给由国务院卫生行政部门统一印制的医师执业证书。医疗、预防、保健机构可以为本机构中的医师集体办理注册手续。

第十四条　医师经注册后，可以在医疗、预防、保健机构中按照注册的执业地点、执业类别、执业范围执业，从事相应的医疗、预防、保健业务。未经医师注册取得执业证书，不得从事医师执业活动。

第十五条　有下列情形之一的，不予注册：

（一）不具有完全民事行为能力的；

（二）因受刑事处罚，自刑罚执行完毕之日起至申请注册之日止不满二年的；

（三）受吊销医师执业证书行政处罚，自处罚决定之日起至申请注册之日止不满二年的；

（四）有国务院卫生行政部门规定不宜从事医疗、预防、保健业务的其他情形的。

受理申请的卫生行政部门对不符合条件不予注册的，应当自收到申请之日起三十日内书面通知申请人，并说明理由。申请人有异议的，可以自收到通知之日起十五日内，依法申请复议或者向人民法院提起诉讼。

第十六条　医师注册后有下列情形之一的，其所在的医疗、预防、保健机构应当在三十日内报告准予注册的卫生行政部门，卫生行政部门应当注销注册，收回医师执业证书：

（一）死亡或者被宣告失踪的；

（二）受刑事处罚的；

（三）受吊销医师执业证书行政处罚的；

（四）依照本法第三十一条规定暂停执业活动期满，再次考核仍不合格的；

（五）中止医师执业活动满二年的；

（六）有国务院卫生行政部门规定不宜从事医疗、预防、保健业务的其他情形的。

被注销注册的当事人有异议的，可以自收到注销注册通知之日起十五日内，依法申请复议或者向人民法院提起诉讼。

第十七条　医师变更执业地点、执业类别、执业范围等注册事项的，应当到准予注册的卫生行政部门依照本法第十三条的规定办理变更注册手续。

第十八条　中止医师执业活动二年以上以及有本法第十五条规定情形消失的，申请重新执业，应当由本法第三十一条规定的机构考核合格，并依照本法第十三条的规定重新注册。

第十九条　申请个体行医的执业医师，须经注册后在医疗、预防、保健机构中执业满五年,并按照国家有关规定办理审批手续;未经批准,不得行医。

县级以上地方人民政府卫生行政部门对个体行医的医师,应当按照国务院卫生行政部门的规定,经常监督检查,凡发现有本法第十六条规定的情形的,应当及时注销注册,收回医师执业证书。

第二十条　县级以上地方人民政府卫生行政部门应当将准予注册和注销注册的人员名单予以公告,并由省级人民政府卫生行政部门汇总,报国务院卫生行政部门备案。

第三章　执业规则

第二十一条　医师在执业活动中享有下列权利:

(一) 在注册的执业范围内,进行医学诊查、疾病调查、医学处置、出具相应的医学证明文件,选择合理的医疗、预防、保健方案;

(二) 按照国务院卫生行政部门规定的标准,获得与本人执业活动相当的医疗设备基本条件;

(三) 从事医学研究、学术交流,参加专业学术团体;

(四) 参加专业培训,接受继续医学教育;

(五) 在执业活动中,人格尊严、人身安全不受侵犯;

(六) 获取工资报酬和津贴,享受国家规定的福利待遇;

(七) 对所在机构的医疗、预防、保健工作和卫生行政部门的工作提出意见和建议,依法参与所在机构的民主管理。

第二十二条　医师在执业活动中履行下列义务:

(一) 遵守法律、法规,遵守技术操作规范;

(二) 树立敬业精神,遵守职业道德,履行医师职责,尽职尽责为患者服务;

(三) 关心、爱护、尊重患者,保护患者的隐私;

(四) 努力钻研业务,更新知识,提高专业技术水平;

(五) 宣传卫生保健知识,对患者进行健康教育。

第二十三条　医师实施医疗、预防、保健措施,签署有关医学证明文件,必须亲自诊查、调查,并按照规定及时填写医学文书,不得隐匿、伪造或者销毁医学文书及有关资料。医师不得出具与自己执业范围无关或者与执业类别不相符的医学证明文件。

第二十四条　对急危患者,医师应当采取紧急措施进行诊治;不得拒绝急救处置。

第二十五条　医师应当使用经国家有关部门批准使用的药品、消毒药剂和医疗器械。除正当诊断治疗外,不得使用麻醉药品、医疗用毒性药品、精神药品和放射性药品。

第二十六条　医师应当如实向患者或者其家属介绍病情,但应注意避免对患者产生不利后果。医师进行实验性临床医疗,应当经医院批准并征得患者本人或者其家属同意。

第二十七条　医师不得利用职务之便,索取、非法收受患者财物或者牟取其他不正当利益。

第二十八条　遇有自然灾害、传染病流行、突发重大伤亡事故及其他严重威胁人民生命健康的紧急情况时,医师应当服从县级以上人民政府卫生行政部门的调遣。

第二十九条　医师发生医疗事故或者发现传染病疫情时,应当按照有关规定及时向所在机构或者卫生行政部门报告。医师发现患者涉嫌伤害事件或者非正常死亡时,应当按照有关规定向有关部门报告。

第三十条　执业助理医师应当在执业医师的指导下,在医疗、预防、保健机构中按照其执业类别执业。在乡、民族乡、镇的医疗、预防、保健机构中工作的执业助理医师,可以根据医疗诊治的情况和需要,独立从事一般的执业活动。

第四章　考核和培训

第三十一条　受县级以上人民政府卫生行政部门委托的机构或者组织应当按照医师执业标准,对医师的业务水平、工作成绩和职业道德状况进行定期考核。对医师的考核结果,考核机构应当报告准予注册的卫生行政部门备案。

对考核不合格的医师,县级以上人民政府卫生行政部门可以责令其暂停执业活动三个月至六个月,并接受培训和继续医学教育。暂停执业活动期满,再次进行考核,对考核合格的,允许其继续执业;对考核不合格的,由县级以上人民政府卫生行政部门注销注册,收回医师执业证书。

第三十二条　县级以上人民政府卫生行政部门负责指导、检查和监督医师考核工作。

第三十三条　医师有下列情形之一的，县级以上人民政府卫生行政部门应当给予表彰或者奖励：

（一）在执业活动中，医德高尚，事迹突出的；

（二）对医学专业技术有重大突破，作出显著贡献的；

（三）遇有自然灾害、传染病流行、突发重大伤亡事故及其他严重威胁人民生命健康的紧急情况时，救死扶伤、抢救诊疗表现突出的；

（四）长期在边远贫困地区、少数民族地区条件艰苦的基层单位努力工作的；

（五）国务院卫生行政部门规定应当予以表彰或者奖励的其他情形的。

第三十四条　县级以上人民政府卫生行政部门应当制定医师培训计划，对医师进行多种形式的培训，为医师接受继续医学教育提供条件。

县级以上人民政府卫生行政部门应当采取有力措施，对在农村和少数民族地区从事医疗、预防、保健业务的医务人员实施培训。

第三十五条　医疗、预防、保健机构应当按照规定和计划保证本机构医师的培训和继续医学教育。

县级以上人民政府卫生行政部门委托的承担医师考核任务的医疗卫生机构，应当为医师的培训和接受继续医学教育提供和创造条件。

第五章　法律责任

第三十六条　以不正当手段取得医师执业证书的，由发给证书的卫生行政部门予以吊销；对负有直接责任的主管人员和其他直接责任人员，依法给予行政处分。

第三十七条　医师在执业活动中，违反本法规定，有下列行为之一的，由县级以上人民政府卫生行政部门给予警告或者责令暂停六个月以上一年以下执业活动；情节严重的，吊销其执业证书；构成犯罪的，依法追究刑事责任：

（一）违反卫生行政规章制度或者技术操作规范，造成严重后果的；

（二）由于不负责任延误急危患者的抢救和诊治，造成严重后果的；

（三）造成医疗责任事故的；

（四）未经亲自诊查、调查，签署诊断、治疗、流行病学等证明文件或者有关出生、死亡等证明文件的；

（五）隐匿、伪造或者擅自销毁医学文书及有关资料的；

（六）使用未经批准使用的药品、消毒药剂和医疗器械的；

（七）不按照规定使用麻醉药品、医疗用毒性药品、精神药品和放射性药品的；

（八）未经患者或者其家属同意，对患者进行实验性临床医疗的；

（九）泄露患者隐私，造成严重后果的；

（十）利用职务之便，索取、非法收受患者财物或者牟取其他不正当利益的；

（十一）发生自然灾害、传染病流行、突发重大伤亡事故以及其他严重威胁人民生命健康的紧急情况时，不服从卫生行政部门调遣的；

（十二）发生医疗事故或者发现传染病疫情，患者涉嫌伤害事件或者非正常死亡，不按照规定报告的。

第三十八条　医师在医疗、预防、保健工作中造成事故的，依照法律或者国家有关规定处理。

第三十九条　未经批准擅自开办医疗机构行医或者非医师行医的，由县级以上人民政府卫生行政部门予以取缔，没收其违法所得及其药品、器械，并处十万元以下的罚款；对医师吊销其执业证书；给患者造成损害的，依法承担赔偿责任；构成犯罪的，依法追究刑事责任。

第四十条　阻碍医师依法执业，侮辱、诽谤、威胁、殴打医师或者侵犯医师人身自由、干扰医师正常工作、生活的，依照治安管理处罚条例的规定处罚；构成犯罪的，依法追究刑事责任。

第四十一条　医疗、预防、保健机构未依照本法第十六条的规定履行报告职责，导致严重后果的，由县级以上人民政府卫生行政部门给予警告；并对该机构的行政负责人依法给予行政处分。

第四十二条　卫生行政部门工作人员或者医疗、预防、保健机构工作人员违反本法有关规定，弄虚作假、玩忽职守、滥用职权、徇私舞弊，尚不构成犯罪的，依法给予行政处分；构成犯罪的，依法追究刑事责任。

第六章　附则

第四十三条　本法颁布之日前按照国家有关规定取得医学专业技术职称和医学专业技术职务的人员，由所在机构报请县级以上人民政府卫生行政部门认定，取得相应的医师资格。其中在医疗、预防、保健机构中从事医疗、预防、保健业务的医务人员，依照本法规定的条件，由所在机构集体核报县级以上人民政府卫生行政部门，予以注册并发给医师执业证书。具体办法由国务院卫生行政部门会同国务院人事行政部门制定。

第四十四条　计划生育技术服务机构中的医师，适用本法。

第四十五条　在乡村医疗卫生机构中向村民提供预防、保健和一般医疗服务的乡村医生，符合本法有关规定的，可以依法取得执业医师资格或者执业助理医师资格；不具备本法规定的执业医师资格或者执业助理医师资格的乡村医生，由国务院另行制定管理办法。

第四十六条　军队医师执行本法的实施办法，由国务院、中央军事委员会依据本法的原则制定。

第四十七条　境外人员在中国境内申请医师考试、注册、执业或者从事临床示教、临床研究等活动的，按照国家有关规定办理。

第四十八条　本法自 1999 年 5 月 1 日起施行。

后记及致谢

医乃仁术。大凡学医者无不知此。

医学是科学与人文精神的结合，二者相辅相成才能最好地体现医学的本质属性，体现“医乃仁术”的精诚大义。

“仁”由“人”和“二”组成。即人与人之间的善良关系。良好的医疗关系是仁，融洽的医患关系应该建立在彼此的仁心上。

“仁”究竟应该怎样做？诉诸实践，“恭、宽、惠、敏、信”近乎仁。“恭则不侮”，对人恭敬并有爱心就不会招致侮辱。医者应该真诚地尊重关爱患者，则关系和谐。“宽则得众”，医者以宽容的态度对待同道和患者，则能得到同行和患者的尊敬。“宽”也代表着积极向上的生活态度，对生命充满信心。“惠则足以使人”，医疗工作是团体协作行为，作为一个医疗团队的领军者必须与团队分享物质利益和精神利益，才能带给团队前进的动力。“信则人任焉，敏则有功”，良好的信誉，彼此的信任是与同道、与患者合作的基石。敏锐地发现临床的蛛丝马迹，洞察患者的心思，准确诊断，及时处理是优秀医生的必备品质。唯如此，才能真正于患者体现关爱。

做到仁，从哪里入手呢？需要熏习，从踏入医学殿堂的第一步开始，到走完整个医学生涯，日复一日，年复一年，潜移默化地熏习。《医学人文与临床实践》就是熏习之香料，其中包含了伦理、社会、心理、宗教、文学以及医学发展中的重大事件等内容。案头枕边，随处习之，随时熏之，则去"仁"不远。

2009年，上海中医药大学附属普陀医院开设了入院前医学生人文教育课程，课程将理论与实践相结合，旨在培养医学生的人文精神，这种人文精神不单单是理论知识的掌握，更是在实践中的体会与深化。历经近四年的教育实践，逐步建立起一套多学科交叉理论培训为基础、多种形式临床实践为主体的医学生人文素质教育培训体系。本书就是在这一实践过程中逐步打磨出来的。在本书的编撰过程中，许多老师付出了辛勤的汗水，感谢上海中医药大学医古文教研室的段逸山教授、社科部的胡小燕老师、心理学教研室的张磊老师，在相关章节的审稿中，他们不厌其烦，反复修改；感谢主审上海交通大学马列主义教研室的胡涵锦教授，在审稿过程中给予了大量宝贵建议，对于本书的最终成稿功不可没。还要感谢所有参加编写的人员，除了做好大量的医、教、研工作，在业余时间参与本书的编写，没有他们的付出，没有本教材的顺利付梓。

主编

2013年10月

主要参考文献

阿瑟·克莱曼. 2010. 疾痛的故事. 方筱丽译. 上海：上海译文出版社.

杜治政，许志伟. 2003. 医学伦理学辞典. 郑州：郑州大学出版社.

郭继志，姜润生. 2010. 社会医学. 郑州：河南科学技术出版社.

郭念锋. 1995. 临床心理学. 北京：科学出版社.

胡涵锦，顾鸣敏. 2007. 医学人文教程. 上海：上海交通大学出版社.

黄海波. 2007. 中国传统文化与中医. 北京：人民卫生出版社.

姜乾金. 2006. 医学心理学——临床心理问题指南. 北京：人民卫生出版社.

姜润生，初炜. 2009. 社会医学(案例版). 第二版. 北京：科学出版社.

卡斯蒂廖尼. 2003. 医学史. 程之范主译. 南宁：广西师范大学出版社.

李经纬. 2007. 中医史. 海口：海南出版社.

卢祖洵. 2009. 社会医学. 北京：科学出版社.

洛伊斯·N·玛格纳. 2009. 医学史. 第二版. 刘学礼译. 上海：上海人民出版社.

牧之. 2007. 心理咨询手册. 广州：新世界出版社.

孙宏伟. 医学心理学. 2010. 济南：山东人民出版社.

王锦帆. 2012. 医患沟通学. 北京：人民卫生出版社.

王玲，刘学兰. 2005. 心理咨询. 广州：暨南大学出版社.

吴晓露，谷道宗，王光荣. 2009. 医学伦理学. 济南：山东人民出版社.

余小萍，胡鸿毅. 2012. 医患沟通实用教程. 上海：上海中医药大学.

袁俊平，景汇泉. 2007. 医学伦理学(案例版). 第二版. 北京：科学出版社.

赵文. 2008. 宗教与中医学发微. 北京：宗教文化出版社.